D1725001

Microsoft SharePoint –
Das Praxisbuch für Anwender

Melanie Schmidt

ist seit 1991 in der IT-Branche tätig. Sie arbeitet freiberuflich als Business Consultant mit den Schwerpunkten SharePoint und Microsoft 365 für zahlreiche IT-Dienstleister und Kunden. Außerdem verfasst Melanie Schmidt anwenderspezifische Fachbücher und Videotrainings für Microsoft Produkte, in denen sie ihr Praxiswissen an alle Anwendergruppen weitergibt.

Melanie Schmidt

Microsoft SharePoint – Das Praxisbuch für Anwender

Zusammenarbeit im Team mit SharePoint Online und SharePoint Server 2019

Melanie Schmidt

Lektorat: Sandra Bollenbacher
Lektoratsassistenz: Anja Weimer
Korrektorat: Isolde Kommer, Großerlach
Satz: Gerhard Alfes, mediaService, Siegen, *www.mediaservice.tv*
Herstellung: Stefanie Weidner
Umschlaggestaltung: Michael Oréal, *www.oreal.de*
Bildnachweis: Vladimir Vladimirov; iStock-Fotografie-ID: 1146790709
Druck und Bindung: mediaprint solutions GmbH, 33100 Paderborn

Bibliografische Information der Deutschen Nationalbibliothek
Die Deutsche Nationalbibliothek verzeichnet diese Publikation in der deutschen Nationalbibliografie; detaillierte bibliografische Daten sind im Internet über *http://dnb.d-nb.de* abrufbar.

ISBN:
Print   978-3-96009-142-4
PDF   978-3-96010-592-3
ePub   978-3-96010-593-0
mobi   978-3-96010-594-7

1. Auflage 2021
Copyright © 2021 dpunkt.verlag GmbH
Wieblinger Weg 17
69123 Heidelberg

Dieses Buch erscheint in Kooperation mit O'Reilly Media, Inc. unter dem Imprint »O'REILLY«. O'REILLY ist ein Markenzeichen und eine eingetragene Marke von O'Reilly Media, Inc. und wird mit Einwilligung des Eigentümers verwendet.

Hinweis:
Dieses Buch wurde auf PEFC-zertifiziertem Papier aus nachhaltiger Waldwirtschaft gedruckt. Der Umwelt zuliebe verzichten wir zusätzlich auf die Einschweißfolie.

Schreiben Sie uns:
Falls Sie Anregungen, Wünsche und Kommentare haben, lassen Sie es uns wissen: *kommentar@oreilly.de.*

5 4 3 2 1 0

Inhalt

Teil C   Team- und Kommunikationswebsites 259

13 Die Teamwebsite 261

14 Die Kommunikationswebsite 275

15 Projekt: Eine Kommunikationswebsite für ein gemeinsames Abteilungs-Wiki aufbauen . 283

Vorwort

Liebe Leserin und lieber Leser,

die SharePoint-Produkte und -Technologien haben sich seit dem vergangenen Jahr noch viel stärker in den Unternehmen durchgesetzt als in den letzten zwei Jahrzehnten. Durch die Pandemie mussten sich Unternehmen Lösungen für die virtuelle Zusammenarbeit suchen, und mit dem Einsatz von Microsoft 365 und Microsoft Teams wurde SharePoint bewusst oder auch unbewusst in die Firmen integriert. Auch Bestands- und Neukunden, die den SharePoint Server einsetzen, haben in den vergangenen Wochen und Monaten auf SharePoint Server 2019 umgestellt und benutzen nun die modernen Oberflächen, die SharePoint in den aktuellen Versionen bereitstellt. Ich habe im gesamten Buch versucht, alle Anwendergruppen von SharePoint Server und SharePoint Online anzusprechen, damit Sie einen Überblick erhalten, was SharePoint eigentlich ist und wie SharePoint Sie und Ihr Team in der Zusammenarbeit unterstützen kann. Dabei setze ich keinerlei Vorkenntnisse im Umgang mit SharePoint voraus und erwarte auch nicht, dass Sie als Anwenderin oder Anwender programmieren können.

Ich wünsche Ihnen viel Erfolg und hoffe, dass dieses Buch Sie bei der Umsetzung Ihres SharePoint-Projekts unterstützt.

Melanie Schmidt

Technische Umgebung

In diesem Buch wurden von mir SharePoint 2019 Server Enterprise und Microsoft 365 Enterprise E3 verwendet.

Vorgehensweise mit den Beispielen in diesem Buch

Für die Beispiele in diesem Buch lassen Sie sich am besten eine eigene Team- und Kommunikationswebsite durch den SharePoint-Administrator bereitstellen. Falls Sie vor der grundsätzlichen Entscheidung stehen, ob Sie SharePoint in Ihrem Unternehmen einführen möchten, können Sie eine kostenlose Testversion eines Microsoft-365-Plans verwenden und ausprobieren. Beachten Sie die unterschiedlichen Funktionalitäten der Pläne. Eine Übersicht finden Sie unter *https://www.microsoft.com/de-de/microsoft-365/business/compare-all-microsoft-365-business-products?market=de* (Stand: 21.07.2021).

Sie müssen bei der Bereitstellung der Testumgebung einen URL-Namen »Firmenname.SharePoint.com« festlegen. Bitte informieren Sie sich unbedingt vor dem Festlegen des Namens, ob dieser später in ein anderes, für Sie gültiges Office-365-Abonnement übernommen werden kann, falls Sie sich für ein solches entscheiden sollten. Verwenden Sie gegebenenfalls einen anderen Namen für die Testumgebung, damit der gewünschte Firmenname später verwendet werden kann.

Beachten Sie auch die E-Pläne für große Unternehmen unter *https://www.microsoft.com/de-de/microsoft-365/compare-microsoft-365-enterprise-plans?market=de* (Stand: 21.07.2021).

An wen richtet sich das Buch und wie ist es aufgebaut?

Dieses Buch richtet sich an SharePoint-Anwender ohne technische Voraussetzung. Auch Umsteiger von einer älteren SharePoint-Version, Führungskräfte, Administratoren, Poweruser, Berater und Trainer können dieses Buch im Büroalltag verwenden.

Kapitel 1: Einführung

In diesem Kapitel möchte ich Ihnen einen kurzen Überblick über den Einsatz und die Bestandteile von SharePoint geben. Sie erfahren, welche Unterschiede es bei den SharePoint-Server- und -Online-Varianten gibt und welchen Herausforderungen Sie gegenüberstehen.

Kapitel 2: Erste Schritte

Erfahren Sie in diesem Kapitel, wie Sie sich am SharePoint-Portal anmelden und wie Sie darin navigieren. Lernen Sie die Bestandteile einer SharePoint-Website kennen und lesen Sie, wie Sie Ihr persönliches Profil anlegen und pflegen und wie Sie die Suche von SharePoint nutzen können.

Kapitel 3: Zuständigkeiten

In diesem Kapitel gebe ich Ihnen einen Überblick über die administrativen Rollen, die Sie kennen sollten, wenn Sie für eine SharePoint-Server-Websitesammlung oder eine einzelne Teamwebsite verantwortlich sind.

Kapitel 4: Berechtigungen

Eine der wichtigsten Bedingungen im Umgang mit den SharePoint-Produkten und -Technologien ist das Verständnis für die Berechtigungen von SharePoint. Wenn Sie ein SharePoint-Projekt starten, können durch Unwissenheit sehr viele Fehler entstehen.

Kapitel 5: Bibliotheken

Bibliotheken sind die zentralen Speicherorte für Dateien innerhalb des Share-Point-Portals. In diesem Kapitel machen Sie sich mit den grundlegenden Funktionen für die tägliche Arbeit mit Dateien in SharePoint vertraut.

Kapitel 6: Microsoft Office im Web

Mit Office im Web stehen Ihnen die bekannten Office-Anwendungen wie Excel, PowerPoint und Word als webbasierte Online-Apps zur Verfügung. In diesem Kapitel gehe ich auf die Arbeit mit den Online-Apps ein.

Kapitel 7: OneNote

OneNote ist eine Notizbuch-App von Microsoft, die Ihnen auf jeder Teamwebsite für die Zusammenarbeit bereitgestellt wird. Lernen Sie in diesem Kapitel die ersten Schritte mit OneNote kennen.

Kapitel 8: OneDrive for Business

Um persönliche Dateien in der Cloud oder auf Ihrem Server zu speichern, zu bearbeiten oder für andere Personen freizugeben, steht Ihnen OneDrive for Business zur Verfügung. OneDrive for Business dient zusätzlich als Synchronisations-Client für Dateien, die Sie aus OneDrive for Business oder SharePoint mit Ihrem PC oder Mac synchronisieren möchten. Erfahren Sie mehr darüber in diesem Kapitel.

Kapitel 9: Listen

Sie können Informationen gemeinsam mit Ihrem Team in Listen erfassen und bearbeiten. Sie können eigene, benutzerdefinierte oder von SharePoint mitgelieferte Listen erstellen, die sofort zum Einsatz kommen können.

Kapitel 10: Grundlagen des Dokumentenmanagements

In diesem Kapitel erfahren Sie, wie Sie einfaches Dokumentenmanagement mit allen SharePoint-Versionen umsetzen können. Sie werden Bibliotheken und Spalten erstellen und erfahren, was es mit dem Ein- und Auschecken und mit der Versionierung von Dokumenten auf sich hat. Zusätzlich erläutere ich, wie Sie Inhalte durch Inhaltsgenehmigungen steuern können. Lernen Sie Dokumentenmappen kennen und erfahren Sie, wie Sie Vorlagen in Ihre Bibliotheken einbinden können.

Kapitel 11: Websitespalten, Eigenschaften, Inhaltsgenehmigungen und Metadaten

Für das Filtern von Informationen in SharePoint-Bibliotheken und Listen können Sie eigene Spalten, die als Eigenschaften oder Metadaten bezeichnet werden, erstellen und sofort verwenden. Diese Spalten können direkt in jeder einzelnen Bibliothek, Liste oder auf der Websiteebene erstellt werden. Möchten Sie Dateien, die von Ihnen oder Ihren Teammitgliedern erstellt oder hochgeladen werden, zunächst prüfen und genehmigen, bevor sie für alle anderen Benutzer sichtbar sind, können Sie die Inhaltsgenehmigung aktivieren.

Kapitel 12: Websiteinhaltstypen

Haben Sie und Ihr Team eigene Office-Vorlagen erstellt, die Sie in den Bibliotheken mithilfe der Schaltfläche *Neu* benutzen möchten, können Sie die Vorlagen über Websiteinhaltstypen steuern. Zusätzlich liefert SharePoint sogenannte Dokumentenmappen, mit denen Sie Dateien gebündelt in einer Dokumentenmappe ablegen können.

Kapitel 13: Die Teamwebsite

In diesem Kapitel zeige ich die grundlegenden Elemente einer Teamwebsite auf. Sie werden innerhalb der Website navigieren und weitere Informationen zu den angezeigten Links und Schaltfläche erhalten. Sie erfahren in diesem Kapitel, wie Sie Neuigkeiten mit Ihren Kollegen teilen und darauf reagieren können.

Kapitel 14: Die Kommunikationswebsite

In diesem Kapitel lernen Sie die grundlegenden Elemente einer Kommunikationswebsite kennen.

Kapitel 15: Projekt: Eine Kommunikationswebsite für ein gemeinsames Abteilungs-Wiki aufbauen

Hier erfahren Sie, wie Sie ein Abteilungs-Wiki auf einer Kommunikationswebsite aufbauen können. Lernen Sie, wie Sie Wiki-Seiten erstellen und mit Inhalten ausstatten können. Erfahren Sie, wie Sie den Seiteninhalt und die Navigation anpassen, um Inhalte für Ihre Kollegen bereitzustellen.

Kapitel 16: Designs und Webparts auf der Team- und Kommunikationswebsite

In diesem Kapitel gehe ich kurz darauf ein, wie Sie als Anwender die von SharePoint mitgelieferten Designfarben anwenden können und welche Webparts Ihnen auf der SharePoint-Website zur Verfügung stehen.

Danksagung

Meiner lieben Familie und meinen Freunden möchte ich für jede noch so kleine motivierende und moralische Unterstützung während des Schreibens an diesem Buch danken. Björn Strausmann, dir danke ich für die langjährige Freundschaft und die unermüdliche Bereitschaft, mich in meinen Buchprojekten motivierend und als mein Admin zu unterstützen.

Ganz lieben Dank an Sandra Bollenbacher, Isolde Kommer und Gerhard Alfes für Ihre Zeit und das Mitwirken an diesem Buch.

Teil A
Grundlagen

Im ersten Teil dieses Buchs möchte ich Ihnen einen Überblick über den Einsatz von SharePoint geben. Sie erfahren mehr über die SharePoint-Produkte und -Technologien und lernen, welche Möglichkeiten Ihnen die von Microsoft mitgelieferten Website-, Listen- und Bibliotheksvorlagen (Apps) bieten. Dieser Teil des Buchs befasst sich auch mit den Zuständigkeiten innerhalb eines SharePoint-Portals und den jeweiligen Berechtigungen, die für eine reibungslose Zusammenarbeit im Team notwendig sind. Erfahren Sie mehr über die Online-Versionen der Office-Programme, die sich zusätzlich zu den Desktop-Apps im Webbrowser anwenden lassen. Des Weiteren gehe ich auf OneNote, das elektronische Notizbuch, und OneDrive, Ihren persönlichen Cloud-Speicher, ein.

Kapitel 1
Einführung

Was ist eigentlich SharePoint?

Während wir täglich unseren Aufgaben am Arbeitsplatz, im Homeoffice oder am Tele-Arbeitsplatz nachgehen, fallen sehr viele Informationen an. Wir erstellen oder bearbeiten Word-Dokumente, Excel-Arbeitsmappen oder -Diagramme, wir planen die nächsten Besprechungen und bereiten die PowerPoint-Präsentationen vor. Diese ganzen Dateien speichern wir auf den lokalen Festplatten oder in den für uns freigegebenen Netzlaufwerken auf dem File-Server. Zusätzlich senden wir diese ganzen Informationen per E-Mail an unsere Kollegen, Kunden, Lieferanten und Partner, während auch diese Personen für uns ständig Informationen bereitstellen, die in unserem E-Mail-Postfach oder dem freigegebenen Netzlaufwerksordner landen.

Wie erstellen und verteilen Sie Informationen an Kollegen, Kunden, Lieferanten und Partner?

Durch diese Art des Teilens der Informationen entstehen häufig redundante Dateien, die also mehrfach vorhanden sind und so in den Umlauf kommen, was zum Chaos führen wird.

Im Intranet finden Sie allgemeingültige Informationen.

Anders sieht es aus, wenn allgemeine Informationen für die gesamte Belegschaft bereitgestellt werden sollen. Solche Informationen werden häufig in einem betriebsinternen Bereich, dem sogenannten webbasierten Intranet, hinzugefügt. Alle Mitarbeitenden haben die Berechtigung, auf diesen zentralen Bereich lesend zuzugreifen, sodass hier keine Rundmails mehr verschickt werden müssen. SharePoint bietet die Möglichkeit, ein solches Intranet für die Mitarbeitenden bereitzustellen.

Zentral zusammenarbeiten

Wäre es nicht auch von Vorteil, wenn für unsere Abteilungen, Arbeits- und Projektteams oder die Organisationseinheiten jeweils solch eine zentrale Arbeitsumgebung bereitgestellt werden könnte, auf die nur die Personen zugreifen können, die dem Team angehören?

Auch mit unternehmensexternen Personen

Großartig wäre es zusätzlich, wenn Kunden, Lieferanten und Partner ebenfalls auf bestimmte Bereiche zugreifen und gemeinsam mit uns zusammen an den jeweiligen Informationen arbeiten könnten. Natürlich sollten alle beteiligten Personen auch von unterwegs, also von einem anderen Standort, aus dem Homeoffice oder vom Telearbeitsplatz aus, auf diese Umgebungen zugreifen können, wenn möglich auch mit mobilen Geräten.

Auch im Homeoffice kann auf die Informationen im SharePoint-Portal zugegriffen werden.

Durch den Einsatz von SharePoint im Unternehmen können diese Anforderungen umgesetzt werden. Mithilfe eines SharePoint-Portals werden alle Informationen, die man für die tägliche Arbeit benötigt, webbasiert bereitgestellt. Je nach eingesetzter Technologie und Sicherheitsbestimmungen im Unternehmen können Personen entweder per VPN-Verbindung (Virtual Private Networks), die die private Verbindung über ein öffentliches Netz tunnelt, per Security-Token – dabei handelt es sich um eine Hardware zur Authentifizierung von Benutzern – oder direkt über das Internet auch mit mobilen Geräten auf die Zusammenarbeitsbereiche zugreifen. Dabei sehen alle Personen auch nur die für sie freigegebenen Inhalte und Informationen. Somit lassen sich mit SharePoint auch bestimmte Arbeitsprozesse optimieren.

Dieses einfache Zusammenarbeiten mit dem Team setzt aber auch voraus, dass jeder Einzelne diese Art des Informationsaustauschs akzeptiert und die eigenen Arbeitsabläufe neu durchdacht werden. Auch wenn jeder Mitarbeitende bisher mit den alten Gegebenheiten dem täglichen Arbeitsaufwand gerecht wurde, stellt SharePoint meistens eine Herausforderung dar.

Jeder SharePoint-Bereich ist vergleichbar mit einem virtuellen Gebäude, das sich an die Anforderungen des Teams anpassen lässt.

Die einzelnen Intranet- und Zusammenarbeitsbereiche werden auf Websites bereitgestellt. Diese Websites können Sie sich als eigenständige, virtuelle Gebäude vorstellen, in denen die jeweiligen Mitarbeitenden der Organisationseinheiten, Arbeitsgruppen und Projektteams zusammenarbeiten oder Informationen bereitstellen. Jede dieser Websites ist mit bestimmten Werkzeugen ausgestattet, mit denen Sie sofort mit Ihrer Arbeit beginnen können. So besitzt jede Website bereits einen Ablageschrank für Dateien, die Sie dort ablegen und auf die Sie je nach Systemkonfiguration von überall mit einer Internetverbindung zugreifen können. Den Begriff »Ablageschrank« kennt SharePoint nicht, hier spricht man von Bibliotheken. Jede Website kann mit weiteren Bibliotheken oder anderen Anwendungen (Apps) ausgestattet und so den jeweiligen Anforderungen entsprechend angepasst werden.

Der Einsatz von SharePoint

Microsoft SharePoint wird schon seit vielen Jahren in Unternehmen für unterschiedliche Geschäftsanforderungen eingesetzt. So kommt SharePoint als internes Zusammenarbeits- und Informationsportal und damit als Intranet-Lösung zum Einsatz. Auch OneDrive for Business, Ihr persönlicher Speicherort im Unternehmen, verwendet die SharePoint-Technologien und Dienste.

SharePoint ist nicht nur der Speicherort für Ihre Dateien.

Beim Einsatz von SharePoint Online in Microsoft 365 oder beim Einsatz von SharePoint Server gemeinsam mit SharePoint Online in einer sogenannten Hybrid-Lösung kommen bei Microsoft-365-Gruppen, Microsoft Planner und Microsoft Teams immer im Hintergrund die SharePoint-Online-Serverdienste zum Einsatz, es werden immer Teamwebsites erstellt. Mit der Teamwebsite nutzen Sie Bibliotheken, in denen Sie Dateien innerhalb von Teams, Planner oder der reinen Microsoft-365-Gruppe zentral ablegen.

Microsoft Teams verwendet zum Speichern immer eine SharePoint-Teamwebsite.

SharePoint kommt für folgende Lösungen zum Einsatz:

- Intranet-Lösung
- Zusammenarbeits- und Informationsportal
- persönlicher Dateispeicherort OneDrive for Business
- Dokumentenmanagement
- Dateispeicherorte in Microsoft-365-Portalen

SharePoint-Produkte und -Technologien

SharePoint ist ein sehr komplexes und umfangreiches System und lässt sich nur aus verschiedenen Microsoft-Server-Produkten und -Technologien oder den Microsoft-SharePoint-Online-Serverdiensten zusammensetzen. Durch die Bereitstellung von Microsoft-SharePoint- und Windows-Servern ergibt sich ein SharePoint-Serversystem.

SharePoint wird im privaten Bereich nicht eingesetzt.

Dieses Serversystem wurde bisher in der Regel nur in einem Unternehmen, lokal im Firmennetzwerk, durch die interne IT betrieben und gewartet. Durch die mittlerweile sehr große Nachfrage nach sogenannten Cloud-Services und -Technologien für Unternehmen wurden die Microsoft-Server-Produkte und -Technologien zusätzlich in den letzten Jahren um die Microsoft-365-Online-Serverdienste erweitert.

Server werden von der IT-Abteilung bereitgestellt und gewartet.

Der Unterschied zu den lokalen Servern besteht darin, dass die Microsoft-Online-Dienste, Microsoft 365 und Azure nicht in der internen IT bereitgestellt werden, sondern in einem der vielen, nach ISO-Normen zertifizierten Rechenzentren, die von Microsoft weltweit betrieben werden, also in der Microsoft-Cloud außerhalb des jeweiligen Unternehmens.

Microsoft 365 besteht aus Online-Serverdiensten und -Anwendungen (Apps).

Die Nutzung der Online-Dienste und -Services ermöglicht auch kleinen und mittelständigen Unternehmen, ohne große Server-Installationen SharePoint als Intranet-Lösung und für die Zusammenarbeit mit Mitarbeitenden und unternehmensexternen Personen zu nutzen. Dabei kann das lokale Active Directory, über das die Benutzerverwaltung in der IT-Abteilung vorgenommen wird, mit den Microsoft-Cloud-Services verbunden werden, was die Benutzerverwaltung erheblich vereinfacht und dem Nutzer eine nahtlose Integration in die interne IT ermöglicht.

Serverinstallationen sind mit SharePoint Online nicht notwendig.

Auch große Unternehmen setzen mittlerweile einen Teil der Online-Varianten ein, um beispielsweise unternehmensexternen Personen den Zugriff auf bestimmte Informationen zu gewähren. Während die Bereitstellung von externen Zugängen in der hauseigenen Serverlandschaft eine umfangreiche Infrastruktur voraussetzt und es aus sicherheitstechnischen Gründen gegebenenfalls nicht gestattet ist, fremden Personen Zugriff zu erteilen, bietet sich die Online-Variante dafür an, zusätzlich eine SharePoint-Online-Lösung genau für diesen Zweck einrichten zu lassen. Microsoft bietet sogenannte Hybrid-Lösungen, die in eine bestehende, interne IT-Infrastruktur integriert und mit ihr verbunden werden können. Dadurch können Unternehmen beide Umgebungen einsetzen und unternehmenswichtige Informationen auf dem Server belassen, während beispielsweise in der Cloud Informationen für unternehmensexterne Personen bereitgestellt werden können. Der Anwender muss dabei nicht zwischen den beiden Umgebungen wechseln, sodass ein einheitliches Erscheinungsbild gegeben ist.

Hinweis   SharePoint Online wird immer weiterentwickelt und (fast) automatisch aktualisiert. Beim SharePoint Server muss auf Updates und Neuerungen gewartet werden, die nur von der IT-Abteilung eingespielt werden können.

Die Systeme unterscheiden sich jedoch in ihren Leistungen, also auch in den Anwendungsmöglichkeiten. Microsoft verfolgt seit Jahren die »Mobile-first-Strategie«, was bedeutet, dass die Online-Dienste und Services ständig weiterentwickelt werden, während die Neuerungen bei den Server-Produkten eher langsam hinzukommen.

Für SharePoint wird keine Desktop-App benötigt. Alle SharePoint-Systeme werden über den Webbrowser aufgerufen, während nur die Online-Variante direkt mit dem Internet verbunden ist. Der SharePoint Server hingegen steht im hausinternen Netzwerk zur Verfügung und greift somit nur auf den internen Server zu. Man spricht bei SharePoint auch von einer webbasierten Business-Plattform. Zum Öffnen oder Benutzen von SharePoint wird ein Webbrowser oder die mobile App für das Smartphone oder den Tablet-PC benötigt.

Wo finden Sie Ihre Vorlage für den Urlaubsantrag?

SharePoint wird bislang als Intranet-Lösung oder auch als Unternehmens- beziehungsweise Business Plattform verwendet, um allgemeine Informationen, die alle Mitarbeitenden betreffen, zentral an einem Ort bereitzustellen. So werden Informationen zur aktuellen Unternehmenslage, wichtige Betriebstermine, Arbeitsanweisungen und Regeln, Neuigkeiten oder allgemeine Informationen aus den einzelnen Abteilungen, Ankündigungen von der Geschäftsleitung oder dem Betriebs- oder Personalrat mithilfe von SharePoint zentral bereitgestellt.

SharePoint ist die Basis für die Zusammenarbeit an Dateien.

Mittlerweile findet SharePoint überwiegend seinen Einsatz in der Zusammenarbeit an Informationen, Dokumenten und Listen, die innerhalb von Arbeits-, Projektteams und Organisationsbereichen benötigt werden. Dabei kann der Austausch der Informationen auch mit unternehmensexternen Personen stattfinden. Durch die verbesserte Zusammenarbeit von Mitarbeitenden oder auch Unternehmens-Communitys innerhalb eines SharePoint-Portals sind mittlerweile viele soziale Unternehmensnetzwerke entstanden und diese entwickeln sich ständig weiter.

Die von Microsoft angebotenen Produkte unterscheiden sich vom Funktionsumfang und damit in den Anwendungsmöglichkeiten. Auf die Produkte gehe ich nachfolgend ein.

SharePoint Server Standard und Enterprise

Unternehmen können die SharePoint-Server-Technologien und Online-Server-dienste in Verbindung mit einem Windows-Server installieren und das System intern für die Mitarbeitenden als Zusammenarbeitsportal bereitstellen. Mit dem SharePoint Server können Websites erstellt und für Arbeitsteams mehrsprachig bereitgestellt werden.

SharePoint setzt weitere Server-Technologien voraus.

Jede Website besteht aus einer Websitevorlage und besitzt bereits standardmäßig von SharePoint mitgelieferte Werkzeuge, wie Bibliotheken zur Ablage von Dateien oder Listen und Programme, auch Apps genannt, die sofort auf einer angelegten Website zum Einsatz kommen können. Die verwendeten Bibliotheken und Listen wiederum lassen sich mit den Microsoft-Office-Desktop-Programmen und je nach verwendeten Technologien mit den sogenannten Office-Online-Apps verbinden.

Auf SharePoint-Websites lassen sich nützliche Apps integrieren.

Damit hat der Anwender die Möglichkeit, die Dateien im Webbrowser zu bearbeiten, und muss nicht erst das Dokument öffnen und in der jeweiligen Desktop-Anwendung bearbeiten.

SharePoint verfügt über eine Versionierung. Die Inhalte einer Bibliothek können versioniert oder mit der Ein- und Auscheckfunktion als schreibgeschützte Entwürfe oder als aktuelle Hauptversion in SharePoint abgelegt werden. Sie können so die Änderungen an einem Dokument nachverfolgen und gegebenenfalls auf eine ältere Version zurückgreifen.

Aber auch das zeitgleiche Arbeiten an einem Dokument mit mehreren Personen ist in einer SharePoint-Bibliothek möglich, was wiederum ein großer Vorteil gegenüber dem Netzlaufwerk ist.

Der SharcPoint Server liefert unter anderem Listen- und Websitevorlagen für Kalender, Kontakte, Aufgaben, Diskussionen, Blogs und einfache Wikis, um Informationen und den Wissensaustausch zentral im Team zu steuern.

Durch das Hinzufügen von eigenen Websitespalten und der Zuordnung von Eigenschaften erfolgt eine strukturierte Ablage von Dateien und Elementen. Durch das Erstellen von sogenannten Ansichten in der jeweiligen Bibliothek oder Liste lassen sich gewünschte Informationen filtern und dadurch schnell auffinden. Zusätzlich können sogenannte Webparts einer Website hinzugefügt werden. Webparts sind Steuerelemente und dienen der Anzeige von gefilterten Informationen, die vom System geliefert werden oder aus einer Bibliothek oder Liste stammen.

Metadaten können das Auffinden von bestimmten Informationen vereinfachen.

Somit kann auf einer Website das eigene Cockpit oder ein Dashboard dargestellt werden. Des Weiteren gibt es zusätzliche Funktionen zum Dokumentenmanagement wie beispielsweise Dokumentenmappen und Dokument-IDs, die dafür sorgen, dass ein Dokument schneller durch sogenannte Metadaten auffindbar ist und strukturiert abgelegt werden kann. Zusätzlich können innerhalb von Bibliotheken sogenannte Informationsverwaltungsrichtlinien festgelegt werden, die beispielsweise dazu dienen, Regeln zu erstellen, die die Einhaltung von gesetzlichen Aufbewahrungsfristen oder das Verschieben von Dateien nach einer bestimmten Ablaufzeit an einen anderen Speicherort gewährleisten. Auch das Bereitstellen von sogenannten Taxonomiebäumen, um Informationen mit Tags und Schlüsselwörtern zu versehen, kann von der IT-Abteilung oder von einer Person, die für die Website verantwortlich ist, übernommen werden.

Eine Teamwebsite ist das Cockpit für relevante Informationen des Teams.

SharePoint verfügt über eine intelligente Suche.

Der SharePoint Server verfügt über eine Unternehmenssuche, mit der das gesamte SharePoint-Portal, die eingesetzten Exchange- und Fileserver, eingebunden und nach sämtlichen Informationen und nach Personen durchsucht werden können. Die Suchfunktionen sind sehr umfangreich, so werden beispielsweise die von Ihnen häufig aufgesuchten Websites oder auch Suchabfragen, die Sie bereits durchgeführt haben, mit in Ihre Suchaufträge einbezogen. So können Sie schnell die Informationen aller integrierten Systeme finden, die Sie oft suchen und auf die Sie berechtigt sind, zuzugreifen. Selbst dynamische, sich ständig ändernde Informationen von Veröffentlichungswebsites können mit der Servervariante durchsucht und dadurch können Inhalte wiedergefunden werden.

SharePoint bietet die Basis für soziale Netzwerke und Communitys.

Der SharePoint Server bietet umfangreiche Funktionen des sozialen Netzwerks an. Sie können durch diese Funktionen Informationen mit Kollegen teilen und mit anderen Personen innerhalb Ihres Unternehmens zusammenarbeiten. Auch eine sogenannte Communitywebsite wird vom Server mitgeliefert. Diese Website stellt ein Forum dar, in dem Sie und Ihre Teams Diskussionen über sämtliche in Kategorien festgelegte Wissens- und Themenbereiche führen können. Für Websitesammlungen werden unter anderem Websites für die Veröffentlichung, auch Publishingsites genannt, bereitgestellt. Diese Vorlagen bieten Ihnen die Möglichkeit, ein sogenanntes Web Content Management in Ihrem Unternehmen aufzubauen. Sie können damit Websites und Seiten erstellen, deren Inhalt erst nach einem von Ihnen festgelegten Genehmigungsablauf beziehungsweise Workflow für die gesamte Belegschaft veröffentlicht wird.

Zusätzlich bietet der Server eine persönliche Website für jeden Mitarbeiter, die auch persönliche Profil- beziehungsweise Über-mich-Seite genannt wird.

Aktuelle Informationen über die SharePoint-Server-Technologien finden Sie unter diesem Link: *https://www.microsoft.com/de-de/microsoft-365/SharePoint/SharePoint- licensing-overview.*

SharePoint Online und SharePoint in Microsoft 365

Die Cloud-Modelle werden in europäischen oder deutschen Rechenzentren bereitgestellt.

In den reinen SharePoint-Online-Plänen, den von Microsoft gehosteten Dienst-Modellen, steht Ihnen nur SharePoint Online zur Verfügung. Mit Microsoft 365 stehen Ihnen zusätzlich weitere Serverdienste und Apps wie zum Beispiel Exchange Online, Office Online und Office Desktop, OneDrive for Business, Microsoft Teams, Planner, Outlook und weitere Apps zur Verfügung. Die Bereitstellungen von Servern innerhalb des Unternehmens fallen dabei weg, da die technischen Voraussetzungen über die Cloud von Microsoft zur Verfügung gestellt werden. Die Funktionalitäten der Cloud-basierten SharePoint-Angebote sind vergleichbar mit den Servervarianten, dennoch unterscheiden sie sich in den Leistungen und dem Umfang des von Ihnen verwendeten SharePoint-Online- oder Microsoft-365-Plans. Der Vorteil einer Onlinevariante liegt unter anderem darin, dass sie immer auf neue Features aktualisiert wird und sich dadurch die Funktionalitäten laufend erweitern.

Lieferanten, Partner und Kunden müssen nicht zusätzlich lizenziert werden.

Bei der Onlinevariante müssen keine zusätzlichen Lizenzen für unternehmensexterne Personen bereitgestellt werden. Diese Personen können mit einer eigenen SharePoint-Online-Lizenz, einem Microsoft-Konto oder der E-Mail-Adresse auf den für sie freigegebenen Inhalt zugreifen. Aber auch hier müssen die Sicherheits- und Zugriffsfreigaben durch Ihr Unternehmen geplant und festgelegt werden. Sie finden die aktuellen Funktionalitäten der jeweiligen Pläne direkt bei Microsoft unter *https://www.microsoft.com/de-de/microsoft-365/SharePoint/compare-SharePoint-plans?market=de.*

Microsoft-365-Gruppen

Microsoft-365-Gruppen verbinden mehrere Serverdienste und Apps. Mit Microsoft 365 stehen Ihnen viele verschiedene Serverdienste und Apps zur Verfügung. Dabei ist es technisch möglich, dass die Serverdienste kombiniert in einer sogenannten Microsoft-365-Gruppe verwendet werden. So werden beim Erstellen der modernen Teamwebsite weitere Dienste aktiviert. Wenn in Ihrem Haus die Exchange-Serverdienste im Einsatz sind, werden automatisch beim Erstellen einer Teamwebsite ein Gruppenpostfach und ein Gruppenkalender erstellt. Auch ein Planner-Plan für gemeinsame Aufgaben wird der Gruppe hinzugefügt. Beim Anlegen eines Microsoft-Teams-Teams oder beim Anlegen eines einzelnen Plans über den Planner-Hub wird immer auch jeweils eine Teamwebsite im Hintergrund bereitgestellt, damit dort die gemeinsame Dateiablage stattfinden kann. Eine Microsoft-365-Gruppe setzt sich somit aus verschiedenen Serverdiensten zusammen. SharePoint bildet in der Microsoft-365-Umgebung immer die Basis für die Zusammenarbeit an Dateien.

OneDrive for Business

Je nach Konfiguration Ihres SharePoint-Systems wird Ihnen vom Administrator über die SharePoint-Technologien und Dienste OneDrive for Business bereitgestellt. In Ihrer persönlichen OneDrive-Bibliothek können Sie Ihre nicht teamrelevanten Dateien speichern und bei Bedarf für andere Personen in Ihrem Unternehmen und eventuell für externe Personen freigeben. Sie verwenden OneDrive, um Dateien mit Ihrem PC, Mac oder dem mobilen Gerät zu synchronisieren und orts- und geräteunabhängig auf Ihre Dateien mit einer Internetverbindung zuzugreifen. OneDrive wird auch als sogenannter Synchronisations-Client bezeichnet und Sie können mit diesem Synchronisations-Client ebenso Ihre SharePoint-Bibliotheken mit dem PC, Mac oder den mobilen Geräten synchronisieren. Die Speicherkapazität für Ihre persönlichen Dokumente beträgt standardmäßig 1 TB pro Benutzer. Das Volumen kann bei Ihnen gegebenenfalls abweichen. Fragen Sie dazu Ihren Administrator. Mehr zu OneDrive for Business finden Sie in Kapitel 8.

Mit OneDrive können Sie Dateien synchronisieren.

| Hinweis | OneDrive for Business muss von Ihrer IT-Abteilung auf dem SharePoint Server für Sie bereitgestellt werden. Fragen Sie Ihre IT-Abteilung, ob in Ihrem Haus OneDrive for Business verwendet und synchronisiert werden darf. Die Freigabe von Dateien an unternehmensexterne Personen muss ebenfalls administrativ für die Benutzer einmalig gesteuert werden, in SharePoint Online mit Microsoft 365 und SharePoint Server. |

Office im Web

Office-Dateien im
Webbrowser oder
mobil bearbeiten

Für das Erstellen oder Bearbeiten von Office-Dateien können Sie die Microsoft-Office-Pakete auf dem PC oder Mac als sogenannte Desktop-App installieren. Office im Web (ehem. Office Web Apps und Office Online) sind von Microsoft entwickelte browserbasierte Versionen der Office-Anwendungen. Mit Office im Web können Sie die Office-Online-Apps wie Word, Excel, PowerPoint, Outlook und OneNote im Webbrowser verwenden. So haben Sie die Möglichkeit, über den Webbrowser ein Office-Dokument zu erstellen und vorhandene Dokumente zu öffnen und zu bearbeiten, auch wenn auf dem von Ihnen verwendeten Gerät keine Office-Desktop-App installiert ist.

In SharePoint Online in Microsoft 365 steht Ihnen Office im Web zur Verfügung. Wird bei Ihnen der SharePoint Server eingesetzt, muss der Office-Online-Server durch Ihre IT-Abteilung konfiguriert und bereitgestellt werden. Mehr zu Office im Web finden Sie in Kapitel 6.

SharePoint mit mobilen Endgeräten

Die SharePoint-App
steht nur auf dem
Smartphone oder
dem Tablet-PC zur
Verfügung.

Für den mobilen Einsatz von SharePoint Server und SharePoint Online können Sie die iOS-, Android- oder Windows-10-Mobile-App aus Ihrem unternehmensinternen oder dem jeweiligen App-Store herunterladen. Mithilfe der mobilen App können Sie auch mit dem Smartphone oder dem Tablet-PC auf Inhalte, die im SharePoint-Intranet oder Ihren Teamwebsites bereitgestellt wurden, zugreifen. Auch Inhalte Ihres persönlichen Profils oder Neuigkeiten von Websites können mit der mobilen App abgerufen werden. Das Bearbeiten von Office-Dokumenten, die in SharePoint abgelegt sind oder die Sie dort hinzufügen möchten, ist mit den mobilen Geräten und den Office-Online-Apps möglich.

Hinweis	Die Benutzung von Endgeräten, die nicht zum Eigentum Ihres Unternehmens oder Ihrer Organisation gehören, ist gegebenenfalls nicht gestattet. Durch den Download aus den öffentlichen App-Stores kann es zu Fehlermeldungen führen, wenn Sie Geräte verwenden, die dem Unternehmen bzw. der Organisation zugeordnet sind. Verwenden Sie nur Apps, die in Ihrem Haus von der IT-Abteilung freigegeben wurden. Wenn Ihr Unternehmen einen eigenen App-Store zum Download von Apps besitzt, schauen Sie dort, ob Sie fündig werden. Suchen Sie alternativ im Intranet nach einem Eintrag zur Verwendung von SharePoint Mobile oder befragen Sie Ihre IT-Experten.

Websitesammlungen, Websites und Websiteseiten

Eine Website reicht
aus, um im Team
zusammenzu-
arbeiten.

Wenn der SharePoint Server in einem Unternehmen bereitgestellt wird, besteht das SharePoint-Portal zunächst nur aus einer sogenannten Webanwendung (siehe Abbildung 1.1), die als Einstiegspunkt des jeweiligen SharePoint-Portals betrachtet werden kann. Diese Webanwendung kann man sich als einen Teil eines Firmengeländes vorstellen, das noch keine Gebäude oder Räume besitzt. Erst durch das Bereitstellen von mindestens einer SharePoint-Websitesammlung erhält die Webanwendung die Funktionalitäten für die Zusammenarbeit innerhalb des Share-Point-Server-Portals. Innerhalb einer Websitesammlung kann eine Sammlung von Unterwebsites, auch Subsites genannt, angelegt werden. Jede Website besteht wiederum aus einer Websitevorlage und besitzt bereits standardmäßig von Share-Point mitgelieferte Bibliotheken zur Ablage von Dateien oder Listen, auch Apps genannt, die einer Datenbanktabelle entsprechen. In SharePoint Online in Microsoft 365 werden gleich mehrere Serverdienste und Apps zu Microsoft-365-Gruppen zusammen mit einer SharePoint-Websitesammlung bereitgestellt.

Die Websitesammlung selbst besteht aus einer Website der obersten Ebene und vererbt Berechtigungen und auch festgelegte Funktionalitäten auf alle Inhalte der Websitesammlung. Diese Website der obersten Ebene ist je nach Vorlagenauswahl bereits mit bestimmten Listen, Bibliotheken, Notizbüchern und Websiteseiten ausgestattet und kann direkt verwendet werden.

Eine Websitesammlung ist Ihr virtuelles Büro.

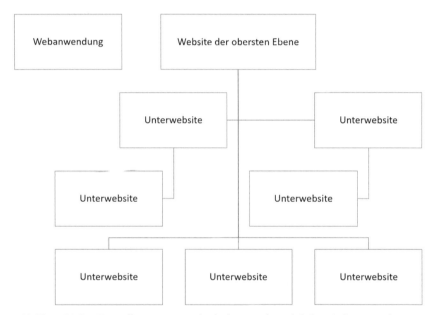

Abbildung 1.1: Die Darstellung einer verschachtelten, unübersichtlichen Websitesammlung

In den vergangenen Jahren wurden diese Websitesammlungen genutzt, um sie mit Unterwebsites auszustatten, die wiederum mit weiteren Bibliotheken und Listen sowie Inhalten ausgestattet waren, was jedoch zu unübersichtlichen Verschachtelungen von Websites geführt hat. Es entstanden dadurch auch unübersichtliche, ungewollte Berechtigungsvergaben, die nicht oder nur sehr schwer nachvollziehbar und zu beheben waren.

Erstellen Sie weitere SharePoint-Websites statt Unterwebsites.

Achtung	Vom Anlegen einer einzelnen Websitesammlung mit vielen verschachtelten Unterwebsites ist unbedingt abzuraten, weil es aus der administrativen Sicht nicht empfehlenswert ist. Durch die Verwendung einer einzelnen Websitesammlung für das gesamte Unternehmen müssen teilweise sehr komplexe Berechtigungen auf den unterschiedlichen Websites vergeben werden. Ebenso sind die Datensicherung und -wiederherstellung und die jeweilige Serverleistung, die sogenannte Performance, in einer jeweiligen Websitesammlung auf dem Server eher gegeben. Aber auch aufgrund vieler organisatorischer Umstrukturierungen, die es nun einmal in einem Unternehmen geben kann, ist das administrative Umziehen solcher Strukturierungen besser, wenn für die jeweiligen Anwendungsfälle eigene Webanwendungen mit einer eigenen Websitesammlung oder eine Webanwendung mit mehreren Websitesammlungen installiert und bereitgestellt wird.

Websites für das Unternehmensportal

Intranet-Portal-Websites müssen vom Administrator bereitgestellt werden. Für die Veröffentlichung eines Intranet-Portals werden von SharePoint Server die Websitevorlagen »Veröffentlichungssites« vom Administrator bereitgestellt. Inhalte wie Beiträge und Artikel werden auf der Veröffentlichungssite von bestimmten Mitarbeitenden, ich nenne sie Redakteure, geschrieben und bereitgestellt. Diese Personen müssen vom Administrator dazu berechtigt werden. Mit SharePoint Online in Microsoft 365 können sogenannte »Hub-Websites« verwendet werden, um ein Intranet-Portal aufzubauen. Beide Vorlagenarten können einen strukturierten, globalen Navigationsbereich darstellen, damit ein leichter Zugang zu weiteren Websites im gesamten Portal für alle Mitarbeitenden zur Verfügung steht. Die Seiteninhalte können direkt auf der Veröffentlichungs- und Hub-Website eingebracht werden.

Auf einer SharePoint-Online-Hub-Website können zusätzlich Neuigkeiten, die in einer Teamwebsite der jeweiligen Arbeitsgruppen, Organisationseinheiten, Arbeits- und Projektteams gepostet werden, automatisiert angezeigt werden. So können Mitarbeitende schneller bestimmte SharePoint-Online-Websites und eingebundene Inhalte finden. Die SharePoint-Online-Teamwebsite muss jedoch mit der Hub-Website verbunden sein. Hub-Websites können ebenfalls nur mit administrativen Rechten über das SharePoint-Admin-Portal oder per PowerShell-Skript registriert oder erstellt werden.

Die Websitevorlage »Teamwebsite«

Die zentrale Arbeitsumgebung für das gesamte Team Eine Teamwebsite (siehe Abbildung 1.2) wird für die Zusammenarbeit verwendet, um in der Abteilung, Arbeitsgruppe, in einem Fachbereich oder Projekt mit einem bestimmten Personenkreis zusammen an Dokumenten, Listen und am Informationsaustausch zu arbeiten. Die Ausstattungen der Teamwebsites sind beim SharePoint Server und bei SharePoint Online (siehe Abbildung 1.3) mit Microsoft 365 unterschiedlich, da in der Online-Variante immer auch die Microsoft-365-Gruppen-Ressourcen (siehe Abschnitt »Microsoft-365-Gruppen« auf Seite 25) hinzugefügt werden.

Abbildung 1.2: Die SharePoint-Server-Teamwebsite direkt nach dem Erstellen

Abbildung 1.3: Die Teamwebsite in SharePoint Online in Microsoft 365

Die Websitevorlage »Kommunikationswebsite«

Die Vorlage *Kommunikationswebsite* (siehe Abbildung 1.4) eignet sich für die Bereitstellung von reinen Informationen zu verschiedenen Themen, die bestimmte Organisationseinheiten, Fachbereiche oder das gesamte Unternehmen betreffen. Kommunikationswebsites werden meistens von einem redaktionellen Team betreut. Für die Bereitstellung von Dateien steht eine Bibliothek zur Verfügung. Informationen und Inhalte werden in Websiteseiten, auch SharePoint-Wiki-Seiten genannt, verfasst und veröffentlicht. In dieser Websitevorlage können weitere Bibliotheken und Listen hinzugefügt und bereitgestellt werden. Ihre Server- und Online-Varianten unterscheiden sich nicht voneinander. Jedoch greifen bei der Kommunikationswebsite die reinen SharePoint-Server-Berechtigungen und es besteht keine Verbindung zu einer Microsoft-365-Gruppe und somit auch nicht zu den jeweiligen Gruppenressourcen. In Kapitel 14 und 15 gehe ich auf die Kommunikationswebsite ein.

Auf der Kommunikationswebsite werden Mitarbeiterinformationen zentral gesteuert.

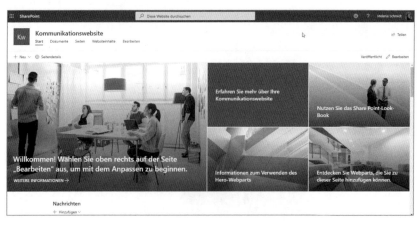

Abbildung 1.4: Die Kommunikationswebsite, hier in SharePoint Online mit Microsoft 365

Klassische Websitevorlagen

Klassische Website-
vorlagen unter-
scheiden sich in der
Bedienung von
modernen
Websites.

Microsoft stellt weiterhin klassische Websitevorlagen aus älteren SharePoint-Versionen für die Verwendung in SharePoint Server und in SharePoint Online zur Verfügung. Die klassischen Websitevorlagen können vom jeweiligen Administrator der Microsoft-365-Umgebung oder vom SharePoint-Serveradministrator bereitgestellt oder als Unterwebsites vom jeweiligen Website-Besitzer erstellt werden. Beachten Sie, dass die klassischen Websitevorlagen die SharePoint-Server-2013-Benutzeroberflächenversion verwenden und sich damit in der Bedienung von der modernen Oberfläche unterscheiden. Diese Websitevorlagen sollten nur nach Prüfung des Anwendungsfalls und in Absprache mit dem Administrator als eigene Websitesammlung bereitgestellt werden. Auch vom Anlegen verschachtelter Unterwebsites ist dringend abzuraten, da schnell ein Wildwuchs an Websites und komplizierte Berechtigungsvergaben entstehen kann. Die klassischen Websitevorlagen stehen nicht in Verbindung mit einer Microsoft-365-Gruppe und verfügen damit nicht über die jeweiligen Gruppen-Ressourcen der modernen Teamwebsite in SharePoint Online in Microsoft 365 Bei den klassischen Websitevorlagen greifen die reinen SharePoint-Berechtigungen mit den Berechtigungsgruppen Besitzer, Mitglieder und Besucher (siehe Kapitel 4).

Die klassische Websitevorlage »Projektwebsite«

Die Aufgaben- und
Kalenderlisten ste-
hen nicht in Verbin-
dung mit Server-
diensten.

Die Projektwebsite (siehe Abbildung 1.5) bietet dem Projektteam einen zentralen Ort zum Verwalten aller projektrelevanten Informationen. So bietet diese Websitevorlage bereits eine Dokumentbibliothek, gegebenenfalls ein OneNote-Notizbuch, eine Projektaufgabenliste und einen Kalender.

Abbildung 1.5: Die klassische Websitevorlage Projektwebsite

Die klassische Websitevorlage »Dokumentcenter«

Die Websitevorlage *Dokumentcenter* (siehe Abbildung 1.6) eignet sich für die zentrale Ablage und Verwaltung vieler Dateien. Innerhalb des Dokumentcenters können Bibliotheken angelegt werden. Die Dateien können in einer Abgabebibliothek gespeichert und mit erstellten Regeln automatisch an die richtige Bibliothek innerhalb des Dokumentcenters weitergeleitet werden. Die Websitevorlage *Dokumentcenter* ist nicht in allen SharePoint-Server- und Online-Versionen vorhanden.

Abbildung 1.6: Die Websitevorlage Dokumentcenter

Die klassische Websitevorlage »Communitywebsite«

Mit einer Communitywebsite (siehe Abbildung 1.7) können Sie einen zentralen Ort schaffen, an dem Sie mit Ihren Kollegen in verschiedenen Diskussionen in einer Forenumgebung Ideen, Meinungen und Expertenwissen austauschen und erfragen können. Es können Fragen gestellt und beantwortet werden. Antworten auf Fragen werden von den Mitgliedern bewertet, sodass zu bestimmten Fragen die beste Antwort gefiltert werden kann. Durch die aktive Teilnahme an den Communitys werden Mitglieder mit einem Punktesystem belohnt. So können Mitglieder, die sehr aktiv sind und qualitativ gute Antworten geben, je nach Einstellungen in Leistungsstufen eingeteilt werden. Die Communitywebsite steht nicht in allen SharePoint-Versionen zur Verfügung.

Abbildung 1.7: Die Communitywebsite

Die klassische Websitevorlage »Datenarchiv«

Die Websitevorlage *Datenarchiv* dient als Ablageort für die aktuellen Kopien aller Datensätze im Unternehmen. Diese Websitevorlage sollte vom SharePoint-Server-Administrator eingerichtet und verwaltet werden. Ebenso sollte sie in einer separaten Websitesammlung verwendet werden. Sie können über die Datensatzverwaltung festlegen, dass eingehende Dokumente zu einem Datensatz generiert und an einen anderen Speicherort verschoben werden sollen. Zusätzlich können in dieser Website Regeln festgelegt werden, ob Datensätze gelöscht werden oder für die weitere Bearbeitung geändert werden dürfen.

Websiteseiten

Mit Websiteseiten können Sie Informationen auf einer Seite bereitstellen.

Moderne SharePoint-Websites setzen sich aus verschiedenen Werkzeugen wie Bibliotheken, Listen oder dem OneNote-Notizbuch zusammen. Auch sogenannten Websiteseiten (siehe Abbildung 1.8) gehören dazu. Eine Seite ist ein Ort für die Darstellung von weiteren Inhalten auf einer Website. Wenn Sie beispielsweise reine Texte, Bilder, Links, Tabellen etc. zu einem Thema beschreiben und gestalten möchten, benötigen Sie dafür kein Worddokument oder eine neue Team- oder Kommunikationswebsite mit Bibliotheken oder dem Notizbuch, um den Inhalt auf Ihrer Website zu veröffentlichen. Sie können eine leere Websiteseite verwenden, Ihre Inhalte einbringen und den Link zur Seite auf der Website hinzufügen. Diese Websiteseiten benutzen Sie auch für Neuigkeitenbeiträge und Nachrichten auf einer Teamwebsite oder für einzelne Artikel oder Inhalte auf einer Kommunikationswebsite. Auf einer Websiteseite können mithilfe von Steuerelementen, die Webparts genannt werden, auch Inhalte aus Bibliotheken und Listen gefiltert angezeigt werden. Mit der Websitevorlage *Kommunikationswebsite* und vielen einzelnen Websiteseiten lässt sich ein Wissens-Wiki mit verschiedenen Themen oder Informationen zu Ihren Produkten oder Dienstleistungen aufbauen. Alle Websiteseiten werden im Hintergrund als HTML-Datei auf der Team- oder Kommunikationswebsite gespeichert, auf der die Seite erstellt wurde.

Abbildung 1.8: Eine Websiteseite für das Bereitstellen von Informationen auf einer modernen Team- oder Kommunikationswebsite

Bibliotheken

Eine Bibliothek in SharePoint ist ein Ort zur Ablage und zum Speichern von Dateien. Innerhalb einer Bibliothek können Dateien hochgeladen, geöffnet, aktualisiert und gelöscht werden.

Eine Bibliothek ist als eine Liste anzusehen, in der die einzelnen Dateien untereinander aufgeführt werden. Jede Bibliothek besitzt Spaltenüberschriften mit den Eigenschaften der Dokumente, über die sich leicht Dateien filtern und sortieren lassen. Es gibt verschiedene Bibliotheksvorlagen, die in den älteren Versionen von SharePoint Server und Online für unterschiedliche Anwendungsfälle gedacht waren. Beispielsweise dient eine Dokumentbibliothek dazu, Dateien zu speichern, aufzurufen und zu ändern. In einer Dokumentbibliothek können Sie Excel-Arbeitsmappen genauso ablegen wie Bilder oder PowerPoint-Präsentationen. Jedoch ist die Sicht auf Bilder oder Präsentationen in einer Dokumentbibliothek nicht so optimal. Deshalb werden von SharePoint weitere Bibliotheken angeboten. Sie können Bildbibliotheken für Bilder verwenden, die im Unterschied zu einer Dokumentbibliothek über eine Miniaturansicht oder eine Folienansicht auf die einzelnen Bilddateien verfügen. Durch das moderne Design auf den Websites kann der Einsatz einer einzigen Bibliotheksvorlage gegebenenfalls bei Ihnen schon ausreichend sein. Da die Bibliotheksvorlagen zum aktuellen Zeitpunkt sowohl für die klassischen als auch die modernen Websites angeboten werden, möchte ich kurz auf einige Bibliotheksvorlagen und ihre Verwendung eingehen.

Eine Website kann mit mehreren Bibliotheken ausgestattet werden.

Dokumentbibliothek

Die Dokumentenbibliothek (siehe Abbildung 1.9) ist die zentrale Ablage einer SharePoint-Website. Sie bietet sich an, wenn Sie Dateien zentral speichern möchten. Auf jeder SharePoint-Website wird automatisch diese Bibliotheksvorlage mit dem Namen *Dokumente* bereitgestellt.

Gleichzeitig an einem Dokument arbeiten

Hinweis	In Vorgängerversionen von SharePoint hieß die Dokumentenbibliothek *Freigegebene Dokumente* und der Name wurde von Microsoft in allen Nachfolgeversionen im Hintergrund übernommen. Wenn Ihnen also in einer URL oder beim Verschieben von Dateien die Bibliothek *Freigegebene Dokumente* statt *Dokumente* angezeigt wird, handelt es sich dennoch um die Dokumentenbibliothek *Dokumente*, die automatisch einer Team- oder einer Kommunikationswebsite hinzugefügt wird.

Dokumente können automatisch versioniert abgelegt werden.

Sie können unter anderem weitere Spalten hinzufügen, um damit eine strukturierte Dateiablage festzulegen, die Versionierung konfigurieren oder andere Einstellungen vornehmen. Das zeitgleiche Arbeiten mit mehreren Personen an einem Dokument ist in Bibliotheken möglich. Die Bibliothek verfügt über verschieden Ansichten, sodass Sie die gespeicherten Ordner und Dateien als Liste oder auch als Kacheln anzeigen lassen können.

Abbildung 1.9: Eine SharePoint-Online-Bibliothek mit bereits vorhandenen Dateien und einem Ordner

Hinweis	Wird SharePoint Online in Verbindung mit Microsoft Teams verwendet, sollten Sie keine Änderungen in der Bibliothek *Dokumente* in SharePoint Online vornehmen, da derzeit zusätzliche Spalten oder Bibliothekseinstellungen, die Sie in SharePoint konfigurieren, nicht in Microsoft Teams übernommen werden. Erstellen Sie für Ihren Anwendungsfall besser eine neue Dokumentenbibliothek auf der SharePoint-Online-Website und konfigurieren Sie sie dann nach Ihren Wünschen. Sie können die zusätzliche Bibliothek über ein Register in Teams hinzufügen und anzeigen lassen, sodass zumindest ein schneller Zugriff darauf auch in Microsoft Teams gegeben ist.

Bildbibliothek

Sie erhalten eine bessere Übersicht Ihrer Bilder in einer Bildbibliothek.

Eine Bildbibliothek wird in allen SharePoint-Versionen angeboten und kann den modernen Teamwebsites und allen klassischen Websites hinzugefügt werden. Verwenden Sie diese Bibliothek, wenn Sie Bilder in SharePoint hochladen und für Ihre Kollegen bereitstellen möchten. Die Bibliothek verfügt über bereits mitgelieferte Ansichten wie die Miniaturansichten, mit deren Hilfe Sie eine Vorschau auf die einzelnen Bilder erhalten.

Wiki-Seitenbibliothek

Die Wiki-Seitenbibliothek steht in allen SharePoint-Versionen zur Verfügung und kann den modernen Teamwebsites und allen klassischen Websites hinzugefügt werden. Sie können damit mehrere klassische SharePoint-Wiki-Seiten miteinander verbinden, um beispielsweise Informationen in einem Wiki mit Kollegen auszutauschen. Beachten Sie, dass diese Wiki-Seiten im klassischen, alten Share-Point-Design verwendet werden und dadurch auch die Bedienung nicht identisch mit den modernen SharePoint-Websiteseiten ist. Eventuell ist es für die Bereitstellung eines Wikis besser, eine SharePoint-Kommunikationswebsite mit eigenen Websiteseiten zu verwenden. Wie Sie ein Wiki aufbauen können, erkläre ich in Kapitel 15.

Teilen Sie Ihr Wissen mit anderen.

Listen

Während Sie einer Bibliothek Dateien hinzufügen, werden innerhalb von Listen *Elemente* hinzugefügt. Ein Element ist immer ein Formular oder eine Zeile, die Sie direkt über den Browser ausfüllen und speichern können (siehe Abbildung 1.10). Einem Element wiederum können Dateien angehängt werden. Auch innerhalb von SharePoint-Listen können Sie mit eigenen Spalten, also Metadaten, arbeiten, sodass sich auch hier gefilterte Ansichten erstellen lassen. Die einfache Versionierung von Elementen ist ebenfalls möglich. Alle SharePoint-Versionen beinhalten Listen, die Sie Ihrer Website hinzufügen können. Hier werden Ihnen wie auch bei den Bibliotheken moderne und klassische Listen (Letztere aus älteren SharePoint-Versionen) angeboten, die Sie Ihrer SharePoint Website hinzufügen und mit Ihrem Team verwenden können. Wie Sie mit Listen arbeiten, erkläre ich in Kapitel 9.

Listen können zeitgleich mit mehreren Personen bearbeitet werden.

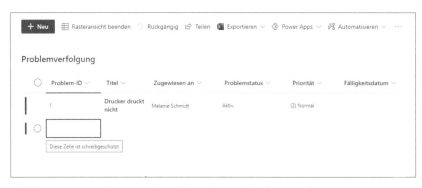

Abbildung 1.10: Eine SharePoint-Liste, die im Browser bearbeitet wird

SharePoint liefert Ihnen folgende Listenvorlagen, innerhalb derer bereits bestimmte Spalten und verschiedene Ansichten vorhanden sind:

Ankündigungen

Die Liste *Ankündigungen* ist veraltet und kann durch die Neuigkeitenbeiträge und Nachrichten auf einer Website ersetzt werden.

Aufgaben

Wenn Sie SharePoint Online mit Microsoft 365 verwenden, steht Ihnen die *Planner*-App zur Verfügung. Dennoch kann die Aufgaben-Liste in allen SharePoint-Versionen erstellt werden.

Die SharePoint-App *Aufgaben* können Sie für Ihre SharePoint-Teamwebsite verwenden, wenn Sie beispielsweise zu einem Vorhaben zentral alle anfallenden Aufgaben im Team verwalten möchten. Sie können Teammitglieder einer Aufgabe zuweisen und diese mit einem Status und einem Fälligkeitsdatum versehen. Die Aufgabenliste verfügt über bereits mitgelieferte Ansichten, über die Sie schnell alle oder beispielsweise nur die Ihnen zugeteilten Aufgaben sehen können. Die Aufgabenliste verfügt bereits über spezielle Ansichten wie eine Zeitachse oder ein Balkendiagramm, mit denen Sie immer den aktuellen Verlauf des Vorhabens verfolgen können. Anders als bei der Planner-App können Sie hier keine Boards mit Buckets verwenden. Stattdessen handelt es sich um eine Liste mit Einträgen, die zusätzlich über eine Zeitachse verfügt, in die Sie als Besitzer der Teamwebsite Aufgaben einfügen oder aus der Sie Aufgaben entfernen können.

Benutzerdefinierte oder leere Liste

Nicht für jeden Anwendungsfall gibt es Listenvorlagen.

Eine benutzerdefinierte oder leere Liste können Sie für eigene, individuelle Listen verwenden. Wenn Sie beispielsweise eine Besuchervoranmeldeliste in SharePoint pflegen und verwalten möchten, bietet SharePoint keine Vorlage für diesen Anwendungsfall. Einer benutzerdefinierten Liste müssen Sie jedoch Spaltenüberschriften, also Metadaten, zuweisen. Zusätzlich bietet die benutzerdefinierte Liste die Möglichkeit, beispielsweise ein Excel-Tabellenblatt zu importieren, sodass daraus eine SharePoint-Liste entsteht. Die Verwendung der benutzerdefinierten Liste ist in allen SharePoint-Versionen möglich. Wie Sie eine benutzerdefinierte Liste erstellen, lesen Sie in Kapitel 9 im Abschnitt »Eine benutzerdefinierte Liste erstellen« auf Seite 162.

Benutzerdefinierte Liste (in Datenblattansicht)

Die benutzerdefinierte Liste in der Datenblattansicht unterscheidet sich von der vorher genannten benutzerdefinierten darin, dass diese Liste in einer Kalkulationstabelle dargestellt wird. In SharePoint Online können alle Listen in der sogenannten Rasteransicht dargestellt werden, was der Datenblattansicht entspricht.

Diskussionsrunde

Mit der Liste *Diskussionsrunde* können Sie Teamdiskussionen zentral auf Ihrer Website anlegen. Teammitglieder haben die Möglichkeit, an einer Diskussion teilzunehmen. Die Diskussionsrunde besitzt vordefinierte Ansichten, die Sie jederzeit auswählen können. Falls Sie Microsoft Teams verwenden, ist zu klären, ob Sie die Diskussionen eher in einem Teamkanal führen sollten.

Starten Sie neue Diskussionen oder nehmen Sie an einer Diskussion teil.

Externe Liste

Mit der externen Liste können Sie sich externe Daten z. B. aus einer SQL-Datenbank oder einem CRM-System in SharePoint anzeigen lassen.

Links

Die Liste *Links* dient dazu, auf einer Website Verweise sowohl auf andere SharePoint- oder Internetwebsites als auch auf Dokumente in SharePoint festzulegen. Auf modernen SharePoint-Teamwebsites werden Ihnen Quicklinks als Webpart angeboten, die Sie direkt verwenden können.

Höhergestufte Links

Sie können mithilfe der Liste *Höhergestufte Links* eine Kachelnavigation für Ihre Teamwebsite erstellen. Den einzelnen Kacheln können Sie einen Link zu einem Bild, das Sie auf der Kachel darstellen möchten, und einen Link zuweisen, wenn Sie auf interne und externe Inhalte oder Websites verweisen möchten. Eine modernere Alternative zu den höhergestuften Links bietet das *Hero*-Webpart, auf das ich in Kapitel 16 im Abschnitt »Übersicht der Webparts« auf Seite 333« eingehe.

Kalender

Mit der Liste *Kalender* können Sie auf einer vom SharePoint Server bereitgestellten Website Termine festlegen und verwalten. Sie können den SharePoint-Kalender in Ihrem Microsoft Outlook anzeigen und Termine Ihres Teams oder Ihre persönlichen Outlook-Termine per Drag-and-drop in den gewünschten Kalender ziehen und kopieren. Die Outlook-Funktionen der Kalenderüberlagerungen und das Anzeigen des SharePoint-Kalenders neben Ihrem persönlichen Outlook-Kalender sind möglich. Jede Änderung wird sofort beidseitig synchronisiert, jedoch besteht keine Verknüpfung zwischen dem persönlichen Outlook- und dem SharePoint-Kalender. Über einen SharePoint-Kalender können Sie weitere Kalender in einer bestehenden Website zusammenführen, also konsolidieren. Zusätzlich können Sie sich Frei/Gebucht-Informationen von Mitarbeitenden von dem Exchange-Server anzeigen lassen. Jedoch müssen die Frei/Gebucht-Informationen von den Kollegen freigegeben sein. In modernen SharePoint-Online-Teamwebsites mit Microsoft 365 verwenden Sie den Gruppenkalender, den Sie auf Ihrer Teamwebsite anzeigen lassen.

Kalkulationstabelle importieren

Mit der Liste *Kalkulationstabelle importieren* können Sie Microsoft-Excel- und kompatible Tabellen in diese SharePoint-Server-Liste importieren. In Microsoft 365 verwenden Sie die Lists-App, um Excel-Tabellen zu importieren.

Kontakte

Die Liste *Kontakte* können Sie nur noch mit klassischen Websites mit Ihrem Microsoft Outlook verbinden und dort anzeigen lassen. Dennoch können Sie in allen SharePoint-Versionen gemeinsam mit Kollegen eine Kontaktliste anlegen, pflegen und zusammen bearbeiten.

Problemverfolgung

Bei weiteren Vorhaben können Sie wiederkehrende Probleme ermitteln und schneller reagieren.

Die Liste *Problemverfolgung* hilft Ihnen, Problemfälle innerhalb eines Vorhabens oder eines Projekts nachzuverfolgen. Jedem erfassten Problem kann eine Person zugewiesen werden, sodass diese eine Aufgabe zu dem jeweiligen Problem erhält. Über den Status eines Problems können Sie den Fortschritt seiner Behebung verfolgen. Durch das Kommentieren des Problemfalls kann eine einfache Dokumentation erfolgen. Für eine grafische Auswertung in einer Microsoft-Excel-Datei können Sie diese Liste mit Excel verbinden. Derzeit kann die moderne Liste aus der Lists-App in Microsoft 365 keine Kommentare aufzeichnen. Sie können die SharePoint-Liste als App auf der Website hinzufügen, auf der das Aufzeichnen der Kommentare übernommen wird.

Umfragen

Diese Liste dient der Erstellung und der grafischen Auswertung von Umfragen an Ihre Belegschaft mit dem SharePoint Server. Für das Erstellen von modernen Umfragen in Microsoft 365 können Sie alternativ die App *Forms* verwenden. Befragen Sie hierzu Ihren Administrator, ob bei Ihnen Forms eingesetzt werden darf.

Die Herausforderungen beim Einsatz von SharePoint

Da SharePoint ein sehr komplexes System darstellen kann, gibt es einige Herausforderungen, die Sie gemeinsam mit Ihrer Belegschaft meistern können.

Der Einsatz der richtigen SharePoint-Technologien

Prüfen Sie, ob SharePoint Ihre Anwendungsfälle umsetzen kann. Die technischen Voraussetzungen müssen den Anwendungsanforderungen eines Unternehmens entsprechen. Das bedeutet, dass ein System, das weder den Leistungen noch der Unternehmenskultur entspricht, ein Risiko in der Akzeptanz und Verwendung bei allen Beteiligten herbeiführt. Ein SharePoint-System umzubauen oder einzuschränken, in dem Glauben, dass die Benutzer damit besser umgehen können, ist keine Lösung.

Klären Sie auf und legen Sie los

Oft ist es Unternehmen, die SharePoint einsetzen, gar nicht bewusst, dass sie SharePoint verwenden und welche Funktionen und Möglichkeiten sie eigentlich haben. Sie wissen nicht, was SharePoint bieten kann und vor welchen Herausforderungen sie mit dem Einsatz von SharePoint-Technologien stehen. So kommt es vor, dass die Technologien bereitgestellt werden und die Belegschaft darauf losgelassen wird. Gerade in Verbindung mit den Microsoft-365-Diensten- und -Apps wird SharePoint bewusst oder wohl auch unwissend eingesetzt, ohne weitere Hintergrundinformationen bereitzustellen oder sie zu vermitteln.

»Ich dachte, SharePoint ist nur der Speicherersatz für unser Netzlaufwerk.«

Man sieht es derzeit deutlich beim Einsatz von Microsoft Teams: Jeder darf neue Teams erstellen, während im Hintergrund ein Wildwuchs an SharePoint-Teamwebsites erzeugt wird. Prozesse werden zwar kurzfristig und für den Moment neu beleuchtet, aber nur »irgendwie« in das System integriert, wobei sich gegebenenfalls zu einem späteren Zeitpunkt noch herausstellen wird, ob man nicht doch lieber auch SharePoint zum Thema gemacht hätte, um alleine die vielen Supportanfragen zu umgehen. Eventuell hätte man im Vorfeld schon Lösungen richtig bereitstellen können, wenn man nur gewusst hätte, dass die eingesetzten Technologien gegebenenfalls weitaus mehr Möglichkeiten und Funktionen bereitstellen, als es für den Moment dem IT-Verantwortlichen oder dem Anwender überhaupt bewusst war.

»Wir wollen SharePoint nicht zum Thema machen, wir arbeiten mit Teams.«

»Ich wusste nicht, dass ich eine moderne Websiteseite mit sämtlichen Informationen und Dateien gestalten kann, stattdessen habe ich PDFs, eine Videodatei und Tabellen in verschiedene Ordner hinterlegt.«

Mit Halbwissen wird eine komplexe Technologie in den Abteilungen oder Bereichen eines Unternehmens bedient und entsprechend spärlich für andere Benutzer bereitgestellt.

»Microsoft hat die Lösung bereitgestellt, sie ist verfügbar. Wir müssen warten, bis der Dienstleister eine Lösung gefunden hat, um die neuen Funktionen auch in unserem Baukasten-System einzubringen.«

Dienstleister, die Baukästen als SharePoint-Intranet-Lösungen verkaufen, machen jedes Unternehmen von sich abhängig, sodass bestimmte Prozesse, die das System gegebenenfalls beim nächsten Microsoft-Update alleine umsetzen kann, erst vom Dienstleister teuer im verwendeten SharePoint-Baukastensystem integriert und umprogrammiert werden müssen. Damit werden Unternehmen und Organisationen im Umfang und der Bedienung eingeschränkt und ausgebremst, obwohl das System durch die Updates eventuell schon die Lösungen und Funktionen für gewünschte Prozesse liefert.

Die eigenen Rechte und Rollen verstehen

»Wir müssen schnell und einfach mit externen Personen arbeiten können.«

Bevor ein reines SharePoint-Intranet-Projekt startet, ist es notwendig, über ausführliche Rollen- und Rechtekonzepte nachzudenken und diese auszuarbeiten. Auch die Zugriffsrechte von unternehmensexternen Personen sind unbedingt zu berücksichtigen. Später in ein gelebtes Portal eingebrachte Konzepte sind schwer, zeitaufwendig oder zum Teil gar nicht mehr zu korrigieren.

»Alle anderen Kollegen, sogar externe, können die Information abrufen. Warum darf ich das nicht auch? Ich komme nicht an die Information ran und muss meine Kollegen ständig danach fragen. Ich dachte, wir arbeiten zusammen.«

Durch die Berechtigungen auf einzelnen Websites, Bibliotheken oder Dateien können ungewollte Freigaben von Informationen entstehen. Ebenso kann es ein Risiko sein, Mitarbeitende in den Berechtigungen so einzuschränken, dass die vorhandenen Funktionalitäten der Technologien nicht genutzt werden können. Dadurch kann die Bereitschaft, die Technologien zu verwenden, bei der Belegschaft stark beeinflusst werden.

Struktur und Aufbau

»Ich finde einfach nichts wieder. SharePoint ist der beste Ort, um Informationen zu verstecken.«

Es gibt unterschiedliche Möglichkeiten, ein SharePoint-Portal mit Websites aufzubauen und Informationen abzulegen. Durch die umfangreichen Suchfunktionen ist das Auffinden von Informationen vereinfacht möglich. Die Suche bezieht sich dabei auf den jeweiligen angemeldeten Benutzer und schlägt bereits automatisierte Ergebnisse vor, sodass auf Informationen, die für den Benutzer relevant sein können, zugegriffen werden kann. Dennoch ist der Aufbau erst nach der Konzeptionierung eines Rollen- und Rechtekonzepts richtig möglich. Wird zuerst das Portal aufgebaut und erst später festgestellt, dass durch die Vergabe falscher oder zu eingeschränkter Rechte wesentliche Geschäftsprozesse nicht berücksichtigt werden können, stellt sich die Frage, ob der Einsatz von SharePoint richtig ist. Grundlegend ist es wichtig, Entscheidungen im Zusammenhang mit externen, also unternehmensfremden Personen zu treffen und festzulegen, wie und wo genau im Portal Zugriffe von externen Personen stattfinden dürfen. Das uneingeschränkte Anlegen von Websites durch alle Benutzer führt schnell zum Chaos. Deshalb sollte gut überlegt werden, wer im Unternehmen oder in der Organisation Websites anlegen darf oder ob es einen Beantragungsprozess für neue Websites geben sollte.

Verantwortungen, Regeln und Richtlinien

»Die bereitgestellten Werkzeuge auf der Website können wir nicht gebrauchen.«

Für ein SharePoint-Intranet-Portal oder auch die einzelnen SharePoint-Bereiche wie die Organisationseinheiten, Abteilungen, Arbeitsgruppen oder die Projektteams sollte es immer Verantwortlichkeiten und Rollen geben. Sie alleine werden es nicht schaffen, ein SharePoint-System im gesamten Unternehmen oder einem Bereich einzuführen und dabei alle Aspekte der Abteilungen oder Fachbereiche zu überblicken. Stellen Sie keine von Ihnen vorbereiteten Websitevorlagen mit von Ihnen gedachten Bibliotheken und Listen bereit. Bilden Sie lieber Arbeitsgruppen oder Arbeitsteams für das SharePoint-Projekt. Das Einbeziehen von Mitarbeitenden ist im SharePoint-Projekt von sehr großer Bedeutung. Nur die Mitarbeitenden der einzelnen Abteilungen, Bereiche und Arbeitsgruppen können wissen, was sie für die Zusammenarbeit brauchen. Überlassen Sie also den Teams die Entscheidung für die jeweilige Teamwebsite.

Erfolgreich kann die Umsetzung eines SharePoint-Intranets oder eines SharePoint-Bereichs nur dann sein, wenn die Fachabteilungen und die Teams mit in das Projekt einbezogen werden und dadurch ihre alltäglichen Prozesse mit einbringen können.

»Wenn die Leitungsebene sehen würde, dass SharePoint keine vergleichbare Anwendung wie Word ist, dürften wir uns sicherlich mehr Zeit für unsere SharePoint-Website nehmen oder sogar ein Seminar besuchen, um unsere Teamwebsite richtig aufzubauen und zu konfigurieren.«

Auch das Einbeziehen der Führungsebene, des Betriebs- oder Personalrats und des Datenschutzbeauftragten ist von Beginn des Projekts an mit das Wichtigste.

Es geht darum, wie mit personenbezogenen Daten und dem Freigeben von persönlichen Informationen im Portal umgegangen werden darf. Werden Personen nicht rechtzeitig involviert, kann gegebenenfalls das gesamte Projekt an Personen- und Datenschutzrichtlinien Ihres Unternehmens scheitern. Wenn Mitarbeitende jedoch freiwillig Angaben zur Person im SharePoint hinterlegen möchten, sollte das nicht verhindert werden.

> »Ich kenne mich mit dem Thema sehr gut aus und würde anderen Mitarbeitenden gerne helfen.«

Denken Sie dabei auch unbedingt an abteilungsübergreifende Prozesse, die von unterschiedlichen Abteilungen übernommen oder verändert werden müssen. Durch das Einbeziehen von Mitarbeitenden beim Aufbau und der Rechtevergabe im Portal steigern Sie die Akzeptanz der Technologien und bringen das Projekt voran.

Legen Sie gemeinsam Regeln und Richtlinien fest, die für alle Beteiligten wichtig, aber auch umsetzbar sind. Es bringt nichts, wenn Sie Vorgaben bestimmen, die jedoch nicht mit den realen Erfahrungen der Belegschaft oder der machbaren IT-Infrastruktur übereinstimmen.

Ein SharePoint-Projekt ist erst dann erfolgreich, wenn Sie sehen, dass SharePoint von allen Mitarbeitenden verstanden und gelebt wird. Beachten Sie, dass durch zukünftige Prozessänderungen, Umstrukturierungen und weitere Anforderungen der einzelnen Teams ein SharePoint-Projekt niemals ein Projektende oder einen Fertigstelltermin besitzen wird. Bleiben Sie unbedingt am Ball.

Planung von Schulungen der Mitarbeitenden

Werden die SharePoint-Technologien seitens der IT-Abteilung oder eines externen Dienstleisters bereitgestellt, so ist nicht automatisch der Umgang damit, also die Bedienung der Technologie, bekannt.

> »Ich habe die Teamwebsite nur angelegt, mehr nicht. Ich kenne mich deshalb nicht besser damit aus.«

Durch ein umfangreiches Rollen- und Rechtekonzept können Schulungen nach Anwendergruppen zwar gesplittet und durchgeführt werden, dennoch gibt es eventuell bestimmte Richtlinien und Regeln bzw. Ecken und Kanten, die jeder Anwender kennen sollte. Ebenso wichtig sind Schulungen, wenn ein SharePoint-Portal im Aussehen und Verhalten so weit den Unternehmensprozessen angepasst wurde, dass es dem ursprünglichen SharePoint-Portal nicht mehr ähnelt.

Personen, die bereits SharePoint-Erfahrungen besitzen, werden sich in so einem angepassten Portal gegebenenfalls nicht zurechtfinden. Wird SharePoint als eine Anwendung wie Microsoft Office verstanden, besteht das Risiko, dass die Belegschaft sehr unzufrieden auf die scheinbar komplizierten Technologien reagiert. Beachten Sie jedoch bei der Trainerauswahl, dass es sich bei SharePoint nicht um Word oder Excel handelt und hier keine Standardagenda geschult werden kann. Ihnen sollte bewusst sein, dass die Rollen- und Berechtigungskonzepte sowie der Aufbau jedes einzelnen SharePoint-Portals sich jeweils an der Unternehmensphilosophie und den Prozessen orientieren. Ihr SharePoint-Projekt wird sich somit von Projekten anderer Unternehmen sehr stark unterscheiden. Deshalb empfehle ich, nur Trainerinnen und Trainer einzusetzen, die auch genügend Praxiserfahrungen im Umgang mit SharePoint besitzen.

Step by Step

»Ständig klingelt das Telefon wegen einer Information. Ich stelle diese jetzt in SharePoint ein.«

Die Einführung von SharePoint im Unternehmen oder in der Fachabteilung sollte in kleinen Schritten und mit richtigen Szenarien als Anforderungen beginnen. Dadurch erreichen Sie, dass die Mitarbeitenden eine Vorstellung von den Ergebnissen erhalten und sich besser in die Technologie einleben können. Es macht keinen Sinn, hier und dort mit ungeplanten Anforderungen mitten im Portal zu starten und damit die Anwender zu verunsichern. Nutzen Sie gegebenenfalls einige der Beispiele in diesem Buch, um SharePoint für die Kollegen greifbar zu machen.

Eine Testumgebung mit SharePoint Online erstellen

Microsoft bietet Ihnen eine einmonatige Testzeit für verschiedene Microsoft-365-Pläne an. So können Sie die Beispiele in diesem Buch in einer Testumgebung ausprobieren und selbst überprüfen, ob SharePoint die Lösung Ihrer Anwendungsfälle im Unternehmen ist. Sie können auf den Internet-Websites *https://www.microsoft.com/de-de/microsoft-365/business/compare-all-microsoft-365-business-products?market=de* und *https://www.microsoft.com/de-de/microsoft-365/compare-microsoft-365-enterprise-plans?market=de* die Pläne vergleichen und dort direkt eine Testumgebung bei Microsoft beantragen. Achten Sie auf die Ausstattungen des jeweiligen Plans und informieren Sie sich vorher, ob Sie gegebenenfalls die verwendete Unternehmens-URL später in einen anderen Plan mitnehmen können, falls Sie sich für die Onlinevariante entscheiden sollten. Ebenso sollten Sie wissen, wie Sie Ihre Testumgebung kündigen können, falls Ihnen diese nicht zusagen sollte. Sie finden über diesen Link die jeweiligen Schritte zur Kündigung: *https://docs.microsoft.com/de-de/microsoft-365/commerce/subscriptions/cancel-your-subscription?view=o365-worldwide*. Verwenden Sie in der gesamten Testumgebung keine Dateien, die Sie später noch benötigen, falls Sie das Abonnement kündigen sollten. Wählen Sie besser selbst erstellte Dokumente aus, die Sie als Testdateien einbringen können. Beachten Sie, dass über die Administrationsoberfläche

Benutzer hinzugefügt werden und weitere administrative Aufgaben durchgeführt werden müssen. Lassen Sie sich von Ihrem IT-Dienstleister dabei unterstützen, die Testumgebung für Sie einzurichten, falls Sie selbst nicht über administrative Kenntnisse oder eine IT-Abteilung verfügen.

Ich weise darauf hin, dass bestimmte Anwendungsfälle nur mit bestimmten Technologien funktionieren. Bedenken Sie jedoch, dass es Unterschiede in den Anwendungen der jeweils eingesetzten SharePoint-Technologien und -Dienste gibt und einige Darstellungen auf Ihrem Bildschirm sich von den Abbildungen im Buch unterscheiden können.

Kapitel 2
Erste Schritte

Die Anmeldung im Portal

Wenn Sie von extern auf das Portal mit einem privaten Laptop oder per mobilem Client zugreifen möchten, kann es vorkommen, dass die Richtlinie für das automatische Anmelden nicht auf Ihrem System eingerichtet ist und Sie einen Anmeldedialog oder keinen Zugriff erhalten. Befragen Sie in diesem Fall Ihren IT-Beauftragten, ob Sie sich mit Ihrem privaten Gerät anmelden dürfen und welche Vorgehensweisen nötig sind. Fragen Sie nach der Microsoft-365-Anmeldeadresse oder für den Zugriff auf den Server nach der Domäne, welche im Anmeldedialog benötigt wird. Nachfolgende Schritte sind notwendig, um sich am Portal anzumelden.

Mit privaten Geräten können Sie gegebenenfalls nicht auf SharePoint zugreifen.

Edge, Safari, Internet Explorer, Firefox und Co.

Es gibt eventuell bestimmte Richtlinien in Ihrem Unternehmen, was die Verwendung von Browserprogrammen angeht. Durch die Integration von anderen Anwendungen in Ihrem System kann es vorkommen, dass diese bestimmte Browserprogramme voraussetzen, die Sie nutzen müssen. Wenn bei Ihnen festgelegt wurde, dass Sie nur den Internet Explorer verwenden dürfen, sollten Sie diesen auch verwenden, denn es wird sonst möglicherweise keinerlei Unterstützung bei Problemen durch Ihr Supportteam erfolgen. Sprechen Sie deshalb mit Ihrem Supportteam. Auch kann es vorkommen, dass Ihnen bestimmte Inhalte im SharePoint-Portal nicht richtig angezeigt werden, da das verwendete Browserprogramm die Anzeige nicht unterstützen kann.

SharePoint Server

Über die Startseite Ihres Webbrowsers gelangen Sie meistens zur Intranet-Website.

Wenn SharePoint in Ihrem Unternehmen als Intranet-Lösung eingerichtet ist, reicht es aus, wenn Sie das Internet über Ihren Webbrowser (Internet Explorer, Edge, Safari, Firefox etc.) öffnen. Sie sollten dann zur Intranet-Startseite weitergeleitet werden, wenn es auf Ihrem Computer so von der IT eingerichtet wurde.

Lassen Sie sich alternativ einen Link zum Portal per E-Mail senden. Beachten Sie, dass Sie gegebenenfalls nur Computer und mobile Geräte verwenden dürfen, die von Ihrem Unternehmen bereitgestellt werden.

1. Öffnen Sie die E-Mail-Nachricht, in der sich der Link zum Portal befindet.
2. Klicken Sie auf den Link. Sie wechseln dadurch zum Portal und erhalten einen Anmeldedialog (siehe Abbildung 2.1).

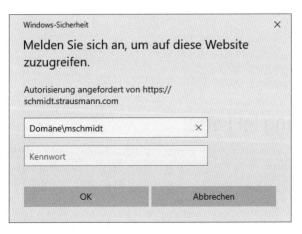

Abbildung 2.1: Der Anmeldedialog an einem Laptop, der nicht in der Domäne des Unternehmens integriert ist

3. Geben Sie im ersten Eingabefeld zunächst den Namen Ihrer Firmendomäne ein.
4. Geben Sie danach einen Backslash \ mit der Tastenkombination [AltGr]+[ß] (Windows) bzw. [alt]+[⇧]+[7] (Mac) ein.

5. Hinter den Backslash schreiben Sie Ihren Anmeldenamen, den Sie auch bei Ihrer Anmeldung am Arbeitsplatz verwenden.

6. Klicken Sie in das untere Eingabefeld und geben Sie dort Ihr Kennwort ein, das Sie ebenfalls bei der Anmeldung am Arbeitsplatz verwenden.

7. Aktivieren Sie das Häkchen bei **Anmeldedaten speichern**, damit Ihre Daten von nun an gespeichert werden.

8. Bestätigen Sie Ihre Eingabe mit einem Klick auf **OK**.

Gehen Sie zum Abschnitt »Das App-Startfeld« auf Seite 48 weiter.

SharePoint Online und SharePoint in Microsoft 365

Lassen Sie sich eine E-Mail mit Ihren Microsoft-365-Anmeldedaten aus der IT-Abteilung senden, falls Ihnen die Daten nicht bekannt sind.

1. Öffnen Sie die E-Mail-Nachricht, in der sich der Link zum Portal befindet.

2. Klicken Sie auf den Link. Sie wechseln dadurch zur Microsoft-Anmeldesite (siehe Abbildung 2.2).

   Ist die einmalige Anmeldung nicht konfiguriert, wird Ihnen im linken Fensterbereich die Schaltfläche **Anmelden** angezeigt. Sobald Sie auf die Schaltfläche klicken, werden Sie zum Anmeldedialog weitergeleitet.

   Verwenden Sie die URL www.office.com, um sich anzumelden.

3. Geben Sie im ersten Eingabefeld zunächst die E-Mail-Anmeldeadresse ein.

4. Klicken Sie auf die Schaltfläche **Weiter**.

5. Klicken Sie in das Eingabefeld und geben Sie dort Ihr Kennwort ein, das Sie bei der Anmeldung am Arbeitsplatz verwenden.

6. Bestätigen Sie Ihre Eingabe mit einem Klick auf *Anmelden*. Sie werden zur Microsoft-365-Startseite weitergeleitet.

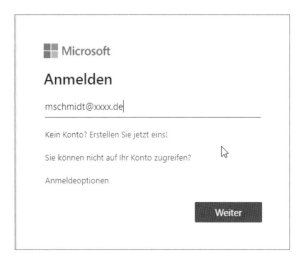

Abbildung 2.2: Die Anmeldung bei Microsoft 365 – SharePoint Online

Das App-Startfeld

Im oberen linken Bereich des Programmfensters sehen Sie in einer separaten Navigationskachel das App-Startfeld (siehe Abbildung 2.3), worüber Sie Apps, die in Ihrer Microsoft-365- oder SharePoint-Umgebung bereitgestellt wurden, öffnen können (siehe Abbildung 2.4 und Abbildung 2.5). Je nach eingesetztem System werden Ihnen hier mehr oder auch weniger Apps angezeigt.

Abbildung 2.3: Das App-Startfeld oben links auf dem Bildschirm

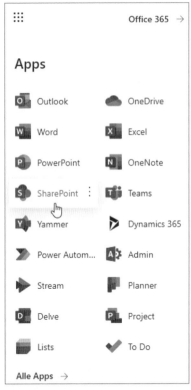

Abbildung 2.4: Das App-Menü in Microsoft 365. Ihnen werden eventuell weniger Apps angezeigt, die Sie auswählen können.

Abbildung 2.5: Das App-Menü in SharePoint Server. Die Auswahl beschränkt sich auf die freigegebenen Apps.

Die SharePoint-Startseite

Die SharePoint-Startseite bietet Ihnen einen Überblick über alle Neuigkeiten von Websites, die für Sie freigegeben sind, denen Sie folgen und die Sie zuletzt besucht haben. Wenn Sie bereits einige Zeit im SharePoint-Portal gearbeitet haben, werden Ihnen auf der SharePoint-Startseite die Websites angezeigt, die Sie häufig besuchen. Zudem greift das System auf Ihre letzten Suchanfragen zurück und schlägt Ihnen Websites vor, die für Sie interessant sein könnten. Die angezeigten Inhalte der Startseite sind benutzerbezogene Informationen.

Neuigkeiten sind Beiträge, die auf Team- oder Kommunikations-websites gepostet wurden.

Sie können die SharePoint-Startseite mit SharePoint Server und SharePoint Online wie folgt öffnen:

1. Klicken Sie oben links auf dem Bildschirm auf das ***App-Startfeld***.
2. Wählen Sie im App-Menü ***SharePoint*** aus. Sie werden nun auf die SharePoint-Startseite weitergeleitet (siehe Abbildung 2.6 und Abbildung 2.7).

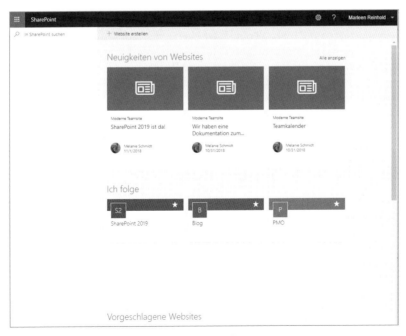

Abbildung 2.6: Die SharePoint-Startseite mit dem SharePoint Server

Abbildung 2.7: Die SharePoint-Startseite mit SharePoint Online im Microsoft-365-Portal

Der SharePoint-Administrator kann weitere Links hinzufügen.

Auf der SharePoint-Online-Startseite werden Ihnen in der Navigation auf der linken Bildschirmseite die Links *Ich folge*, *Zuletzt verwendet* und gegebenenfalls *Empfohlene Links*, die vom Administrator angelegt wurden, angezeigt. Damit können Sie schnell auf für Sie relevante Websites zugreifen. Auf der Startseite werden Ihnen Websites, denen Sie folgen, im mittleren Bildschirmbereich aufgelistet.

Neuigkeiten von Websites

Neuigkeiten können Ankündigungen oder wichtige Nachrichten sein.

Der Bereich *Neuigkeiten von Websites* auf der SharePoint-Startseite liefert Ihnen Nachrichten, die von Kollegen, mit denen Sie zusammenarbeiten, als Neuigkeitenbeiträge auf der Teamwebsite gepostet wurden und auf deren Websites Sie Zugriffsrechte besitzen. Sie erhalten Neuigkeiten von Websites, denen Sie direkt zugewiesen sind oder denen Sie folgen. Dabei werden die jeweiligen Neuigkeiten personalisiert auf der SharePoint-Startseite, in der mobilen SharePoint-App oder im Microsoft-365-Portal auch in den zu Microsoft Teams gehörenden Kanälen, für Sie bereitgestellt. Wenn Sie bestimmte Websites im Portal häufig besuchen, werden Ihnen Neuigkeiten auch von diesen Websites geliefert, selbst wenn Sie der jeweiligen Website nicht direkt zugehören. Wie Sie selbst Neuigkeitenbeiträge erstellen, beschreibe ich in Kapitel 13 im Abschnitt »Einen Neuigkeitenbeitrag erstellen« auf Seite 271.

Die Suche auf der SharePoint-Startseite

Sie können auch nach Begriffen und Texten innerhalb von Dateien suchen.

Mit dem Sucheingabefeld (siehe Abbildung 2.8 und Abbildung 2.9) auf der SharePoint-Startseite können Sie alle SharePoint-Bereiche Ihres Unternehmens oder Ihrer Organisation durchsuchen. Durch einen Klick in das Sucheingabefeld werden Ihnen zunächst Websites und Dateien vorgeschlagen, auf die Sie zuletzt zugegriffen oder die Sie erstellt bzw. beantragt haben. Es werden Ihnen Kollegen vorgeschlagen, mit denen Sie gemeinsam an Inhalten arbeiten oder die auf einer gemeinsamen Team- oder Kommunikationswebsite mit Ihnen zusammenarbeiten. Auch Neuigkeiten der von Ihnen gefolgten Websites werden Ihnen im Sucheingabefeld angezeigt. Sie können im Sucheingabefeld der SharePoint-Startseite eigene

Suchbegriffe eingeben, um alle Bereiche des gesamten SharePoint-Portals nach Websites, Dateien und Begriffen innerhalb von Dateien, Personen oder Neuigkeiten zu durchsuchen. Beachten Sie, dass Ihnen jedoch nur Ergebnisse angezeigt werden, auf deren Inhalte Sie auch zugreifen dürfen. Weitere Informationen zur SharePoint-Suche finden Sie im Abschnitt »Die SharePoint-Suche« auf Seite 70.

Abbildung 2.8: Das Sucheingabefeld auf der SharePoint-Startseite von SharePoint Server

Abbildung 2.9: Das Sucheingabefeld auf der SharePoint-Startseite von SharePoint Online in Microsoft 365

Einer Website folgen

Durch das Folgen einer Website können Sie Beiträge, die auf der jeweiligen Website als Neuigkeit oder Nachricht erstellt werden, auf der SharePoint-Startseite sehen. Sie können das Folgen auch dafür verwenden, um eine Website wie einen Favoriten hinzuzufügen, damit Sie die Website immer auf der SharePoint-Startseite wiederfinden und von dort öffnen können. Werden Ihnen bereits Websites vorgeschlagen und Sie möchten diesen folgen, können Sie das direkt auf der SharePoint-Startseite festlegen, indem Sie auf das Stern-Symbol (siehe Abbildung 2.10) der angezeigten Website klicken. Wenn Sie eine Website anlegen, setzt SharePoint voraus, dass Sie ihr folgen möchten, und schaltet für Sie automatisch das Folgen ein.

Auch Ihre Neuigkeitenbeiträge werden bei Personen, die Ihrer Website folgen, angezeigt.

Abbildung 2.10: Über das Stern-Symbol können Sie Websites folgen oder das Folgen ausschalten.

Möchten Sie einer Website nicht mehr folgen, klicken Sie erneut auf das Sternsymbol.

Hinweis   Wenn Sie eine SharePoint-Online-Teamwebsite verwenden, ist in den meisten Fällen eine Microsoft-365-Gruppe die Grundlage für Ihre Website. Gruppenbesitzer können festlegen, dass alle Personen, die der Gruppe angehören, auch im Posteingang über Neuigkeiten der Website informiert werden. In diesem Fall werden Sie weiterhin im Posteingang von Outlook benachrichtigt, auch wenn Sie das Folgen der Website aufgehoben haben. Hinweise zu Microsoft-365-Gruppen finden Sie in Kapitel 1 im Abschnitt »Microsoft-365-Gruppen« auf Seite 25.

Websites, über deren Neuigkeiten Sie informiert werden möchten, können Sie folgen.

Sobald Sie innerhalb Ihres Portals interessante oder wichtige Websites gesichtet haben und diesen Websites folgen und sie somit auf Ihrer SharePoint-Startseite anzeigen möchten, klicken Sie auf der jeweiligen Website oben rechts auf das Stern-Symbol (siehe Abbildung 2.11). Möchten Sie einer Website nicht mehr folgen, klicken Sie erneut auf das Sternsymbol. Damit heben Sie das Folgen auf. Die Website wird dann nicht mehr auf der Startseite ermittelt und Ihnen werden auch keine Neuigkeitenbeiträge von der Website auf Ihrer SharePoint-Startseite übermittelt. Beachten Sie, dass es gegebenenfalls einige Zeit dauert, bis das System die Websites von Ihrer Startseite entfernt.

Abbildung 2.11: Die Schaltfläche zum Folgen auf einer geöffneten Website

Navigation im SharePoint-Unternehmensintranet

Wenn SharePoint bei Ihnen als Intranet-Lösung verwendet wird, besitzt das Intranet immer eine Startseite (siehe Abbildung 2.12).

Jede Intranet-Website in einem Unternehmen kann unterschiedlich aussehen.

Diese Intranet-Website kann immer unterschiedlich aussehen, denn in den meisten Unternehmen und Organisationen werden die Intranet-Portale der CI (Corporate Identity) beziehungsweise dem Corporate Design des Unternehmens oder der Organisation mit oder ohne Programmiertätigkeiten angepasst. Dennoch wird es Navigationselemente geben, die Sie verwenden, um innerhalb des Portals auf für Sie relevante Team- und Kommunikationswebsites oder Informationen zuzugreifen.

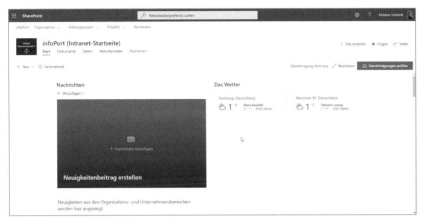

Abbildung 2.12: Eine einfaches Beispiel einer SharePoint-Intranet-Website, die sich im Aufbau befindet und nicht programmiert wurde

Die Navigation »Leiste für häufig verwendete Links«

Um in der Website- und Seitenstruktur navigieren zu können, verwenden Sie die Navigation *Leiste für häufig verwendete Links* (siehe Abbildung 2.13). Diese Navigation befindet sich im oberen Bereich der Website. Beachten Sie, dass Ihre Navigation sich von der hier aufgezeigten Navigation durchaus unterscheiden kann. Grundsätzlich soll Ihnen diese Navigation jedoch dazu dienen, innerhalb des SharePoint-Portals zu wechseln und bestimmte Bereiche aufzusuchen. In meinem Beispiel wurden in der Navigation die Kategorien *Organisation*, *Arbeitsgruppen* und *Projekte* angelegt. Die Kategorien besitzen jeweils einen Drop-down-Pfeil, um in die jeweiligen Seiten oder in Team- und Kommunikationswebsites zu navigieren.

Mithilfe der jeweiligen Navigation können Sie Ihre Arbeitsbereiche auffinden.

Abbildung 2.13: Die Navigation Leiste für häufig verwendete Links unterhalb der Titelleiste. Neben dem Websitelogo befindet sich auf einer Kommunikationswebsite die Seitennavigation.

Die Seitennavigation

Mitarbeitende, die für die jeweilige Intranet-, Team- oder Kommunikationswebsite zuständig sind, werden Inhalte bereitstellen. Diese werden in Bibliotheken und Listen oder anderen Apps hinterlegt. Um auch in diese zu navigieren, steht die sogenannte Seiten- oder auch Schnellstartnavigation zur Verfügung. In meinem Beispiel besteht die Seitennavigation aus den Links *Start*, *Dokumente*, *Seiten* und *Websiteinhalte*. Die Seitennavigation kann ebenfalls unterschiedlich sein, denn es können weitere Links hinzugefügt oder auch vorhandene Links von den verantwortlichen Personen der jeweiligen Website entfernt werden. Es können jedoch nur Personen im Unternehmen Anpassungen vornehmen, die auch dazu berechtigt sind. Bei mir wird in der Seitennavigation der Link *Bearbeiten* angezeigt, da ich für diese Website zuständig bin. Die Seitennavigation auf einer Teamwebsite wird im linken Fensterbereich angezeigt.

Bestandteile einer SharePoint-Website

Eine SharePoint-Website besteht immer aus unterschiedlichen Websiteelementen wie Listen, Bibliotheken und textbasierten Informationen. Welche Websiteelemente vorhanden sind, wird vom Websitebesitzer und dem jeweiligen Team festgelegt und der Website hinzugefügt. Somit kann jede Website unterschiedliche Bestandteile besitzen. Eine SharePoint-Website können Sie sich als einen virtuellen Raum vorstellen. Für die Dateiablage besitzt jede Website beispielsweise einen Aktenschrank (Bibliothek) mit dem Namen *Dokumente*. Im Startbereich einer Website können aktuelle Regeltermine angezeigt werden, die für die nächsten Monate anstehen, oder es werden Ihnen die zuletzt verwendeten Dateien angeboten, die Sie oder Ihr Team bearbeitet oder neu eingebracht haben. Handelt es sich um eine Kommunikationswebsite aus einer Organisationseinheit Ihres Unternehmens, finden Sie auf der Website eher reine Informationen, die Sie lesen werden. Beim Aufsuchen des Intranets finden Sie also reine Informationen, die für alle Mitarbeitenden interessant sein können, während Sie auf Ihrer SharePoint-Teamwebsite alle wichtigen und aktuellen Informationen Ihrer täglichen Arbeit wiederfinden. Die Informationen, die beim Öffnen der Website angezeigt werden, können individuell und nach den Bedürfnissen Ihres gesamten Teams oder Ihrer Organisationseinheit angepasst werden (siehe dazu auch in Kapitel 16 den Abschnitt »Den Startbereich der Teamwebsite anpassen« auf Seite 330).

Die Titelleiste

Über die *Titelleiste* (siehe Abbildung 2.14 und Abbildung 2.15) können Sie jederzeit auf die SharePoint-Startseite zurücknavigieren. Klicken Sie dafür auf die Schaltfläche *SharePoint*. Möchten Sie innerhalb der Website nach bestimmten Informationen suchen, können Sie die Suchleiste dafür verwenden, die Ihnen mit SharePoint Server unterhalb oder in SharePoint Online innerhalb der Titelleiste angeboten wird. Beachten Sie, dass die Suche auf einer Teamwebsite oder Kommunikationswebsite sich nur auf die jeweilige Website bezieht. Möchten Sie alle SharePoint-Websites Ihres Unternehmens durchsuchen, können Sie auf die Share-

Point-Start- oder Ihre SharePoint-Intranetseite navigieren und dort die Suchbegriffe in der jeweiligen Suchleiste eingeben. Informationen zur Suche finden Sie im Abschnitt »Die SharePoint-Suche« auf Seite 70.

Abbildung 2.14: Die Titelleiste mit der Schaltfläche SharePoint und der Suchleiste in SharePoint Online

Abbildung 2.15: Die Titelleiste mit der Schaltfläche SharePoint und darunter die Suchleiste in SharePoint Server

Das Menü »Einstellungen«

Das Menü *Einstellungen* finden Sie in Websites, Listen und Bibliotheken. Im rechten Bereich der Titelleiste finden Sie das Zahnrad (siehe Abbildung 2.16) für die jeweiligen Einstellungen der Website, der ausgewählten Liste oder Bibliothek (App). In den Einstellungen können Sie weitere Konfigurationen der Website oder der jeweiligen App vornehmen. Die angezeigten Einstellungsmöglichkeiten unterscheiden sich zum SharePoint Server und der Onlinevariante.

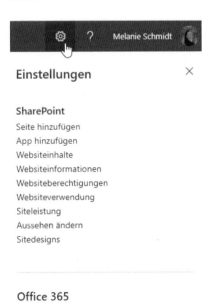

Abbildung 2.16: Die Einstellungen der Website öffnen Sie über das Zahnrad.

Websitelogo und Websitename

Das Websitelogo zeigt die Initialen der Website an.

Oberhalb der aktuellen Seitennavigation finden Sie den Websiteheader. Dieser enthält das Websitelogo, den Websitenamen und in SharePoint Online den Datenschutz Ihrer Website. Der Datenschutz zeigt an, ob die Website eine private oder eine öffentliche Microsoft-365-Gruppe beinhaltet. Wenn Sie innerhalb der Website in Bibliotheken oder Listen navigieren, können Sie über das Logo jederzeit auf die Startseite Ihrer Website zurücknavigieren.

Die Visitenkarte einer SharePoint Online Teamwebsite zeigt weitere Informationen an. Klicken Sie auf einer SharePoint-Online-Teamwebsite auf den Websitenamen, um die Visitenkarte der Website zu öffnen (siehe Abbildung 2.17). Darüber lässt es sich schnell in die zur Website gehörenden Apps wie das Outlook-Postfach, den Outlook-Kalender, den Planner-Plan oder das Notizbuch in OneNote navigieren.

Abbildung 2.17: Die Visitenkarte einer SharePoint-Online-Teamwebsite

---

Hinweis   Wenn in Ihrem Unternehmen keine Exchange-Online-Dienste verwendet werden, werden Ihnen der Gruppenkalender und das Gruppenpostfach nicht angezeigt.

Folgen von Websites

Wenn Sie eine Website erstellen, wird das Folgen der Website für Sie automatisch festgelegt.

Wie auch auf der SharePoint-Startseite können Sie auf jeder Website das Folgen aktivieren. Im oberen rechten Bereich befindet sich der Stern-Link *Ich folge* (siehe Abbildung 2.18). Websites, denen Sie folgen, werden Ihnen auf der SharePoint-Startseite und gegebenenfalls auf Ihrer SharePoint-Intranet-Website angezeigt, damit Sie die Websites schnell wiederfinden. Auch Nachrichten, die auf der jeweiligen Website gepostet werden, werden Ihnen auf der SharePoint-Startseite oder der mobilen SharePoint-App angezeigt.

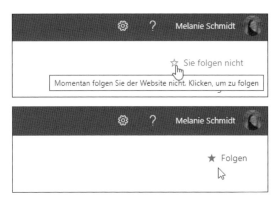

Abbildung 2.18: Der Stern-Link zum Festlegen des Folgens vor und nach der Aktivierung

Die Link-Schaltflächen »Mitglieder« und »Teilen«

Nur Besitzer einer Website können Benutzer hinzufügen. Die Link-Schaltfläche *Mitglieder* wird in der Online-Variante der SharePoint-Teamwebsite und die Link-Schaltfläche *Teilen* wird für Besitzer einer Kommunikationswebsite und beim SharePoint Server angezeigt. Wenn Sie keine Benutzer hinzufügen können, liegt das an Ihren fehlenden Berechtigungen.

»Mitglieder« in SharePoint Online

Mit der Schaltfläche *Mitglieder* können Sie feststellen, wer auf der Teamwebsite als Mitglied oder Besitzer zuständig ist. Sie können oben rechts im Fensterbereich auf die Schaltfläche *Mitglieder* klicken. Ihnen werden die Besitzer, Mitglieder und, wenn die Website über Gastzugriffe verfügt, auch die Gäste angezeigt. Fügen Sie hier keine neuen Benutzer hinzu, wenn diese auch auf andere Microsoft-365-Gruppenressourcen zugreifen sollen. Im Kapitel 4 im Abschnitt »Berechtigungen in SharePoint Online mit Microsoft 365« auf Seite 84 gehe ich auf die Berechtigungen ein.

»Teilen« in SharePoint Server

Die Schaltfläche *Teilen* wird auf der Kommunikationswebsite und den Websites des SharePoint-Servers nur Besitzern angezeigt. Darüber können Sie ebenfalls einsehen, wer auf der Website als Besitzer, Mitglied oder Besucher berechtigt ist. Klicken Sie dafür auf die Schaltfläche *Teilen* und wählen Sie im Dialogfenster auf der linken Seite die Schaltfläche *Freigegeben für* aus. Besitzer können über diese Schaltfläche weitere Benutzer als Besitzer, Mitglied oder Besucher berechtigen (siehe Abbildung 2.19). In Kapitel 4 im Abschnitt »Berechtigungen über die Share-Point-Server-Team- oder Kommunikationswebsite teilen« auf Seite 98 erfahren Sie mehr dazu. Besitzer können mithilfe eines Webparts die Websitebenutzer einblenden. Wie Sie das vornehmen können, lesen Sie in Kapitel 16 im Abschnitt »Übersicht der Webparts« auf Seite 333.

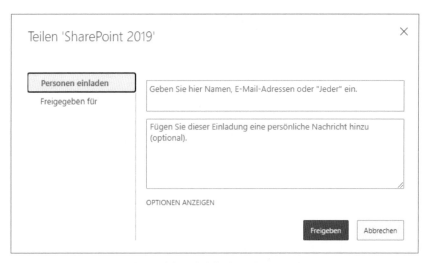

Abbildung 2.19: Mit einem Klick auf die Schaltfläche Teilen *wird der Dialog geöffnet. Hier können Personen freigegeben oder vorhandene Berechtigungen eingesehen werden.*

Die Schaltfläche »Neu«

Über die Schaltfläche *Neu* können Sie weitere Apps hinzufügen.

Wenn Sie berechtigt sind, weitere Websiteelemente wie Bibliotheken, Listen, Seiten oder andere Apps der Website hinzuzufügen, können Sie dies über die Schaltfläche *Neu* (siehe Abbildung 2.20) in der Menüleiste auf der Startseite vornehmen. Die Einträge im Menü *Neu* können sich unterscheiden.

Abbildung 2.20: Die Schaltflächen Neu *und* Seitendetails *(SharePoint Online) auf einer Teamwebsite*

Die Schaltfläche »Seitendetails«

Mithilfe der Schaltfläche *Seitendetails* (siehe auch Abbildung 2.20) auf der Website von SharePoint Online können Sie verwendete Eigenschaften und die Beschreibung der Website aufrufen. Die Seitendetails können vom jeweiligen Besitzer der Website bearbeitet werden. Die verwendete Beschreibung und weitere Angaben in den Seitendetails werden von der Suche verwendet und in den Suchergebnissen angezeigt. Jedoch sollte zwischen den Seitendetails der SharePoint-Website und der Websiteseite eines Neuigkeitenbeitrags unterschieden werden.

Beim SharePoint Server können die Seitendetails in den Einstellungen abgerufen werden.

Die Schaltfläche »Bearbeiten« auf der Website

Sofern Sie berechtigt sind, die Seite zu gestalten, weitere Inhalte und sogenannte Webparts einzubinden, können Sie über die Schaltfläche *Bearbeiten* (siehe Abbildung 2.21) oben rechts im Fensterbereich den Entwurfsmodus der Seite öffnen und Seiteninhalte und Webparts einbringen und konfigurieren. Wie Sie die Teamwebsite gestalten, lesen Sie in Kapitel 16 im Abschnitt »Den Startbereich der Teamwebsite anpassen« auf Seite 330.

Jede Änderung auf einer Website wird für alle Benutzer übernommen.

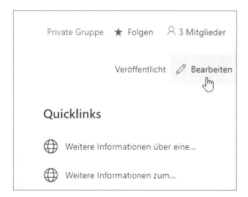

Abbildung 2.21: Die Schaltflächen Veröffentlicht *und* Bearbeiten

Die Angabe »Veröffentlicht«

Wenn Sie eine Website im Entwurfsmodus über die Schaltfläche *Bearbeiten* geöffnet und geändert haben, können Sie die Website als Entwurf speichern und zu einem späteren Zeitpunkt weiterbearbeiten. Andere Benutzer sehen Ihre vorgenommenen Änderungen dann noch nicht. Wenn Sie die Website final bearbeitet haben, können Sie die Website einchecken und somit veröffentlichen, sodass die Änderungen sofort für alle Benutzer sichtbar sind.

Andere Benutzer sehen Ihre Änderungen erst, nachdem Sie die Website veröffentlicht haben.

Der Seiteninhalt und Webparts

Eine Teamwebsite sollte Inhalte zeigen, die für das Team relevant sind.

Im mittleren Bereich des Browserfensters sehen Sie die Seiteninhalte (siehe Abbildung 2.22) wie beispielsweise Nachrichten, Quicklinks, Dokumente und Aktivitäten einer SharePoint-Online-Teamwebsite. Standardmäßig werden Ihnen aus der Teamwebsite-Vorlage diese Inhalte auf der Teamwebsite automatisch angezeigt. Die Anordnung der Inhalte ist abhängig von der verwendeten Websitevorlage. Um eigene Websiteinhalte auf einer Website anzeigen zu lassen, benötigen Sie nicht immer Programmierkenntnisse, sondern können dies über Steuerelemente tun, die als *Webparts* bezeichnet werden. Ein Webpart steuert die Sicht auf die von Ihnen gewünschten Inhalte. Sie können einem Webpart vorhandene Listen und Bibliotheken, die sich auf der Website befinden, hinzufügen und somit deren Inhalte dynamisch anzeigen lassen. Für die Gestaltung der Website benötigen Sie die entsprechenden Berechtigungen.

Abbildung 2.22: Der Seiteninhalt einer modernen Teamwebsite. Dieser Inhalt kann mithilfe von Webparts geändert und angepasst werden.

Die aktuelle Seiten- bzw. Schnellstartnavigation

Die Seitennavigation hilft dabei, die Websiteelemente zu öffnen.

Auf der linken Seite der Teamwebsite finden Sie die aktuelle Seiten- bzw. Schnellstartnavigation (siehe Abbildung 2.23). Auf einer Kommunikationswebsite wird die Seiten- bzw. Schnellstartnavigation unterhalb der Titelleiste angezeigt. Darüber gelangen Sie schnell in die jeweiligen Websiteelemente, um dort alle Dateien oder Informationen abzurufen. Über den Link *Start* gelangen Sie wieder zurück auf Ihre Startseite der Website. Wo die Seitennavigation angezeigt wird, ist von der gewählten Websitevorlage (Team- oder Kommunikationswebsite) abhängig. Es können Ihnen in der Seitennavigation mehr oder weniger Inhalte angezeigt werden als in der nachfolgenden Abbildung dargestellt. Die Seitennavigation lässt sich mit Inhalten individuell nach den Bedürfnissen des Teams oder des gesamten Unternehmens anpassen.

Abbildung 2.23: Über die Schnellstartnavigation kann schnell in die Websiteelemente gesprungen werden. Die Anzeige der Websiteelemente ist von der verwendeten Websitevorlage und der SharePoint-Technologie abhängig.

Der Link »Unterhaltungen«

Mit SharePoint Online werden Sie über den Link *Unterhaltungen* auf der Teamwebsite zu Ihrem Outlook-im-Web-Gruppen-Posteingang (siehe Abbildung 2.24) weitergeleitet. Sie werden in das Gruppenpostfach der Microsoft-365-Gruppe weitergeleitet und können hier eine Unterhaltung starten.

Prüfen Sie mit Ihrem Team, ob Sie die Unterhaltungen in Outlook im Web verwenden werden.

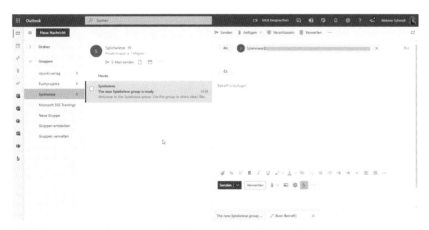

Abbildung 2.24: Die Gruppen-Unterhaltungen in Outlook im Web

Der Link »Teams«

Wurde Ihre SharePoint-Online-Teamwebsite in Kombination mit Microsoft Teams erstellt, wird Ihnen der Link *Teams* angezeigt. In diesem Fall verwendet Teams die Dokumentenbibliothek *Dokumente* für das Speichern der Dateien in den einzelnen Teams-Kanälen. Sie können über den Link zur Teams-App navigieren.

Der Link »Dokumente«

Auf jeder SharePoint-Website wird Ihnen für die Ablage Ihrer Dateien immer die SharePoint-Dokumentenbibliothek *Dokumente* (siehe Abbildung 2.25) angeboten. Diese Bibliothek ist von allen Benutzern der Website aufrufbar. Besitzer und Mitglieder können Dateien neu erstellen, vorhandene Dateien ablegen oder bearbeiten. Wenn Sie den Link *Dokument* anklicken, werden Sie in die Bibliothek weitergeleitet.

Abbildung 2.25: Die Dokumentenbibliothek Dokumente *auf einer Teamwebsite*

Hinweis   Die Bibliothek *Dokumente* wurde aus alten SharePoint-Versionen übernommen und nur oberflächlich mit dem Namen »Dokumente« umbenannt. Im Hintergrund heißt diese Bibliothek weiterhin »Freigegebene Dokumente«. Sie können den Namen der Bibliothek in der URL Ihres Webbrowsers sehen.

Achtung   Steht Ihre Teamwebsite in Verbindung mit Microsoft Teams, wird die Bibliothek *Dokumente* von Teams für die Ablage der Dateien in den Teams-Kanälen verwendet. Jeder Kanal des Teams erhält in der Bibliothek *Dokumente* einen eigenen Ordner. In diesem Fall sollten Sie die Bibliothek auch nur in der Teams-App verwenden. Sie können alternativ weitere Bibliotheken auf der Teamwebsite anlegen, beliebig konfigurieren und verwenden. In der Teams-App können Sie diese Bibliothek wiederum im Kanal einblenden und für die Kollegen auch aus Teams heraus zugänglich machen. Wie Sie eine Bibliothek erstellen, beschreibe ich in Kapitel 5 im Abschnitt »Eine Bibliothek erstellen« auf Seite 104.

Der Link »Notizbuch«

Sie können auf jeder SharePoint-Teamwebsite ein gemeinsames OneNote-Notizbuch mit Ihren Kollegen verwenden. Alle Benutzer der Teamwebsite haben Zugriffsrechte und können Abschnitte und Seiten erstellen, Notizen erfassen, ändern und löschen. Für die Verwendung des Notizbuchs mit SharePoint Server muss zusätzlich das Websitefeature *Website-Notizbuch* aktiviert sein, und in der Server-Administration muss gegebenenfalls vorher eine weitere Konfiguration vorgenommen werden, falls Ihnen der Link *Notizbuch* fehlt.

Das Notizbuch der Teamwebsite wird in der Bibliothek Websiteobjekte gespeichert.

Der Link »Seiten«

Wenn innerhalb der Website neue Nachrichten über die Funktionen Nachrichten und Neuigkeitenbeitrag bereitgestellt werden, werden diese in der Bibliothek *Websiteseiten* (siehe Abbildung 2.26) gespeichert. Um schnell auf diese Beiträge zuzugreifen, klicken Sie auf den Link *Seiten*. Sie werden in die Bibliothek *Websiteseiten* weitergeleitet und können dort den jeweiligen Beitrag öffnen und ändern. Auch die Startseite Ihrer Team- oder Kommunikationswebsite finden Sie über den Link *Seiten*.

Websiteseiten finden Sie ebenfalls über den Link Seiten wieder.

Abbildung 2.26: Die Bibliothek Websiteseiten *ist über den Link* Seiten *schnell abrufbar.*

Der Link »Websiteinhalte«

Über den Link *Websiteinhalte* gelangen Sie in den Backstage-Bereich der Website und können hier die einzelnen Websiteelemente wie Bibliotheken und Listen sehen. Auch das Erstellen von neuen Listen und Bibliotheken kann in diesem Bereich erfolgen. Wird dieser bei einer bestehenden Website einmal nicht angezeigt, so wurde er von einem anderen Teammitglied entfernt. Sie können die Websiteinhalte ebenso über das Zahnradsymbol (siehe Abbildung 2.27), das Menü *Einstellungen*, öffnen.

Mithilfe der Websiteinhalte finden Sie alle Bibliotheken und Listen der Website.

Abbildung 2.27: Die Websiteinhalte können über das Zahnradsymbol geöffnet werden.

Der Link »Papierkorb«

Inhalte, die Sie gelöscht haben, lassen sich im Papierkorb wiederherstellen.

Über den Link *Papierkorb* gelangen Sie in den Papierkorb der jeweiligen Teamwebsite. Hier können Sie alle von Ihnen gelöschten Dateien innerhalb von 93 Tagen wiederherstellen. Die Dateien verbleiben nach Ablauf der 93 Tage für weitere 30 Tage im Papierkorb der Websitesammlung und werden danach automatisch gelöscht. Nur die Besitzer der Website oder der Administrator haben Zugriff auf den Papierkorb der Websitesammlung. Falls der Papierkorb bei Ihnen nicht als Link angezeigt wird, können Sie über das Zahnrad in die Websiteinhalte der Website navigieren. Dort finden Sie im rechten oberen Bereich den Papierkorb.

Achtung   Beachten Sie, dass Administratoren möglicherweise andere Einstellungen vorgenommen haben und die Wiederherstellungszeit dann gegebenenfalls bei Ihnen kürzer ist als die von Microsoft empfohlene Zeit.

Der Link »Bearbeiten« in der Seitennavigation

Das Anpassen der Seitennavigation wirkt sich auf alle Benutzer der Website aus.

Der Link *Bearbeiten* in der Seiten- bzw. Schnellstartnavigation hilft Ihnen, die Seitennavigation anzupassen. Sie können Links entfernen oder weitere Links hinzufügen. Beachten Sie jedoch, dass sich alle manuellen Änderungen in der Seitennavigation auf die Website auswirken und für alle Benutzer sofort sichtbar sind.

Über den Link *Start* in der Seitennavigation oder über das Seitenlogo gelangen Sie schnell wieder zurück zum Startbereich Ihrer Team- oder Kommunikationswebsite (siehe Abbildung 2.28).

Abbildung 2.28: Über den Link Start *gelangen Sie in den Start Ihrer Team- oder Kommunikationswebsite.*

Hinweis   Wenn die Seitennavigation bei Ihnen ganz anders aussieht, kann es sein, dass bei Ihnen dieser Bereich programmiert und angepasst wurde oder die Links entfernt wurden, da diese für Ihren Bereich nicht benötigt werden.

Das persönliche Profil

Es ist erstaunlich, wie viele Menschen sich einem sozialen Netzwerk wie Facebook und Instagram oder aus beruflichen Gründen Xing oder LinkedIn angeschlossen haben. Aber worum geht es eigentlich in so einem Netzwerk? Im privaten Bereich werden Informationen wie die eigenen Interessen, Texte und Bilder mit Freunden und der Familie geteilt. Auch das Wiederfinden alter Freunde aus der Schulzeit ist über solche Netzwerke möglich. Im beruflichen Bereich lässt man auf einer solchen Plattform potenzielle Auftraggeber, Partner oder Geschäftsfreunde wissen, welche besonderen beruflichen Fähigkeiten man hat. Damit der potenzielle Kunde, der genau Ihre Fähigkeiten für ein Projekt oder bestimmte Aufgaben sucht, Sie auch findet, muss das Profil gepflegt und somit immer aktualisiert werden. Ein eigenes Profil in einem Netzwerk in der Öffentlichkeit zu besitzen, ist heutzutage also nichts Neues mehr.

> »Ich weiß nicht weiter, wer kann mir helfen?«

Schaut man aber einmal hinter die Kulissen der Unternehmen, sieht es intern ganz anders aus. Unternehmen, die SharePoint und Microsoft 365 einsetzen, lassen überwiegend die Pflege des eigenen Profils durch die Belegschaft nicht oder nur eingeschränkt zu. Oft liegt es daran, dass man uns Mitarbeitende nicht überfordern möchte, oder an den Bestimmungen und Freigaben von Datenschutzbeauftragten, Personal- oder Betriebsrat. Häufig sollen keine personenbezogenen Daten im Profil angelegt werden, wobei es sich doch gar nicht um Leistungsdaten der einzelnen Personen handelt. Wir arbeiten in einem Unternehmen und dabei sollte es eigentlich von großer Bedeutung sein, zu wissen, wer was im Unternehmen macht, wer wofür zuständig ist und wen man ansprechen kann, wenn man einmal Hilfe zu bestimmten Themen benötigt.

> Angaben im Profil sollten freiwillig sein.

Warum sollte es ein Geheimnis sein, wenn beispielsweise Herr Hansen aus der Buchhaltung nebenberuflich Dänisch-Kurse anbietet, weil er diese Sprache perfekt spricht und sein Wissen gerne teilt? Vielleicht besitzen Sie besondere Kenntnisse in einem Anwendungsprogramm oder verfügen über umfangreiche Fremdsprachenkenntnisse, vielleicht waren Sie auch an einem schwierigen Projekt beteiligt. Wenn es nun Mitarbeitende gibt, die Unterstützung zu genau diesen Themen benötigen, wäre es für Sie nicht auch eine Bereicherung, Ihr Wissen durch Ihre Hilfe und Unterstützung weiterzugeben? Wenn jedoch keiner in Ihrem Unternehmen weiß, dass Sie genau diese Fähigkeiten besitzen und man Sie nicht über die Suche im jeweiligen Portal findet, wird Sie auch keiner um Hilfe oder Unterstützung bitten. Sie sollten deshalb befähigt werden, Ihr Profil freiwillig und eigenständig zu pflegen.

> Wissen Sie, wer in Ihrem Unternehmen welche Fremdsprache spricht?

Wenn Profil-Informationen eingetragen wurden, können Sie und Ihre Mitarbeitenden, die SharePoint- oder die Microsoft-365-Suchfunktionen verwenden, um nach Personen mit bestimmten Fähigkeiten, Qualifizierungen oder mit Erfahrungen in Projekten oder Aufgabengebieten zu suchen.

> Halten Sie Ihr Profil immer auf dem neuesten Stand.

Je nachdem, wie Ihr Microsoft-365- oder SharePoint-System konfiguriert ist und Datenschutzbestimmungen festgelegt wurden, sollten Sie möglichst zusätzliche Informationen über sich selbst in Ihrem Profil angeben. Es werden bereits automatisiert Informationen durch Ihre IT-Abteilung aus dem Active Directory bzw. Azure Active Directory eingepflegt. Das sind Informationen wie Ihr Name, Ihre

> Beachten Sie die Datenschutzbestimmungen im Unternehmen.

Abteilung, Position und Adressdaten. Zusätzlich kann bereits ein Bild von Ihnen im Profil angezeigt werden, wenn dieses von Ihnen freiwillig der IT-Abteilung bereitgestellt wurde.

Nachfolgend beschreibe ich, wie Sie Ihr Profil mit dem SharePoint Server anpassen können. Arbeiten Sie mit SharePoint Online in Microsoft 365, gehen Sie zum Abschnitt »Das persönliche Profil in Microsoft 365« auf Seite 68.

Das eigene Profil auf dem SharePoint Server

Wie bereits erwähnt, ist das Anpassen des Profils abhängig davon, wie das SharePoint-System in Ihrem Haus konfiguriert und für Sie freigegeben wurde. Um das Profil anzuzeigen und anzupassen, gehen Sie folgendermaßen vor:

1. Klicken Sie oben rechts auf dem Bildschirm auf Ihren Namen oder das Profilbild.
2. Klicken Sie auf den Eintrag **Über mich** (siehe Abbildung 2.29). Sie werden zu Ihrem Profil weitergeleitet.

Abbildung 2.29: Je nach System kann der Name oder ein Profilbild angezeigt werden. Darüber lässt sich die Über-mich-Seite öffnen.

3. Klicken Sie auf den Link **Bearbeiten**. Sie gelangen in den Bereich *Details bearbeiten* (siehe Abbildung 2.30).

Abbildung 2.30: Über den Link Bearbeiten *können Sie weitere Angaben zu Ihrer Person eingeben.*

Auf der Seite *Details bearbeiten* finden Sie im oberen Fensterbereich die Links *Allgemeine Informationen*, *Kontaktinformationen*, *Details* und *Weitere Optionen*, dargestellt durch die drei Punkte. Innerhalb dieser Kategorien lassen sich unterschiedliche Informationen hinzufügen:

Allgemeine Informationen

- Im Bereich *Allgemeine Informationen* stehen standardmäßig Ihre Kontaktinformationen, die bereits aus Ihrem Unternehmen stammen. Sie können zusätzlich Informationen zu Ihrer Person eingeben. Das Eingabefeld *Info* dient dazu, sich kurz zu beschreiben und sich vorzustellen.

Beschreiben Sie sich in kurzen Sätzen.

- Im Bereich *Foto* können Sie ein Foto von sich einstellen oder das Foto aus Ihrem Profil entfernen. Es ist jedoch abhängig von der Konfiguration Ihres SharePoint-Systems, ob Sie Fotos austauschen können. Beachten Sie bitte, dass Sie hier ein Foto von sich einstellen sollten und nicht vom Haustier oder das Logo Ihres Lieblingsvereins. Befragen Sie gegebenenfalls Ihren SharePoint-Verantwortlichen.

Verwenden Sie lieber ein Bewerbungsfoto als ein Foto vom letzten Strandbesuch.

- Im Bereich *Fragen* können Sie Schlüsselwörter verwenden, um Ihren Kollegen Informationen zu Ihren Kompetenzen und Fähigkeiten mitzuteilen.

Hinter den jeweiligen Informationen können Sie über den Drop-down-Pfeil festlegen, ob die jeweilige Information von allen Mitarbeitenden Ihres Unternehmens gesehen werden darf oder nur Sie diese Informationen sehen. Standardmäßig ist hier die Voreinstellung auf *Jeder* eingestellt, was bedeutet, dass alle Personen, die in Ihrem Unternehmen arbeiten, bei einem Besuch auf Ihrem Profil die von Ihnen freigegebenen Informationen sehen können. Ändern Sie diese Einstellungen bei Bedarf und geben Sie nur die Informationen für jeden frei, die Sie auch freigeben möchten.

Jeder im Unternehmen kann Ihre Informationen sehen.

Kontaktinformationen

Über den Link *Kontaktinformationen* können Sie weitere Informationen wie beispielsweise Ihre mobile Rufnummer oder eine Faxnummer eingeben. Auch in diesem Bereich können Sie über den Drop-down-Pfeil festlegen, wer die weiteren Kontaktdaten sehen darf.

Private Telefon- und Mobilfunknummern sollten Sie hier nicht angeben.

Details

Über den Link *Details* können Sie weitere Informationen zu Ihrer Tätigkeit und Person hinzufügen. Auch dieser Bereich ist abhängig von der Konfiguration des SharePoint-Systems in Ihrem Unternehmen.

- Im Eingabefeld *Erledigte Projekte* können Sie über Schlüsselwörter erledigte oder laufende Projekte auswählen. Sie können auch festlegen, in welchen Bereichen Sie tätig sind. Wenn diese Funktionalitäten in Ihrem Unternehmen eingerichtet sind, reicht es aus, wenn Sie nur mit den ersten Buchstaben des Projektnamens oder Ihres Aufgabengebiets bei der Eingabe beginnen. Ihnen werden dann die bereits erfassten Projekte aufgelistet dargestellt.

Welche Aufgaben oder Projekte waren bisher Ihre größten Herausforderungen?

- Im Bereich *Fertigkeiten* können Sie angeben, ob Sie zusätzliche Qualifikationen besitzen.

- In den Bereichen *Schulen und Geburtstag* können Sie, wenn Sie möchten, Ihre besuchten Schulen und Ihren Geburtstag eingeben.

Joggen Sie oder
fahren Sie gerne
Motorrad?

- Im Bereich *Interessen* können Sie Ihre Hobbys und persönlichen Interessen eingeben. Mit diesen Angaben können Interessengemeinschaften entstehen und möglicherweise finden Sie weitere Kollegen, die die gleichen Interessen haben wie Sie.

Auch für diese Informationen finden Sie jeweils hinter den Eingaben die Möglichkeit, die Sicht darauf einzuschränken, sodass nicht jeder Mitarbeitende diese Informationen sehen kann, sondern nur Sie.

Weitere Optionen

Nur die Standard-
benennungen von
SharePoint werden
in der gewählten
Sprache angezeigt.

Hinter dem Eintrag *Details* befinden sich *Weitere Optionen*, dargestellt durch die drei Punkte. Sie können über die weiteren Optionen Einstellungen zur Anzeigesprache, Zeitzone und zu Ihrer Region vornehmen. Wurden in Ihrem Unternehmen beispielsweise die Sprachpakete in SharePoint installiert und konfiguriert, so können Sie die Websites auch in einer anderen Sprache darstellen. Zum Ändern der Spracheinstellungen gehen Sie folgendermaßen vor:

1. Wechseln Sie zunächst auf Ihre **Über-mich**-Seite.
2. Klicken Sie im oberen Bildschirmbereich auf den Link **Bearbeiten**.
3. Klicken Sie auf **Weitere Optionen**, dargestellt durch die drei Punkte, hinter dem Eintrag *Details*.
4. Klicken Sie auf den Befehl **Sprache und Region**.
5. Im Bereich *Sprache* klicken Sie unterhalb des Felds *Meine Anzeigesprachen* auf den Drop-down-Pfeil bei **Neue Sprache auswählen**. Eine Auflistung aller verfügbaren Sprachen wird angezeigt.
6. Wählen Sie die gewünschte Sprache aus und klicken Sie auf die Schaltfläche **Hinzufügen**.

Beachten Sie, dass Ihr Webbrowser nun die an erster Stelle stehende Sprache in SharePoint verwendet. Nehmen Sie gegebenenfalls noch weitere Einstellungen vor.

Verwenden Sie das App-Startfeld, um zurück zur SharePoint-Startseite zu navigieren.

Das persönliche Profil in Microsoft 365

Für die Bereitstellung des persönlichen Profils in Microsoft 365 steht Ihnen eine persönliche Profil-Website mit Delve zur Verfügung. Hier können Sie anhand Ihrer freiwilligen Angaben zu Ihren Fähigkeiten und Interessen in der Suche gefunden werden. Gehen Sie folgendermaßen vor, wenn Sie Ihr Profil öffnen und anpassen möchten:

1. Klicken Sie oben rechts auf dem Bildschirm auf Ihren Namen oder das Profilbild.
2. Klicken Sie auf den Eintrag **Mein Office-Profil** (siehe Abbildung 2.31). Sie werden zu Delve weitergeleitet.

Abbildung 2.31: Die Delve-App nach dem Öffnen über die Schaltfläche Mein Office-Profil

Ihre vorhandenen Benutzerinformationen wie Ihre Position, Ihr Name, Ihre E-Mail-Adresse, Ihre Microsoft-Teams-Adresse und Ihre geschäftliche Telefonnummer werden über die Microsoft-365-Administration erfasst und gepflegt. Diese Informationen werden in Ihrem Profil automatisch angezeigt. Weitere Angaben können Sie selbst festlegen.

3. Klicken Sie auf der Delve-Startseite unterhalb Ihrer Benutzerinformationen auf die Schaltfläche ***Profil aktualisieren***. Sie werden auf die Seite *Ihr Profil aktualisieren* in die Kategorie *Kontaktinformationen* weitergeleitet.

Kontaktinformationen

In dieser Kategorie können Sie weitere Informationen wie Ihre Handynummer, Ihre private Rufnummer oder die Faxnummer eingeben. Möchten Sie allen Personen im Unternehmen mitteilen, wann Sie Geburtstag haben, können Sie auch Ihren Geburtstag eingeben.

Hinter den jeweiligen Informationen können Sie über den Drop-down-Pfeil neben dem Globussymbol festlegen, ob sie von allen Benutzern Ihres Unternehmens gesehen werden dürfen oder nur von Ihnen selbst. Standardmäßig ist hier die Voreinstellung auf *Jeder* gesetzt, was bedeutet, dass jeder Mitarbeiter Ihres Unternehmens bei einem Besuch Ihres Profils die von Ihnen freigegebenen Informationen sehen kann. Ändern Sie diese Einstellungen bei Bedarf und geben Sie nur die gewünschten Informationen für jeden frei.

Private Rufnummern sollten Sie nicht für alle Personen im Unternehmen freigeben.

Über mich

In der Kategorie *Über mich* können Sie sich anderen Benutzern vorstellen. Beschreiben Sie kurz Ihre Position und in welchem Team oder in welcher Abteilung Sie arbeiten.

Stellen Sie sich kurz vor.

Projekte

Geben Sie in der Kategorie *Projekte* an, bei welchen Projekten Sie mitgewirkt haben. So geben Sie Ihren Kollegen die Möglichkeit, bei ähnlichen Projekten und Aufgaben auf Sie zuzukommen.

Haben Sie in Projekten mitgewirkt?

Qualifikation und Fachkenntnisse

Besitzen Sie Zertifikate oder besondere Auszeichnungen?

In der Kategorie *Qualifikation und Fachkenntnisse* fügen Sie Ihre Zertifikate und Auszeichnungen hinzu. Fügen Sie Themen als Stichwörter hinzu, um zu zeigen, bei welchen Fragen Ihre Kollegen auf Sie zukommen können. Lassen Sie andere wissen, dass Sie eine Fremdsprache besonders gut sprechen oder in welchen Abteilungen und Teams Sie bereits gearbeitet haben.

Schulen und Ausbildung

Sie können in der Kategorie *Schulen und Ausbildung* festlegen, welche Schulen Sie besucht und welche Ausbildungen Sie durchlaufen haben.

Interessen und Hobbys

Vielleicht gibt es Kollegen, die Ihre Hobbys und Interessen teilen.

In der Kategorie *Interessen und Hobbys* können Sie Ihre privaten Hobbys und persönlichen Interessen eingeben. Mit diesen Angaben können Interessengemeinschaften entstehen, und vielleicht finden Sie darüber Kollegen, die die gleichen Interessen haben wie Sie. Sie haben bei einigen Informationen die Möglichkeit, die Sicht darauf einzuschränken, sodass nicht jeder Mitarbeiter sie sehen kann, sondern nur Sie. Klicken Sie dafür auf den Drop-down-Pfeil hinter der Eingabe und wählen Sie die entsprechende Einstellung aus. Die Eingaben werden direkt gespeichert, sodass es keiner Schaltfläche zum Speichern bedarf.

Verwenden Sie das App-Startfeld, um zurück zur SharePoint-Startseite zu navigieren.

Die SharePoint-Suche

Die Suche in SharePoint ist sehr umfangreich und bietet Ihnen einen sehr großen Nutzen bei der täglichen Arbeit mit vielen Informationen. Die Suchfunktionen werden bei der Installation und Konfiguration von SharePoint Server oder bei der ersten Anwendung von SharePoint Online in Microsoft 365 bereitgestellt.

Durch das Klicken in das Suchfeld werden bereits Vorschläge angezeigt. Die Suche bezieht sich dabei zunächst auf den angemeldeten Benutzer, damit diesem nur relevante Suchergebnisse angezeigt werden. So werden beim Klicken in ein Sucheingabefeld auf einer Team-, Kommunikations- oder auf der SharePoint-Startseite bereits für den Benutzer freigegebene Websites, Dokumente oder Neuigkeiten der Website angezeigt, auch wenn gar kein Suchbegriff im Sucheingabefeld eingegeben wurde. Dennoch sind die Ergebnisvorschläge, die Ihnen über das Sucheingabefeld angezeigt werden, davon abhängig, von wo aus Sie Ihre Suche starten.

Auf SharePoint-basierten Intranet-Startseiten werden andere Ergebnisse vorgeschlagen.

Wenn Sie beispielsweise auf der SharePoint-Startseite in das Sucheingabefeld (siehe Abbildung 2.32) klicken, werden Ihnen die Websites angezeigt, die Sie häufig oder zuletzt besucht haben. Somit findet hier eine organisationsweite Suche statt, bei der alle Websites gesucht werden, auf denen Sie Zugriffsrechte besitzen. Wenn Sie jedoch in das Sucheingabefeld einer Team- oder Kommunikationswebsite (siehe Abbildung 2.33) klicken, werden Ihnen Inhalte wie Dokumente, Ordner oder Neuigkeitenbeiträge der aufgesuchten Team- oder Kommunikationswebsite vorgeschlagen. Wenn Sie zusätzlich auf einer Team- oder Kommunikationswebsite eine Bibliothek oder Liste öffnen und dort in das Sucheingabefeld (siehe Abbildung 2.34) klicken, werden Ihnen Ihre Dateien, Ordner und Listeneinträge gezeigt, die Sie zuletzt geöffnet oder bearbeitet haben.

Mit den Sucheingabefeldern der SharePoint-Websites können Sie nach den verschiedensten Informationen suchen. Im Sucheingabefeld der SharePoint-Startseite oder Ihrer SharePoint-Intranet-Website können Sie immer übergeordnet, also organisationsweit, suchen. Wenn Sie beispielsweise nach Personen mit bestimmten Qualifikationen suchen möchten, suchen Sie diese Personen im Sucheingabefeld der SharePoint-Startseite oder Ihrer SharePoint-Intranet-Website, da hier das gesamte Portal nach Personen durchsucht wird. Wissen Sie, dass sich die benötigten Informationen auf einer bestimmten Team- oder Kommunikationswebsite befinden, suchen Sie im Sucheingabefeld der jeweiligen Team- oder Kommunikationswebsite.

Sie können im gesamten Portal organisationsweit oder zentral auf einer Team- oder Kommunikationswebsite suchen.

Auch einzelne Bibliotheken und Listen besitzen Sucheingabefelder, mit denen Sie direkt nach Dateien oder Listeneinträgen in der Bibliothek oder Liste suchen können. Deshalb sind die Suchergebnisse immer sehr unterschiedlich, denn wenn Sie organisationsweit nach bestimmten Begriffen suchen, werden Ihnen wahrscheinlich sehr viel mehr Suchergebnisse angezeigt als auf Ihrer Teamwebsite, die weniger Inhalte besitzt als das komplexe SharePoint- bzw. Microsoft-365-Portal Ihres gesamten Unternehmens oder Ihrer Organisation.

Bibliotheken und Listen besitzen ebenfalls eigene Sucheingabefelder.

Abbildung 2.32: Durch einen Klick in das Sucheingabefeld auf der SharePoint-Startseite werden Websites als Vorschlagsergebnisse angezeigt.

Abbildung 2.33: Die Vorschlagsergebnisse auf einer Teamwebsite nach einem Klick in das Sucheingabefeld

Abbildung 2.34: Innerhalb einer SharePoint-Dokumentenbibliothek wurde hier in das Sucheingabefeld hineingeklickt und es werden als Vorschlagsergebnis die vom Benutzer zuletzt verwendeten Dokumente angezeigt.

Die Suche ist abhängig von der SharePoint-Server-Konfiguration.

Während SharePoint Online in Microsoft 365 bereits automatisch auf Informationen aus anderen Diensten zugreift, ist es beim SharePoint Server Enterprise technisch möglich, auch andere Systeme wie beispielsweise den File-Server oder auch andere Datenbanksysteme und Archive mit in die SharePoint-Suche einzubinden. Durch die Integration anderer Systeme besteht der große Vorteil in der Anwendung, dass Sie nicht gezwungen werden, in den verschiedenen Systemen nach Informationen zu suchen. Sie können über das SharePoint-Portal Suchabfragen starten und die integrierten Systeme werden automatisch mit durchsucht. Die Suche in SharePoint Server kann somit in jedem Unternehmen unterschiedlich konfiguriert sein.

Hinweis Für die Integration anderer Systeme ist die IT-Abteilung zuständig. Anwender können fremde Systeme nicht in die Suche einbeziehen. Die Suchergebnisse, die Ihnen angezeigt werden, sind immer abhängig von Ihren Berechtigungen. Wenn Sie beispielsweise auf bestimmte Informationen gar nicht zugreifen dürfen, werden sie Ihnen auch nicht als Ergebnis der Suche aufgezeigt. Je nachdem, wie Ihr SharePoint-Serversystem konfiguriert wurde und welche SharePoint-Version Sie verwenden, wurde gegebenenfalls eine Suchwebsite für Sie bereitgestellt. Werden bei Ihnen im SharePoint-Portal die Basissuchfunktionen verwendet, können Sie auf der jeweiligen Website nach bestimmten Begriffen oder Dateiinhalten suchen. Verwenden Sie die Unternehmenssuche in Ihrem SharePoint-Portal, die von den Enterprise-Server- und Enterprise-Onlineversionen mitgeliefert wird, können Sie zusätzlich nach Personen, Neuigkeiten oder Videos suchen.

Manchmal braucht ein Inhalt etwas Zeit, um in den Suchindex aufgenommen zu werden.

Die SharePoint-Suche durchsucht standardmäßig Websites, Websiteseiten, Bibliotheken und Listen, Ordner und Dateien sowie Textbereiche innerhalb von Dateien. Damit steht Ihnen eine Volltextsuche zur Verfügung. Die jeweiligen Inhalte werden automatisch von SharePoint indexiert, was bedeutet, dass die einzelnen Informationen von der SharePoint-Suche analysiert, gefunden und in den Such-Index aufgenommen werden. Erst wenn die Inhalte indexiert wurden, sind sie über die Suche auffindbar.

Die Suche auf der Team- oder Kommunikationswebsite

Wenn die Website ganz neu angelegt wurde, werden keine Ergebnisse angezeigt.

Sobald Sie einen oder mehrere Suchbegriffe in das Sucheingabefeld Ihrer Website eingeben und mit der ⏎-Taste bestätigen, wird Ihnen die Suchergebniswebsite (siehe Abbildung 2.35) angezeigt. Dabei werden alle Ergebnisse aus sämtlichen vorhandenen Bibliotheken, Listen und Neuigkeitenbeiträgen Ihrer Website abgefragt und angezeigt.

Abbildung 2.35: Die Suchergebnisseite von SharePoint Online in Microsoft 365

Auf der Suchergebniswebsite können Sie an dieser Stelle die Suchergebnisse weiter filtern und einschränken. Hier unterscheiden sich die Filter von SharePoint Server (siehe Abbildung 2.36) und den Filter-Registern in SharePoint Online.

Abbildung 2.36: Die Filter auf der Suchergebnisseite von SharePoint Server; oben links der Suchbegriff und der Pfeil Zurück zur Website

- Verwenden Sie den Filter oder das Register *Dateien*, um nur Dateien anzeigen zu lassen. Danach können Sie den Dateityp auswählen, um tiefer zu filtern.

- Zum Löschen des Dateityps klicken Sie erneut auf den Filter und wählen *Alle Dateitypen* aus oder klicken hinter dem gewählten Typ auf das *X*.

- Wenn auf Ihrer Website Informationen zu Ihren Suchbegriffen auf einer Websiteseite erfasst wurden, können Sie mit dem Filter oder dem Register *Sites*, diese Websiteseiten anzeigen lassen.

- Suchen Sie nach Neuigkeiten, die auf der Website gepostet wurden und Ihre Suchbegriffe beinhalten sollen, wählen Sie den Filter oder das Register *Neuigkeiten*.

- Wenn die Suchergebnisse für Sie noch zu umfangreich sind, können Sie einen Zeitraum festlegen, in dem die Information vermutlich bereitgestellt oder geändert wurde. Wählen Sie dafür den Filter *Letzte Änderung*.

- Zum Aufheben des Filters klicken Sie auf das *X* hinter dem gesetzten Filter.

- Wenn Sie von einer Team- oder Kommunikationswebsite organisationsweit suchen möchten, klicken Sie in der Suchergebnisseite auf den Link *Organisation* der SharePoint-Online-Website oder verwenden den Filter *Alle Websites* auf der SharePoint-Server-Website.

- Wenn Ihnen die richtigen Ergebnisse angezeigt werden, können Sie direkt auf den Namen der Datei, des Elements oder der Neuigkeit klicken. Sie werden dann zur Datei, dem Element oder auf die Websiteseite der Neuigkeit weitergeleitet.

- Unterhalb des Datei- oder Elementnamens werden Ihnen Links (siehe Abbildung 2.37) angezeigt, über die Sie bei Bedarf auf die Website, die Websiteseite oder in die jeweilige Bibliothek oder Liste navigieren können.

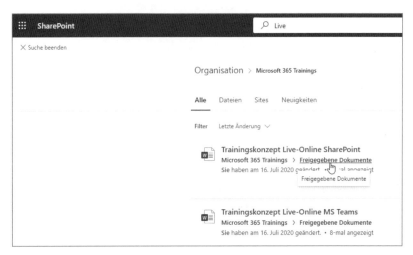

Abbildung 2.37: Mit dem Link Freigegebene Dokumente *navigieren Sie in die Bibliothek* Dokumente.

- Zum Beenden der Suche klicken Sie im oberen linken Bereich des Fensters auf die Schaltfläche *Suche beenden* bzw. auf den Pfeil *Zurück* vor dem Suchbegriff. Sie werden jeweils zu der Website zurückgeleitet, auf der Sie die Suche gestartet haben.

Die Suche nach Personen von der Team- oder Kommunikationswebsite aus

Wenn Sie nach Personen mit bestimmten Qualifikationen suchen möchten, müssen Sie die Suche organisationsweit durchführen. Jedoch denkt man während der Suche auf der Team- oder Kommunikationswebsite meistens nicht daran, auf die Share-Point-Start- oder die SharePoint-Intranet-Website zu navigieren. In SharePoint Online mit Microsoft 365 können Sie von der Suchergebniswebsite Ihrer Team- oder Kommunikationswebsite in die organisationsweite Suchergebniswebsite wechseln.

1. Geben Sie einen Suchbegriff auf der Team- oder Kommunikationswebsite ein und bestätigen Sie mit ⏎ .

2. Klicken Sie dafür auf der Suchergebniswebsite auf den Link **Organisation** (siehe Abbildung 2.38), der Ihnen oberhalb der Filterregister angezeigt wird.

3. Wählen Sie das Register **Personen**. Haben Personen das persönliche Profil gepflegt und besitzen diese Personen Qualifikationen oder Fähigkeiten, die mit Ihrem Suchbegriff übereinstimmen, werden sie Ihnen in der Suchergebnisliste (siehe Abbildung 2.39) angezeigt.

Abbildung 2.38: Mit dem Link *Organisation kann zur Suchergebniswebsite der SharePoint-Start- oder SharePoint-Intranet-Website navigiert werden.*

Abbildung 2.39: *Personen, mit denen der Suchbegriff übereinstimmt*

Mit dem SharePoint Server können Sie die Filter auf der Suchergebniswebsite verwenden, um organisationsweit zu suchen.

1. Geben Sie einen Suchbegriff auf der Team- oder Kommunikationswebsite ein und bestätigen Sie mit ⏎.
2. Auf der Suchergebniswebsite der Team- oder Kommunikationswebsite wählen Sie anstelle des Filters *Diese Website* den Filter **Alle Websites** (siehe Abbildung 2.40) aus, um organisationsweit zu suchen.

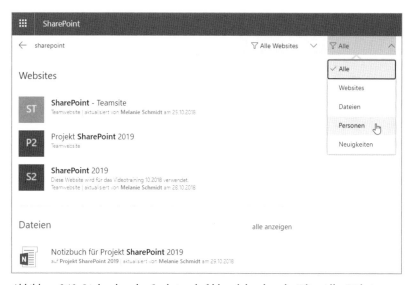

Abbildung 2.40: *Links oben das Sucheingabefeld und daneben die Filter* Alle, Websites *und* Personen *auf einer SharePoint-Server-Website*

3. Setzen Sie danach den Filter von *Alle* auf **Personen**, damit die Suche nach Personen in Ihrer Organisation gefiltert wird. Wenn Ihr Suchbegriff mit den Qualifikationen von Personen übereinstimmt, werden Ihnen Ergebnisse angezeigt (siehe Abbildung 2.41).

Abbildung 2.41: Personen mit bestimmten Qualifikationen, die gefunden werden, wenn diese Fähigkeiten im persönlichen Profil hinterlegt wurden

Weitere Suchtipps

Reichen Ihnen die Filter in der Suchergebniswebseite nicht aus, können Sie mit Platzhaltern, Operatoren oder auch Anführungszeichen im Sucheingabefeld arbeiten (siehe Tabelle 2.1).

Beispieleingabe/ Syntax	Beispielergebnisse	Erläuterung
*Projekt	SharePoint-Projekt, Kunden-Projekt, Hinweis zum Projekt etc.	Der Stern ersetzt ein oder mehrere Zeichen vor dem Begriff *Projekt*.
Projekt*	Projekte, Projektwebsite, Projekt-Mappe, Projektmanagement etc.	Der Stern ersetzt ein oder mehrere Zeichen hinter dem Begriff *Projekt*.
"Jahresbericht 2019"	Jahresbericht 2019	Die Anführungszeichen sorgen für ein Ergebnis mit der exakten Zeichenfolge.
SharePoint +Projekt, SharePoint AND Projekt	SharePoint, Projekt, SharePoint-Projekt etc.	Mit dem Pluszeichen oder dem Wort »AND« werden die Suchbegriffe verbunden, jedoch bedeutet die Abfrage auch, dass entweder der eine oder der andere Begriff vorhanden sein soll. Das Suchergebnis wird dadurch ggf. umfangreicher als gewünscht.
SharePoint -Projekt SharePoint NOT Projekt	SharePoint, SharePoint Hilfe, SharePoint Suche etc.	Das Minuszeichen und das Wort »NOT« schließen einen Suchbegriff in der Abfrage aus.
"SharePoint-Projekt" -2020	SharePoint-Projekt 2018, SharePoint-Projekt 2019, SharePoint-Projekt etc.	Die Anführungszeichen suchen nach der exakten Zeichenfolge, während das Minuszeichen Wörter oder Zahlen in den Ergebnissen ausschließt.
Melanie OR Schmidt	Melanie Sommer, Melanie Schmidt, Marleen Schmidt etc.	Durch das Wort »OR« kann einer der Begriffe im Inhalt vorkommen.

Tabelle 2.1: Die Suche mit Platzhaltern und Operatoren

Kapitel 3
Zuständigkeiten

Zunächst sollte es in einem Unternehmen immer verantwortliche Personen für SharePoint geben. Aber es gibt auch unterschiedliche Rollen und Gruppen, die bei der Bereitstellung, der Anwendung und auch beim Vererbungsprinzip von SharePoint zu berücksichtigen sind. Auf der einen Seite gibt es die Microsoft-365-Administration, die die Dienste in der Cloud bereitstellt, oder die IT-Abteilung, die das SharePoint-Portal betreibt, und auf der anderen Seite gibt es Administratoren und Anwender, die täglich mit SharePoint ihren Aufgaben nachgehen und Informationen bereitstellen oder suchen. Damit Berechtigungen und somit die Zugriffsrechte gesteuert werden können, gibt es Microsoft-365-Benutzer- und SharePoint-Gruppen, denen standardmäßig bestimmte Rechte zugeordnet sind.

Sicherheitseinstellungen und Backups sollten von Personen durchgeführt werden, die sich damit auskennen.

Administrative Rollen auf dem SharePoint Server

Die einzelnen Server in einem Unternehmen können nicht automatisch untereinander kommunizieren.

Wenn in Ihrem Unternehmen SharePoint installiert und bereitgestellt wird, müssen mehrere Serverkonfigurationen vorgenommen werden, damit Sie beispielsweise über SharePoint Dateien ablegen können. Es muss also festgelegt werden, welcher Server und welcher Dienst für die Speicherung verantwortlich sein sollen. Ebenso muss entschieden werden, ob OneDrive for Business zum Einsatz kommen soll. Mit SharePoint können Sie beispielsweise auch eine Verbindung zu Outlook herstellen und somit Kalendereinträge, Aufgaben und weitere Elemente in SharePoint oder in Ihrem Outlook anzeigen lassen. Wenn bei Ihnen im SharePoint-Portal das Feature für eingehende E-Mails konfiguriert wurde, können Sie Nachrichten und Termine, die Sie in Outlook erstellt oder empfangen haben, an SharePoint-Listen und -Bibliotheken senden. Jedoch muss für diese Verbindung festgelegt werden, dass der Exchange-Server, der für Ihr Outlook zuständig ist, Informationen an SharePoint geben darf, und umgekehrt. Es handelt sich dabei um die Vernetzung mehrerer Server, die auch als *Serverfarm* bezeichnet wird. Erst wenn alle Server- und Dienstanwendungen für den Betrieb der Serverfarm bereitgestellt wurden, ist die Verwendung des SharePoint-Portals möglich, also auch die Verbindung der einzelnen Server. Diese Aufgabe übernimmt die Ebene der Farmadministration, die IT-Administration Ihres Unternehmens oder ein Dienstleister, der die Server-Technologien und -Produkte für Sie administriert (siehe Abbildung 3.1). Dabei werden die Aufgaben der Server- und Dienstanwendungen über die SharePoint-Zentraladministration gesteuert. Personen, die für diese Aufgaben zuständig sind, werden als Mitglieder der SharePoint-Gruppe *Farmadministratoren* hinzugefügt. Diese Personen besitzen den Vollzugriff der SharePoint-Zentraladministration und können die oben genannten Aufgaben erledigen, jedoch hat diese Mitgliedergruppe keine Zugriffsrechte auf einzelne Websites innerhalb des SharePoint-Portals. Zu berücksichtigen ist, dass auch IT-Administratoren, die nicht für den SharePoint Server zuständig sind, Zugriffsrechte für die SharePoint-Zentraladministration erhalten und damit eigene Zugriffsrechte im gesamten Portal für sich selbst setzen können.

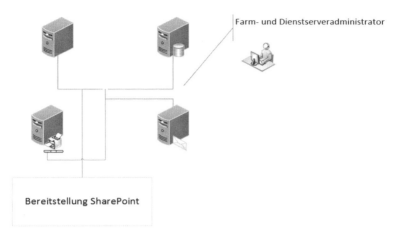

Farm- und Dienstserveradministrator

Bereitstellung SharePoint

Abbildung 3.1: Der Farm- und Dienstserveradministrator ist nur für die Bereitstellung und den Betrieb von SharePoint verantwortlich und besitzt nicht automatisch Zugriffsrechte.

Die Administration der Websitesammlung

Die Farmadministration ist zwar für die Bereitstellung und den Betrieb einer Websitesammlung zuständig, jedoch verfügt diese SharePoint-Gruppe nicht über die Zugriffsrechte der Websitesammlung. Wurden SharePoint und somit auch eine Websitesammlung bereitgestellt, muss festgelegt werden, welche Personen die Verantwortung für die Websitesammlung übernehmen. Diese Personen werden der SharePoint-Gruppe *Websitesammlungsadministratoren* hinzugefügt und erhalten durch die Gruppenmitgliedschaft automatisch den uneingeschränkten Vollzugriff auf alle Websites und Inhalte der gesamten Websitesammlung. Ein Websitesammlungsadministrator kann, sollte aber keine weiteren Websites bereitstellen. Jedoch können und sollten diese Administratoren verwaiste Websites löschen können. Zusätzlich darf ein Websitesammlungsadministrator Websitesammlungsfeatures, zusätzliche Dienste, die von SharePoint mitgeliefert werden, aktivieren. Auch das Anlegen weiterer SharePoint-Gruppen kann durch den Websitesammlungsadministrator erfolgen. Einem Websitesammlungsadministrator können keinerlei Zugriffsrechte auf einzelne Websites oder einzelne Inhalte entzogen werden. Erst das Entfernen einer Person aus der SharePoint-Gruppe *Websitesammlungsadministrator* hebt deren Zugriffsrechte auf.

> Manchmal dürfen auch Anwender die Rolle des Websitesammlungsadministrators übernehmen.

Microsoft-365-Gruppen

Während beim SharePoint Server weitere Server in der Serverfarm integriert und konfiguriert werden müssen, kommen bei SharePoint Online in Microsoft 365 sogenannte Microsoft-365-Gruppen zum Einsatz. Eine Microsoft-365-Gruppe beinhaltet immer die Serverdienste, die im Microsoft-365-Plan enthalten und freigeschaltet sind. Es werden beim Anlegen einer Teamwebsite durch einen Benutzer im Microsoft-365-Portal automatisch weitere Serverdienste als Gruppenressourcen aktiviert, die direkt verwendet werden können. Wenn Exchange On-

> Microsoft stellt verschiedene Serverdienste bereit.

line freigegeben ist, werden immer ein Gruppenpostfach und ein Gruppenkalender, ein Gruppennotizbuch mit OneNote und ein Planner automatisch zur Website hinzugefügt. Wird über Microsoft Teams ein neues Team erstellt, werden alle genannten Gruppenressourcen auch hier automatisch erstellt sowie eine Teamwebsite, die im Hintergrund die Aufgabe des Speicherns der Dateien im jeweiligen Teamkanal übernimmt.

Administratoren für SharePoint Online mit Microsoft 365

Nur Personen mit Administratorenrolle können auf das Admin-Center in Microsoft 365 zugreifen.

Wird SharePoint Online in Microsoft 365 im Unternehmen eingesetzt, muss grundsätzlich immer die Rolle des globalen Administrators zugewiesen werden. Diese Rolle verfügt über alle Rechte innerhalb des Microsoft-365-Portals und somit auch über die einzelnen Administrationsrollen der verschiedenen Serverdienste. Globale Administratoren können Personen als SharePoint-Administratoren festlegen, die dann die reinen SharePoint-Dienste verwalten können, wie das Anlegen oder Löschen von modernen und klassischen Websitesammlungen oder das Festlegen der jeweiligen Speicherkapazitäten für die Websites. Aus SharePoint Online und OneDrive for Business heraus können Dokumente für andere interne und externe Personen freigegeben werden. Die Rollen des globalen und SharePoint-Administrators können den Umgang mit diesen Freigaberegelungen durch die Mitarbeitenden für das gesamte Unternehmen im SharePoint-Admin-Center festlegen. Andere Microsoft-365-Dienste und -Gruppen kann der reine SharePoint-Administrator nicht verwalten.

Administratoren einer Team- oder Kommunikationswebsite

Websitebesitzer sind verantwortlich für ihre Website. Websitesammlungsadministratoren können sie unterstützen.

Beim eigenständigen Anlegen von Websites in SharePoint Online oder SharePoint Server werden Benutzer, die die Website anlegen, als Besitzer der Website festgelegt. Wenn in Ihrem Unternehmen eine Website beantragt werden muss, wird auch hier sicherlich ein Eingabefeld vorhanden sein, in dem Sie die verantwortliche Person, also den Besitzer der Website, eingeben oder auswählen müssen. Der Besitzer kann während des Anlegens einer Website oder im Nachgang weitere Besitzer bestimmen. Sollen Mitarbeitende auf einer SharePoint-Team- oder Kommunikationswebsite freigegeben werden, da der ursprüngliche Besitzer nicht mehr für die Website zuständig ist und gegebenenfalls nicht mehr dem Unternehmen angehört, kann vom globalen oder SharePoint-Administrator sowie vom Websitesammlungsadministrator ein anderer *Besitzer* zugeordnet werden. Diese Mitarbeitenden erhalten dann die Vollzugriffsrechte auf die Websites und deren Inhalte. Ein *Besitzer* einer Website kann beispielsweise eigenverantwortlich weitere Personen berechtigen, Bibliotheken und Listen anlegen und diese auch löschen.

Während dem *globalen* und *SharePoint-Administrator* oder dem *Websitesammlungsadministrator* keinerlei Rechte entzogen werden können, können die Rechte der *Besitzer* vom Administrator angepasst und somit geändert oder auch entzogen werden.

Hinweise zu den Berechtigungen in SharePoint Server und SharePoint Online finden Sie in Kapitel 4.

Kapitel 4
Berechtigungen

Die Berechtigungen für SharePoint Server und SharePoint Online in Kombination mit Microsoft 365 unterscheiden sich grundsätzlich. Das liegt daran, dass in SharePoint Online mit Microsoft 365 immer verschiedene Serverdienste automatisch aktiviert werden, was beim SharePoint Server nicht der Fall ist. Die Rechtevergabe in SharePoint Online mit Microsoft 365 sollte immer nur in der Microsoft-365-Gruppe bzw. der Teams-App vorgenommen werden und nicht in SharePoint. Da der SharePoint Server nicht in Verbindung mit einer Microsoft-365-Gruppe steht, greifen beim Server ganz andere Technologien, die die reinen SharePoint-Funktionalitäten und Berechtigungen bereitstellen.

Nehmen Sie sich immer genügend Zeit, um die Berechtigungen festzulegen.

Berechtigungen für SharePoint-Websites

SharePoint-Websites unterscheiden sich auch in den Berechtigungen. Die moderne Teamwebsite in SharePoint Online steht immer in Verbindung mit einer Microsoft-365-Gruppe, und es greifen hier die Gruppenberechtigungen aus Microsoft 365.

Es gibt aber auch in SharePoint Online Websites, die keiner Microsoft-365-Gruppe zugeordnet sind, deshalb greifen dann die reinen SharePoint-Berechtigungen. Folgende Websites stehen nicht in Verbindung mit einer Microsoft-365-Gruppe:

- Kommunikationswebsites

- alle SharePoint-Server-Websitevorlagen

- alle Unterwebsites

- moderne Teamwebsites, die explizit ohne Verbindung zu einer Microsoft-365-Gruppe vom Administrator in SharePoint Online angelegt werden

Berechtigungen in SharePoint Online mit Microsoft 365

Wenn Ihre Teamwebsite in Verbindung mit Microsoft Teams steht, vergeben Sie die Berechtigungen immer nur in der Teams-App.

Wenn Sie in Microsoft Teams ein Team besitzen und die Teamwebsite für die Zusammenarbeit an Dateien verwenden, ist es wichtig, dass Sie die Berechtigungen über Teams steuern. Wenn Sie jedoch Personen der Teamwebsite als Besitzer, Mitglied oder Besucher hinzufügen, haben diese Personen keine Zugriffsrechte auf Teams oder andere Gruppenressourcen der Microsoft-365-Gruppe. Gibt es dagegen einen Anwendungsfall, bei dem Sie bestimmte Personen zum Beispiel nur zum Lesen auf der Teamwebsite berechtigen möchten, ohne dass sie auf Teams, Planner oder die Outlook-Gruppenressourcen zugreifen sollen, können Sie die Berechtigung auf der Teamwebsite vornehmen. Beachten Sie dann, dass diese Personen auf alle Inhalte, die in der Teamwebsite gespeichert sind, zugreifen können, also auch auf das OneNote-Notizbuch und alle Inhalte der Dokumentenbibliotheken und Listen. Möchten Sie Berechtigungen direkt auf der Teamwebsite vergeben, klicken Sie oben rechts im Fenster auf die Schaltfläche *Mitglieder* und bei der Kommunikationswebsite auf die Schaltfläche *Teilen*. Wählen Sie die Benutzer- bzw. Sicherheitsgruppe aus und fügen Sie die gewünschten Personen hinzu. Über diese Schaltflächen lassen sich auch vorhandene Benutzer entfernen.

Berechtigungen in der Microsoft-Teams-App vergeben

Als Besitzer eines Teams können Sie Besitzer und Mitglieder hinzufügen.

Wenn Ihre Teamwebsite in Verbindung mit einem Microsoft-Team steht, können Sie in der Teams-App die Berechtigungen erteilen, damit die Benutzer Zugriff auf alle in Teams integrierten Apps und die zugehörige Teamwebsite erhalten.

1. Öffnen Sie die Teams-App und Ihr Team, das Sie freigeben möchten.

2. Klicken Sie links in der Team- und Kanalliste hinter den Teamnamen auf das Menü *Weitere Optionen*, dargestellt durch die drei Punkte.

3. Klicken Sie auf die Option *Mitglieder hinzufügen* (siehe Abbildung 4.1).

4. Klicken Sie in das Eingabefeld *Beginnen Sie, einen Namen oder eine Gruppe einzugeben*. Geben Sie den Namen der Person ein, die Sie berechtigen möchten, und wählen Sie diese Person durch einen Klick aus.

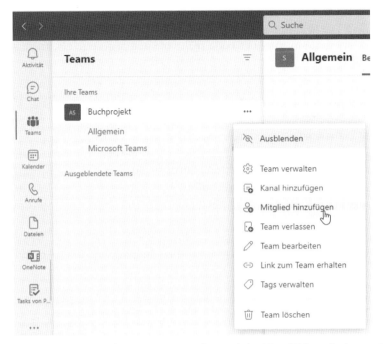

Abbildung 4.1: Hinter dem Teamnamen verbirgt sich das Menü Weitere Optionen, *über das Sie Mitglieder hinzufügen können.*

5. Bestätigen Sie Ihre Auswahl mit einem Klick auf die Schaltfläche **Hinzufügen**.

6. Die Person wird als Mitglied hinzugefügt. Klicken Sie auf das Drop-down-Menü bei **Mitglied** (siehe Abbildung 4.2). Sie können hier zwischen den Benutzerrollen *Besitzer* und *Mitglied* auswählen.

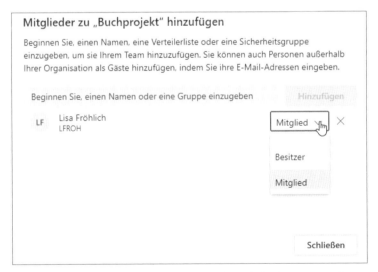

Abbildung 4.2: Beim Hinzufügen von Benutzern kann direkt die Benutzerrolle ausgewählt werden.

Wenn Sie die Person hinzugefügt und eine Rolle zugeordnet haben, schließen Sie den Dialog. Der Benutzer wurde der Microsoft-365-Gruppe und somit der SharePoint-Teamwebsite hinzugefügt und erhält eine automatisierte Nachricht über die Freigabe.

Berechtigungen in der Teams-App entfernen

1. Zum Entfernen von Berechtigungen öffnen Sie die Teams-App.
2. Klicken Sie links in der Team- und Kanalliste hinter den Teamnamen auf das Menü **Weitere Optionen**, dargestellt durch die drei Punkte.
3. Wählen Sie die Option **Team verwalten**.
4. Im Register **Mitglieder** (siehe Abbildung 4.3) finden Sie unten den Bereich *Mitglieder und Gäste*.
5. Klicken Sie dort auf das **X** hinter dem Benutzernamen der Person, der Sie die Berechtigungen entziehen möchten. Die Berechtigung wird direkt entzogen.

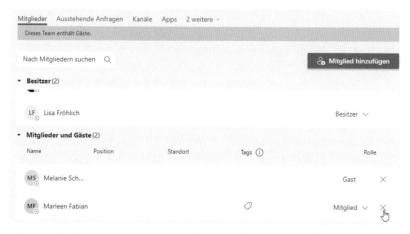

Abbildung 4.3: Durch das Entfernen einer Person aus Teams wird der Zugriff auf die Teamwebsite und alle anderen Ressourcen gelöscht.

Berechtigungen auf dem SharePoint Server

Administratoren oder ein automatisierter Beantragungsprozess können Websitesammlungen anlegen.

Sobald eine Websitesammlung automatisiert erstellt wurde, sind zunächst die Website-Besitzer berechtigt. Werden bei Ihnen Websitesammlungen vom Administrator angelegt, sind nur die Websitesammlungsadministratoren mit Vollzugriffsrechten für die Websitesammlung berechtigt. Es verfügt noch keine weitere Person Ihres Unternehmens über irgendwelche Zugriffsrechte auf die Websitesammlung. Erst wenn die Websitesammlungsadministratoren weitere Berechtigungen erteilen, können weitere Personen auf die jeweilige Websitesammlung zugreifen.

Bei der Bereitstellung einer Websitesammlung werden von SharePoint automatisch drei SharePoint-Gruppen angelegt. Diese unterscheiden sich in den jeweiligen Rechten, die über sogenannte Berechtigungsstufen geregelt werden.

So kann die SharePoint-Gruppe *Besucher* beispielsweise nur Inhalte der Websitesammlung lesen, während die SharePoint-Gruppe *Besitzer* über Vollzugriffsrechte verfügt und die SharePoint-Gruppe *Mitglieder* innerhalb der Websitesammlung Informationen erstellen, ändern oder löschen darf. Auch wenn die SharePoint-Gruppen automatisch einer Websitesammlung hinzugefügt werden, sind diesen Gruppen noch keine Benutzer zugeordnet.

Berechtigungsstufen sind den jeweiligen SharePoint-Gruppen zugewiesen.

Erst durch das Hinzufügen von Benutzern innerhalb einer SharePoint-Gruppe können diese Personen mit den jeweiligen Rechten auf die Websitesammlung zugreifen.

Verfügt ein Unternehmen zusätzlich über einen Microsoft-Active-Directory-Server, so werden über diesen sogenannte Active-Directory-Gruppen, auch AD-Gruppen genannt, angelegt und administriert. Sie kennen diese Gruppen gegebenenfalls aus Outlook, wenn Sie beispielsweise auf eine von der IT erstellte Verteilerliste zugreifen. Eine AD-Gruppe ist meistens eine Abteilungs- und Projektgruppe, der die jeweiligen Mitarbeitenden der Abteilung oder des Projekts zugeordnet werden. Damit lassen sich serverseitig schnell Zugriffsrechte für eine Personengruppe auf bestimmte Netzlaufwerke zuordnen. Wenn jetzt eine Mitarbeiterin oder ein Mitarbeiter die Abteilung wechselt oder gar das Unternehmen verlässt, kann diese Person schnell über die Servereingabemaske einer anderen Abteilung zugeordnet oder für den Zugriff auf die Netzlaufwerke und den Exchange-Server und damit auf ihr E-Mail-Postfach gesperrt werden. Diese Vorgehensweise ist übersichtlich und wohl die sinnvollste Möglichkeit, Berechtigungen zu verwalten und zu steuern. Nun verfügt SharePoint selbst über eigene Berechtigungsgruppen und es stellt sich die Frage, wie das alles funktionieren soll, ohne dass Chaos bei der Rechtevergabe entsteht. Alle Berechtigungen sollten dann standardmäßig zentral in der IT-Abteilung über die AD-Gruppen administriert und in SharePoint integriert werden, das würde heißen, dass die IT-Abteilung die Berechtigungen so weit festlegt, dass alle Mitarbeitenden in den AD-Gruppen erfasst werden.

Angenommen, im SharePoint-Portal gibt es eine Projektgruppe, die aus Mitarbeitenden verschiedener Abteilungen besteht. Für diese Projektgruppe sollte eine eigene AD-Gruppe erstellt und die Personen sollten der Gruppe zugewiesen werden. Die AD-Gruppe kann dann einer der drei SharePoint-Gruppen zugewiesen werden. Sollen die Projektmitglieder Informationen bereitstellen, ändern oder auch löschen dürfen, so wird die AD-Gruppe der SharePoint-Gruppe *Mitglieder* hinzugefügt. Das bedeutet, dass die IT-Abteilung diese Anforderungen dann auch annehmen und den Benutzern schnell die AD-Gruppe zur Verfügung stellen muss. Hier muss es eine klare Absprache zwischen Vorgesetzten, der IT und den Mitarbeitenden geben.

Wurde die Absprache mit allen Beteiligten so getroffen, dass Sie für bestimmte Bereiche wie Websites, Bibliotheken oder Listen keine AD-Gruppen verwenden und einzelne Personen einer SharePoint-Gruppe hinzufügen dürfen, so ist das auch möglich. Zu beachten ist jedoch, dass keine Mischung aus AD-Gruppen und Berechtigungen einzelner Personen in SharePoint-Gruppen zustande kommt, sonst können gewünschte Zugriffsrechte gegebenenfalls durch eine der Gruppen ungewollte Berechtigungen hervorrufen. Wenn Sie beispielsweise einzeln hinzugefügten Benutzern das Zugriffsrecht auf einer Website innerhalb einer SharePoint-Gruppe entziehen und diese Benutzer aber weiterhin die Website aufrufen

Fügen Sie keine Active-Directory-Gruppen und zusätzlich einzelne Personen einer SharePoint-Gruppe hinzu.

und sehen können, dann liegt es daran, dass sie einer AD-Gruppe zugewiesen sind, die in einer SharePoint-Gruppe noch vorhanden ist. Sie müssen also wissen, welche Benutzer einer AD-Gruppe zugewiesen sind.

Hinweis	Die Berechtigungen sollten nur über die SharePoint-Berechtigungsgruppen vergeben werden. Individuelle Berechtigungen auf Inhalte innerhalb einer Websitesammlung können schnell zum Chaos führen und sind teilweise sehr zeitaufwendig und kostenintensiv zu überprüfen oder zu korrigieren. Sorgen Sie für eine klare Absprache mit Vorgesetzten und der IT-Abteilung, wie das Berechtigungskonzept gelebt werden soll. Ist das nicht möglich, erstellen Sie für sich eine kleine Dokumentation, wen Sie wo berechtigt haben. Ihre Berechtigungsvergabe könnten Sie als benutzerdefinierte Liste auf Ihrer Websitesammlung hinterlegen und über ein Formular schnell erfassen. Damit behalten Sie für Ihren Bereich immer den Überblick und können schnell handeln.

SharePoint-Berechtigungsstufen und Benutzerberechtigungen

Berechtigungs-stufen steuern die Benutzerberech-tigungen.

Standardmäßig stellt SharePoint fünf unterschiedliche Berechtigungsstufen mit unterschiedlichen Berechtigungen zur Verfügung. Einige Berechtigungsstufen und die damit verbundenen Benutzerberechtigungen lassen sich ändern oder anpassen. Es ist jedoch davon abzuraten, die vorhandenen Berechtigungsstufen anzupassen oder zu ändern. Es empfiehlt sich bei Bedarf, jeweils für die Benutzerberechtigungen eigene Berechtigungsstufen anzulegen. Beachten Sie, dass Sie mindestens die Rolle des Websitesammlungsadministrators besitzen müssen, um Berechtigungsstufen zu ändern oder zu erstellen.

Fehlen Berechtigun-gen, erstellen Sie eine neue Berechti-gungsstufe.

Sie können beim Anlegen einer Berechtigungsstufe aus 32 von SharePoint mitgelieferten Benutzerberechtigungen auswählen und diese festlegen. Wenn beispielsweise bestimmte Mitarbeitende Dokumente öffnen, lesen und bearbeiten, diese jedoch nicht löschen dürfen, können Sie für diese Benutzerberechtigungen eine eigene entsprechende Berechtigungsstufe anlegen.

Standardberechtigungsstufen

Standardberechtigungsstufen werden von SharePoint Server mitgeliefert und unterscheiden sich in den Versionen. Der SharePoint Server verfügt über mehr Berechtigungsstufen als die SharePoint-Online-Version.

Die Berechtigungsstufe »Beschränkter Zugriff«

Durch die Freigabe einzelner Doku-mente wird diese Berechtigungsstufe automatisch vom Server erstellt.

Durch die Berechtigungsstufe *Beschränkter Zugriff* können Mitarbeitende nur auf die für sie freigegebenen Websiteelemente innerhalb einer Website zugreifen. Die Berechtigungen liegen dann individuell auf Listen, Bibliotheken oder sogar auf Element- oder Dokumentebene. Damit werden den berechtigten Personen nur die Elemente einer Website angezeigt, für die sie beschränkten Zugriff besitzen. Wird bei ihnen diese Berechtigungsstufe angezeigt, so wurde diese Berechtigungsstufe automatisch hinzugefügt, als eine Person für eine bestimmte Bibliothek, Liste, Dokument- oder Elementebene berechtigt wurde. Beschränken Sie grundsätzlich nicht den Zugriff auf einzelne Bibliotheken, Listen, Elemente oder Dokumente. Denken Sie daran, dass eine derartige Berechtigungsvergabe in mehreren Monaten nicht mehr nachvollziehbar ist.

Die Berechtigungsstufe »Lesen«

Die Berechtigungsstufe *Lesen* eignet sich für Mitarbeitende Ihres Unternehmens, die Zugriffsrechte auf bestimmte Websites erhalten und nur Informationen abrufen sollen. Personen, die diese Berechtigungsstufe besitzen, können die für sie freigegebenen Websites öffnen und ihre Inhalte anzeigen und lesen, jedoch keine Inhalte verändern oder löschen. Zusätzlich dürfen Mitarbeitende dieser Berechtigungsstufe Benachrichtigungen auf Listen-, Bibliotheks- und Dokumentebene erstellen.

Besucher der Website sollen alle Inhalte lesen können.

Die Berechtigungsstufe »Mitwirken«

Mitarbeitende, die diese Berechtigungsstufe erhalten, können die für sie freigegebenen Websites, Bibliotheken und Listen öffnen und die Inhalte lesen, ändern und löschen. Auch neue Elemente und Dokumente können Personen mit dieser Berechtigungsstufe innerhalb der Listen und Bibliotheken erstellen oder hinzufügen. Sie sind berechtigt, eigene, persönliche Ansichten innerhalb der Bibliotheken und Listen zu erstellen. Jedoch dürfen sie keine neuen Bibliotheken, Listen oder Websitespalten erstellen und der Website hinzufügen. Diese Berechtigungsstufe eignet sich, wenn Mitarbeitende auf einer Website Informationen bereitstellen oder abrufen müssen.

Mitglieder der Website können keine neuen Listen und Bibliotheken erstellen.

Die Berechtigungsstufe »Entwerfen«

Diese Berechtigungsstufe eignet sich für Mitarbeitende, die auf den für sie freigegebenen Websites weitere Bibliotheken und Listen sowie Ansichten und Websitespalten erstellen und hinzufügen sollen. Auch die Anpassung der Website und die Anordnung der vorhandenen Listen und Bibliotheken der Website dürfen Personen dieser Berechtigungsstufe vornehmen.

Nur Besitzer sollten die Website weiter ausstatten und die Website anpassen.

Die Berechtigungsstufe »Genehmigen«

Diese Berechtigungsstufe steht nicht in allen SharePoint-Versionen zur Verfügung. Diese Berechtigungsstufe ist notwendig, wenn Informationen auf einer Website von Mitarbeitenden bereitgestellt werden und diese Informationen durch festgelegte Personen geprüft und genehmigt werden sollen. Erst nach der Genehmigung werden die Informationen im Portal veröffentlicht und sind für den Rest der Belegschaft sichtbar.

Nur Inhaltsveröffentlichungen müssen genehmigt werden.

Die Berechtigungsstufe »Hierarchie verwalten«

Diese Berechtigungsstufe wird nur angezeigt, wenn der Administrator weitere Features aktiviert hat.

Wird die Berechtigungsstufe *Hierarchie verwalten* angezeigt, so haben diese Mitarbeitenden das Recht, eigenständig Websites und Seiten zu erstellen. Zusätzlich können diese Mitarbeitende Elemente und Dokumente in Listen und Bibliotheken bearbeiten und sie dürfen diese Inhalte verschieben und löschen. Diese Berechtigungsstufe steht nicht in allen SharePoint-Versionen zur Verfügung und wird nach der Aktivierung von Websitesammlungsfeatures automatisch erstellt.

Die Berechtigungsstufe »Eingeschränkter Lesezugriff«

Wo genau wurde etwas auf der Website für Benutzer außerhalb des Teams freigegeben?

Personen mit dieser Berechtigungsstufe dürfen Inhalte aus den für sie freigegebenen Websites anzeigen und lesen. Sie erhalten jedoch keine Informationen bezüglich der Dokumenteigenschaften oder einer Dokumentversion, auch bleiben diesen Personen Informationen zu den jeweiligen Benutzerrechten an der Website oder dem Inhalt verborgen. Diese Berechtigungsstufe wird von SharePoint automatisch vergeben, sobald ein Benutzer für nur eine Bibliothek, Liste oder ein einzelnes Dokument berechtigt wurde.

Die Berechtigungsstufe »Vollzugriff«

Diese Berechtigungsstufe benötigen Besitzer, um reibungslos mit dem Team zusammenzuarbeiten.

Diese Berechtigungsstufe beinhaltet alle vorherigen Berechtigungen und ist geeignet für Mitarbeitende, die eigenverantwortlich ihre Websites erstellen, aufbauen und verwalten sollen. Personen, die diese Berechtigungsstufe besitzen, können die für sie freigegebene Website verwalten und löschen. Auch weitere Websites, Bibliotheken und Listen dürfen erstellt, verwaltet und gelöscht werden.

Eine Berechtigungsstufe anlegen

Auf Unterwebsites können keine Berechtigungsstufen angelegt werden.

Wenn Sie individuelle und eigene Berechtigungen einer Benutzergruppe zuweisen möchten, so legen Sie zuerst immer die Berechtigungsstufe an. Die Anlage von Berechtigungsstufen erfolgt auf der Website der obersten Ebene. Sie müssen die Rolle des Websitesammlungsadministrators besitzen, um Berechtigungsstufen zu erstellen. Falls Sie nicht berechtigt sind, auf der obersten Websiteebene Änderungen vorzunehmen, so beauftragen Sie den SharePoint-Administrator. In diesem Beispiel möchte ich eine Berechtigungsstufe anlegen, die Benutzern erlaubt, Dokumente und Elemente in SharePoint zu öffnen, zu bearbeiten und zu speichern. Jedoch dürfen die Benutzer keine Dokumente oder Elemente löschen.

Berechtigungen mit SharePoint Server öffnen

1. Wechseln Sie auf die Website der obersten Ebene.
2. Öffnen Sie das Menü *Einstellungen* über das Zahnradsymbol am oberen rechten Bildschirmrand.
3. Klicken Sie auf den Befehl *Websiteeinstellungen*.
4. In den Websiteeinstellungen klicken Sie in der Kategorie *Benutzer und Berechtigungen* auf den Link *Websiteberechtigungen* (siehe Abbildung 4.4).

Websiteeinstellungen

Benutzer und Berechtigungen
Benutzer und Gruppen
Websiteberechtigungen
Websitesammlungsadministratoren
Website-App-Berechtigungen

Abbildung 4.4: Die Kategorie Benutzer und Berechtigungen *in den Websiteeinstellungen von SharePoint Server*

5. Weiter geht es im nächsten Abschnitt.

Eine neue Berechtigungsstufe erstellen

1. Klicken Sie im Register *Berechtigungen* in der Gruppe *Verwalten* auf die Schaltfläche **Berechtigungsstufen** (siehe Abbildung 4.5). Ihnen werden auf der nachfolgenden Seite alle vorhandenen Berechtigungsstufen angezeigt.

Abbildung 4.5: Das Register Berechtigungen *mit der Befehlsgruppe* Verwalten

2. Klicken Sie oben in der Seite auf den Link **Berechtigungsstufe hinzufügen** (siehe Abbildung 4.6). Ihnen werden nun die 32 möglichen Berechtigungen angezeigt. Die Berechtigungen sind jeweils in die drei Gruppen *Listenberechtigungen*, *Websiteberechtigungen* und *Persönliche Berechtigungen* unterteilt.

Abbildung 4.6: Der Link Berechtigungsstufe hinzufügen. *Wenn dieser Link bei Ihnen nicht angezeigt wird, besitzen Sie nicht die Berechtigung, eigene Stufen anzulegen.*

3. Im Bereich *Name und Beschreibung* (siehe Abbildung 4.7) klicken Sie in das Eingabefeld **Name** und schreiben folgenden Text: »Elemente öffnen und bearbeiten«.

4. Schreiben Sie im Eingabefeld *Beschreibung*: »Diese Berechtigungsstufe erlaubt Benutzern das Öffnen und das Bearbeiten von Dokumenten und Elementen. Die Benutzer dürfen jedoch keine Elemente löschen.«

5. Aktivieren Sie in der Gruppe *Listenberechtigungen* das Kontrollkästchen bei **Elemente hinzufügen – Listen Elemente hinzufügen und Dokumentbibliotheken Dokumente hinzufügen**.

6. Aktivieren Sie direkt darunter das Kontrollkästchen bei **Elemente bearbeiten – Elemente in Listen, Dokumente in Dokumentbibliotheken bearbeiten und Webpartseiten in Dokumentbibliotheken anpassen**. Die drei Kontrollkästchen *Elemente anzeigen*, *Seite anzeigen* und *Öffnen* werden automatisch von SharePoint ausgewählt.

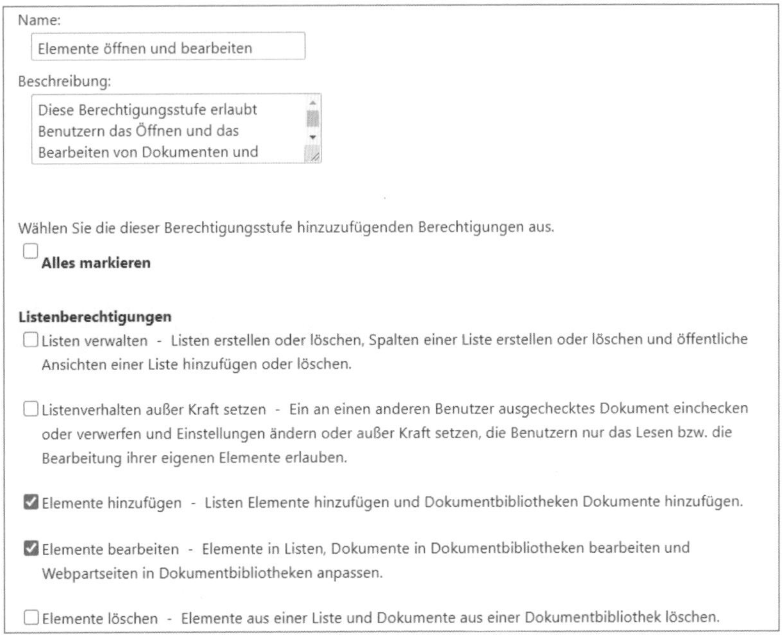

Name:

Elemente öffnen und bearbeiten

Beschreibung:

Diese Berechtigungsstufe erlaubt
Benutzern das Öffnen und das
Bearbeiten von Dokumenten und

Wählen Sie die dieser Berechtigungsstufe hinzuzufügenden Berechtigungen aus.

☐ **Alles markieren**

Listenberechtigungen

☐ Listen verwalten - Listen erstellen oder löschen, Spalten einer Liste erstellen oder löschen und öffentliche Ansichten einer Liste hinzufügen oder löschen.

☐ Listenverhalten außer Kraft setzen - Ein an einen anderen Benutzer ausgechecktes Dokument einchecken oder verwerfen und Einstellungen ändern oder außer Kraft setzen, die Benutzern nur das Lesen bzw. die Bearbeitung ihrer eigenen Elemente erlauben.

☑ Elemente hinzufügen - Listen Elemente hinzufügen und Dokumentbibliotheken Dokumente hinzufügen.

☑ Elemente bearbeiten - Elemente in Listen, Dokumente in Dokumentbibliotheken bearbeiten und Webpartseiten in Dokumentbibliotheken anpassen.

☐ Elemente löschen - Elemente aus einer Liste und Dokumente aus einer Dokumentbibliothek löschen.

Abbildung 4.7: Das Erstellen und Festlegen von Berechtigungen einer Berechtigungsstufe

7. Navigieren Sie ganz nach unten auf der Seite und bestätigen Sie Ihre Eingaben und Ihre Auswahl mit einem Klick auf die Schaltfläche **Erstellen**. Damit haben Sie die Berechtigungsstufe angelegt und sie steht Ihnen nun zur Verfügung (siehe Abbildung 4.8).

✎ LINKS BEARBEITEN

Berechtigungen › Berechtigungsstufen ⓘ

🗐 Berechtigungsstufe hinzufügen | ✖ Ausgewählte Berechtigungsstufen löschen

	Berechtigungsstufe	Beschreibung
☐	Vollzugriff	Verfügt über Vollzugriff.
☐	Entwerfen	Kann anzeigen, hinzufügen, aktualisieren, löschen, genehmigen und anpassen.
☐	Bearbeiten	Kann Listen hinzufügen, bearbeiten und löschen; kann Listenelemente und Dokumente anzeigen, hinzufügen, aktualisieren und löschen.
☐	Mitwirken	Kann Listenelemente und Dokumente anzeigen, hinzufügen, aktualisieren und löschen.
☐	Lesen	Kann Seiten und Listenelemente anzeigen und Dokumente herunterladen.
☐	Elemente öffnen und bearbeiten	Diese Berechtigungsstufe erlaubt Benutzern das Öffnen und das Bearbeiten von Dokumenten und Elementen. Die Benutzer dürfen jedoch keine Elemente löschen.

Abbildung 4.8: Die neue Berechtigungsstufe wird am Ende der vorhandenen Berechtigungsstufen aufgelistet.

Hinweis	Zum Löschen einer Berechtigungsstufe wählen Sie die Stufe in den Web-siteeinstellungen/Websiteberechtigungen/Berechtigungsstufen aus und klicken dann auf den Link ***Ausgewählte Berechtigungsstufen löschen***.

Im nächsten Schritt erfahren Sie mehr über die Benutzergruppen. Danach können Sie einer Benutzergruppe die Berechtigungsstufe zuweisen.

Die Benutzergruppen

Werden mehr Benutzergruppen angezeigt, wurden bei Ihnen weitere Features aktiviert. SharePoint liefert bereits vordefinierte Standardbenutzergruppen, denen jeweils verschiedene Berechtigungsstufen zugewiesen sind. Mit diesen Berechtigungsgruppen lassen sich innerhalb der Websitesammlung schnell Berechtigungen vergeben. Werden auf der Website der obersten Ebene diese Standardbenutzergruppen verwendet und diesen beispielsweise Active-Directory-Gruppen oder einzelne Personen hinzugefügt, so vererbt sich diese Benutzerberechtigung auf alle weiteren Websites der Websitesammlung. Sie können auch eigene Benutzergruppen anlegen und eigene Berechtigungsstufen zuweisen. Nachfolgende Benutzergruppen werden standardmäßig von SharePoint mitgeliefert.

Die Benutzergruppe »Besucher«

Diese Benutzergruppe besitzt die Berechtigungsstufe *Lesen*. Weisen Sie ihr AD-Gruppen oder einzelne Personen hinzu, wenn diese im Portal lesen dürfen.

Besucher können alle Inhalte der Website lesen.

Die Benutzergruppe »Mitglieder«

Personen oder Gruppen, die Sie dieser Benutzergruppe zuweisen, erhalten die Berechtigungsstufe *Mitwirken*.

Die Benutzergruppe »Besitzer«

Diese Benutzergruppe besitzt die Berechtigungsstufe *Vollzugriff*. Weisen Sie dieser Benutzergruppe Gruppen und Personen hinzu, die eigenverantwortlich für Websites und deren Inhalte zuständig sein sollen. Beachten Sie jedoch, dass bei Zuweisung der Benutzergruppe *Besitzer* auf der Website der obersten Ebene diese Personen Vollzugriffsrechte auf alle weiteren Websites innerhalb der Websitesammlung erhalten, da SharePoint die Berechtigungen nach unten vererbt.

Es sollte für eine SharePoint-Website mindestens zwei Besitzer geben.

Die Benutzergruppe »Genehmigende Personen«

Benutzer und Gruppen dieser Benutzergruppe können Websiteinhalte genehmigen, bevor die Inhalte auf bestimmten Websites für die Belegschaft veröffentlicht werden. Diese Berechtigungsgruppe steht nicht in allen SharePoint-Versionen zur Verfügung.

Die Benutzergruppe »Hierarchie-Manager«

Personen und Gruppen dieser Benutzergruppe dürfen eigenständig Websites und Seiten erstellen, Elemente und Dokumente in Listen und Bibliotheken bearbeiten und Inhalte verschieben und löschen. Diese Berechtigungsgruppe steht Ihnen nicht in allen SharePoint-Versionen zur Verfügung.

Die Benutzergruppe »Personen mit eingeschränkten Leserechten«

Personen und Gruppen, die dieser Benutzergruppe gegebenenfalls automatisch zugewiesen wurden, dürfen nur Inhalte aus den für sie freigegebenen Websites anzeigen und lesen.

Hinweis	Weisen Sie Personen oder Active-Directory-Gruppen einer oder mehreren Benutzergruppen auf der Website der obersten Ebene zu, so werden diese Berechtigungen auf alle untergeordneten Websites und Inhalte vererbt. Nur durch eine Unterbrechung der Vererbung und durch die Vergabe eigener Berechtigungen erfolgt keine Weitergabe der Berechtigungen. Beachten Sie die Berechtigungsvererbung auch unbedingt bei der Konzeption der Websitestruktur.

Eine Benutzergruppe anlegen und eine Berechtigungsstufe hinzufügen

Ändern Sie keine vorhandenen Gruppen. Legen Sie besser neue Benutzergruppen an. Sie können diese Aufgabe über die Website der obersten Ebene vornehmen.

Berechtigungen öffnen

1. Wechseln Sie auf die Website der obersten Ebene.
2. Öffnen Sie das Menü *Einstellungen* über das Zahnradsymbol am oberen rechten Bildschirmrand.
3. Wählen Sie den Eintrag *Websiteinformationen* und dann die *Websiteeinstellungen* aus.
4. In den Websiteeinstellungen klicken Sie in der Kategorie *Benutzer und Berechtigungen* auf den Link *Websiteberechtigungen*.
5. Im nächsten Abschnitt geht es weiter.

SharePoint-Gruppe anlegen

1. Klicken Sie im Register *Berechtigungen* in der Gruppe *Erteilen* auf die Schaltfläche *Gruppe erstellen* (siehe Abbildung 4.9).
2. Tippen Sie im Bereich *Namen und Beschreibung* in das Eingabefeld *Namen* und schreiben Sie »Mitarbeiter ohne Löschrechte«.
3. Klicken Sie danach in das Eingabefeld *Über mich* und beschreiben Sie die Gruppe wie folgt: »Diese Benutzergruppe besitzt keine Löschrechte. Benutzer dieser Gruppe können Dokumente öffnen und bearbeiten.«

Abbildung 4.9: Die Schaltfläche Gruppe erstellen im Register Berechtigungen

Im Bereich *Besitzer* wurden Sie automatisch als *Gruppenbesitzer* hinzugefügt. Diese Einstellung sollten Sie ändern, denn sonst können nur Sie Benutzer zur Gruppe hinzufügen. Andere Besitzer Ihrer Website können während Ihrer Abwesenheit keine Personen hinzufügen.

4. Im Bereich *Gruppeneinstellungen* können Sie festlegen, ob die Mitglieder dieser Gruppe angezeigt werden und wer die Mitgliedschaft sehen darf. Übernehmen Sie in diesem Beispiel die vorgegebenen Einstellungen.

5. Wenn Ihr System für das Senden und Empfangen von E-Mails eingerichtet ist, können Sie im Bereich *Mitgliedschaftsanforderungen* die Option *Anforderungen zur Aufnahme/zum Verlassen dieser Gruppe zulassen?* auf *Ja* setzen. Diese Option legt fest, dass ein Benutzer im Browserfenster eine E-Mail-Nachricht senden kann, wenn ihm der Zugriff auf eine bestimmte Website verweigert wird und er den Zugriff beantragen möchte.

6. Legen Sie direkt danach die E-Mail-Adresse fest, an welche diese Zugriffsanforderung gesendet werden soll.

7. Navigieren Sie weiter nach unten zu dem Bereich *Dieser Website Gruppenberechtigungen erteilen* und wählen Sie dort die Berechtigungsstufe **Elemente öffnen und bearbeiten** aus. Diese Berechtigungsstufe haben wir im Abschnitt »Eine Berechtigungsstufe anlegen« auf Seite 90 angelegt.

8. Bestätigen Sie Ihre Eingaben mit einem Klick auf die Schaltfläche **Erstellen**. Die Gruppe wurde nun angelegt und Sie können Active-Directory-Gruppen oder Personen der Gruppe hinzufügen.

9. Klicken Sie gegebenenfalls auf den Link des Gruppennamens **Mitarbeiter ohne Löschrechte** (siehe Abbildung 4.10).

Abbildung 4.10: Der neuen Benutzergruppe können nun AD-Gruppen und Personen hinzugefügt werden.

10. Klicken Sie in der angezeigten Symbolleiste auf den Drop-down-Pfeil der Schaltfläche **Neu** (siehe Abbildung 4.11).

11. Klicken Sie auf den Befehl **Benutzer hinzufügen | Dieser Gruppe Benutzer hinzufügen**.

Abbildung 4.11: Über die Symbolleiste Neu *können Benutzer hinzugefügt werden.*

12. Fügen Sie nun die gewünschten Gruppen oder Benutzer hinzu.

13. Verwenden Sie die Schaltfläche **Aktionen**, um beispielsweise Gruppen oder Benutzer aus einer SharePoint-Gruppe zu entfernen.

Zugriffsrechte auf Bibliotheks-, Listen- und Elementebene

Versuchen Sie, die Zugriffsrechte auf Website- oder Bibliotheksebene zu halten.

Durch das Vererbungsprinzip von SharePoint bestehen die Zugriffsrechte der Benutzergruppen auch in Bibliotheken und Listen. Sie können innerhalb von Listen und Bibliotheken eigene Berechtigungen erteilen oder vorhandene Berechtigungen entziehen. Beachten Sie jedoch immer, dass diese Berechtigungen unübersichtlich und später nicht immer nachvollziehbar sein können. Sie können die Berechtigungen jeweils innerhalb der Bibliothek- oder Listeneinstellungen vornehmen. Zusätzlich können Sie nach der Auswahl eines Elements innerhalb einer Bibliothek oder Liste entsprechend Berechtigungen auf Elementebene erteilen.

Berechtigungen auf einer SharePoint-Server-Team- oder -Kommunikationswebsite festlegen

Berechtigungen können vergeben und geändert werden.

Wenn Ihnen oder Ihren Teamkollegen der Zugriff auf Inhalte Ihres SharePoint-Portals verweigert wird, liegt es meistens an den fehlenden Rechten. Auch wenn Sie auf einer SharePoint-Website arbeiten und Ihnen bestimmte Schaltfläche oder Auswahlmöglichkeiten ausgegraut oder nicht angezeigt werden, liegt es häufig an fehlenden Rechten.

Fehlende Berechtigungen für Teammitglieder führen zu Frust.

Wenn Sie oder Ihre Kollegen unterschiedliche Suchergebnisse erhalten, wenn Sie nach identischen Inhalten im Portal suchen, liegt es meist an den Berechtigungen der jeweiligen Quellen im Portal. Nur Personen mit der SharePoint-Gruppe Besitzer und Administratoren einer Website können Berechtigungen und Freigaben auf der jeweiligen Website festlegen. Deshalb ist es wichtig, dass es mindestens zwei Besitzer gibt, die jederzeit weitere Personen berechtigen können. Nachfolgende Schritte sind notwendig, um Berechtigungen auf Ihrer Team- oder Kommunikationswebsite zu erteilen.

1. Öffnen Sie Ihre SharePoint-Server-Team- oder -Kommunikationswebsite.

2. Öffnen Sie die **Einstellungen** der Website über das Zahnradsymbol.

3. Klicken Sie auf **Websiteinformationen** und dann auf den Link **Alle Website-einstellungen anzeigen**.

4. Klicken Sie in der Kategorie *Benutzer und Berechtigungen* auf den Link **Website-berechtigungen**.

5. Klicken Sie auf den Namen der angezeigten SharePoint-Gruppe, der Sie einen oder mehrere Benutzer hinzufügen möchten.

6. Klicken Sie in der Menüleiste auf die Schaltfläche **Neu** (siehe Abbildung 4.12) und wählen Sie **Benutzer hinzufügen | Dieser Gruppe Benutzer hinzufügen**.

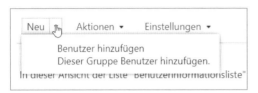

Abbildung 4.12: Die Schaltfläche Neu *zum Hinzufügen von Benutzern zu einer SharePoint-Gruppe*

7. Klicken Sie in das Eingabefeld *Geben Sie hier Namen, E-Mail-Adresse oder „Jeder" ein*.

8. Geben Sie den Vor- oder Nachnamen der Person ein, die Sie berechtigen möchten. Ihnen wird das Verzeichnis (siehe Abbildung 4.13) angezeigt und Sie können aus den Vorschlägen auswählen.

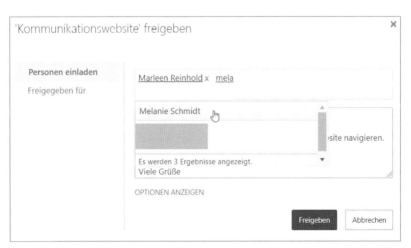

Abbildung 4.13: Die Auswahl einer Person und die Liste mit Vorschlägen

9. Klicken Sie in das Feld **Fügen Sie dieser Einladung eine persönliche Nachricht hinzu (optional)** und schreiben Sie einen kurzen Text, worum es bei dieser Einladung geht. Nicht jeder Nutzer versteht die E-Mail, die vom Share-Point generiert wird.

10. Bestätigen Sie Ihre Auswahl und Ihre Eingabe mit einem Klick auf die Schaltfläche **Freigeben**. Die eingeladene Person wird der SharePoint-Gruppe hinzugefügt und erhält eine E-Mail-Benachrichtigung mit Ihrer persönlichen Nachricht und einem Link zur Website.

Berechtigungen über die SharePoint-Server-Team- oder Kommunikationswebsite teilen

Verwenden Sie immer SharePoint-Gruppen beim Teilen einer Team- oder Kommunikationswebsite.

Sie können auf den Team- und Kommunikationswebsites mithilfe der Schaltfläche *Teilen* die jeweilige Website für andere Personen freigeben und Berechtigungen erteilen. Achten Sie beim Teilen der Website darauf, dass Sie die Personen einer Share-Point-Gruppe zuweisen und nicht nur die Berechtigungsstufe zuweisen, da es sonst zu chaotischen Berechtigungen auf Ihrer Website führen wird.

1. Klicken Sie oben rechts in Ihrer Team- oder Kommunikationswebsite auf die Schaltfläche *Teilen* (siehe Abbildung 4.14).

Abbildung 4.14: Berechtigungen können über die Schaltfläche Teilen *erteilt werden.*

2. Klicken Sie in das Eingabefeld **Geben Sie hier Namen, E-Mail-Adresse oder „Jeder" ein**. Geben Sie den Vor- oder Nachnamen der Person ein, die Sie berechtigen möchten, und wählen Sie die Person aus dem Verzeichnis aus.

3. Klicken Sie in das Feld **Fügen Sie dieser Einladung eine persönliche Nachricht hinzu (optional)** und beschreiben Sie kurz, worum es bei dieser Einladung geht.

4. Klicken Sie auf die Schaltfläche **Optionen anzeigen** und auf das Drop-down-Menü bei *Wählen Sie eine Berechtigungsstufe aus* (siehe Abbildung 4.15).

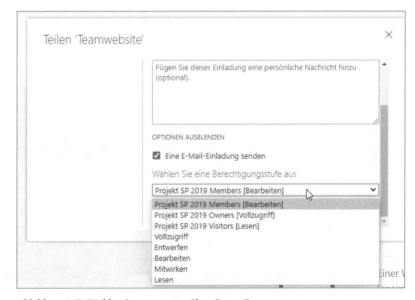

Abbildung 4.15: Wählen Sie immer eine SharePoint-Gruppe aus

5. Achten Sie in diesem Menü immer genau darauf, dass Sie eine Person einer SharePoint-Gruppe zuordnen und nicht eine der Berechtigungsstufen, die hier angezeigt werden.

6. Klicken Sie auf die Schaltfläche *Freigeben*, um die Berechtigung zu erteilen.

Berechtigungen auf der SharePoint-Server-Website entfernen

Möchten Sie vorhandene Berechtigungen entfernen, gehen Sie wie folgt vor:

1. Öffnen Sie Ihre SharePoint-Server-Team- oder -Kommunikationswebsite.

2. Öffnen Sie die *Einstellungen* der Website über das Zahnradsymbol.

3. Klicken Sie auf *Websiteinformationen* und dann auf den Link *Alle Website-einstellungen anzeigen*.

4. Klicken Sie in der Kategorie *Benutzer und Berechtigungen* auf den Link *Website-berechtigungen*.

5. Klicken Sie auf den Namen der angezeigten SharePoint-Gruppe, in der sich die Person befindet, der Sie die Zugriffsrechte entziehen möchte.

6. Wählen Sie die Person aus, indem Sie vor ihren Namen klicken.

7. Klicken Sie in der Menüleiste auf die Schaltfläche *Aktionen* und wählen Sie dort *Benutzer aus Gruppe entfernen*.

8. Bestätigen Sie das Entfernen des Benutzers.

Berechtigungen aus Bibliotheken oder Listen entfernen

In diesem Beispiel möchte ich die Besuchergruppe aus einer Dokumentenbibliothek entfernen, damit nur Teammitglieder und die Besitzer der Website berechtigt sind, auf die Bibliothek zuzugreifen und dort Informationen auszutauschen. Beachten Sie, dass diese Vorgehensweise den SharePoint Server betrifft.

Besucher Ihrer Website sollen die Bibliothek nicht sehen.

1. Wechseln Sie in eine Bibliothek oder Liste, in der Sie die Berechtigungen ändern möchten.

2. Klicken Sie auf das Zahnradsymbol, um die Einstellungen zu öffnen.

3. Wählen Sie den Befehl *Bibliotheks-* oder *Listeneinstellungen*.

4. Klicken Sie in der Kategorie *Berechtigungen und Verwaltung* auf den Link *Berechtigungen für Dokumentbibliothek* oder *Berechtigungen für Liste*.

5. Klicken Sie im Register *Berechtigungen* auf die Schaltfläche *Berechtigungsvererbung beenden* (siehe Abbildung 4.16).

Abbildung 4.16: Die Schaltfläche Berechtigungsvererbung beenden, *damit die übergeordnete Vererbung unterbrochen wird*

6. Bestätigen Sie das nachfolgende Hinweisfenster mit einem Klick auf die Schaltfläche **OK** (siehe Abbildung 4.17).

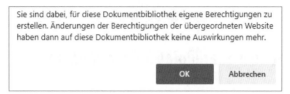

> Sie sind dabei, für diese Dokumentbibliothek eigene Berechtigungen zu erstellen. Änderungen der Berechtigungen der übergeordneten Website haben dann auf diese Dokumentbibliothek keine Auswirkungen mehr.
>
> OK   Abbrechen

Abbildung 4.17: Bestätigen Sie, dass Sie die Vererbung unterbrechen möchten.

7. Nun können Sie die SharePoint-Gruppe auswählen, die Sie von den Berechtigungen in dieser Bibliothek oder Liste ausgrenzen möchten. Achten Sie jedoch darauf, dass Sie nicht die Besitzergruppe auswählen (siehe Abbildung 4.18). So kann es dann sein, dass auch Ihnen die Berechtigung entzogen wird.

8. Klicken Sie anschließend auf die Schaltfläche **Benutzerberechtigungen entfernen**.

9. Bestätigen Sie Ihre Entscheidung im nachfolgenden Dialogfeld mit einem Klick auf die Schaltfläche **Ja**.

Abbildung 4.18: Die SharePoint-Gruppe muss zunächst ausgewählt werden, damit die Berechtigungen für die Bibliothek oder Liste aufgehoben werden können.

Hinweis   Wenn Sie aus einer bestehenden SharePoint-Gruppe Benutzer entfernen, heben Sie die Berechtigungen dieser Benutzer auch übergeordnet für die gesamte Websitesammlung oder Website auf. Möchten Sie die Berechtigungsvererbung der übergeordneten Websitesammlung wiederherstellen, klicken Sie in den Berechtigungen im Register *Berechtigungen* auf die Schaltfläche *Eindeutige Berechtigungen löschen*. Damit werden die übergeordneten Berechtigungen erneut vererbt.

Kapitel 5
Bibliotheken

Auf allen SharePoint-Websites stehen Ihnen für das Speichern von Dateien Bibliotheken zur Verfügung. Standardmäßig wird Ihnen beim Erstellen einer SharePoint-Website immer die Bibliothek *Dokumente* bereitgestellt. Jedoch gibt es auch Anwendungsfälle, in denen weitere Bibliotheken auf einer Website benötigt werden, als Besitzer einer Website können Sie weitere Bibliotheken erstellen und sofort mit Ihren Teammitgliedern verwenden. In einer Bibliothek können Sie Ordner und Dateien neu erstellen oder hochladen. Eine Bibliothek ist eine Art Liste, in der die Ordner und Dateien untereinander dargestellt werden. Eine Bibliothek besitzt immer Spaltenüberschriften, die vom System automatisiert angezeigt und als Eigenschaften oder Metadaten bezeichnet werden. Als Besitzer einer Website können Sie eigene Spalten erstellen, die Sie zum Filtern und Sortieren Ihrer Dateien nutzen können. Durch das Speichern von Dateien in einer SharePoint-Bibliothek ist es technisch möglich, zeitgleich mit anderen Personen an einer einzelnen Office-Datei zu arbeiten. Mithilfe der Bibliothekseinstellungen können Besitzer der Website weitere Konfigurationen wie die Versionierung vor-

Zum Speichern von Dateien in SharePoint werden Bibliotheken verwendet.

nehmen, um Dateien in einer finalen Hauptversion oder in einem Entwurf zu speichern. Zusätzlich lassen sich weitere Einstellungen vornehmen, die Ihre tägliche Arbeit mit Bibliotheken erleichtern können.

Microsoft-Teams-Kanäle verwenden für das Speichern von Inhalten die SharePoint-Bibliotheken. Sie werden also täglich in Bibliotheken arbeiten, um Dateien aufzurufen und zu bearbeiten. Hier eine Kurzanleitung, die Ihnen bestimmte Schritte für die Arbeit mit Bibliotheken erleichtern soll. Beachten Sie, dass alle Einstellungen zu den Bibliotheken in den anderen Kapiteln tiefgehend erklärt werden.

Der Unterschied zwischen klassischen und modernen Bibliotheken

Die moderne Darstellung von Bibliotheken bietet einen leichteren Umgang mit Dateien.

Microsoft bietet zwei Darstellungen einer Dokumentenbibliothek: Sie können eine Bibliothek im klassischen oder im modernen Design anzeigen lassen. Das klassische Design stammt aus der SharePoint-Server-2013-Benutzeroberfläche und ist in der Anwendung im Vergleich zum modernen Design mittlerweile veraltet, da sämtliche Befehle in die moderne Oberfläche integriert wurden. Sie können zwischen dem modernen und klassischen Design wechseln. So kann es vorkommen, dass sich die moderne Darstellung der Dokumentenbibliothek, so wie ich sie im Buch verwende, von dem von Ihnen verwendeten Design unterscheidet. Deshalb beschreibe ich im Folgenden kurz die Unterschiede zwischen den klassischen (siehe Abbildung 5.1) und den modernen Bibliotheken (siehe Abbildung 5.2).

Die klassische Bibliothek besitzt immer zwei Registerreiter, Dateien und Bibliothek. Mit diesen können Befehle zu den jeweiligen Dateien ausgeführt oder die Einstellungen der Bibliothek vorgenommen werden.

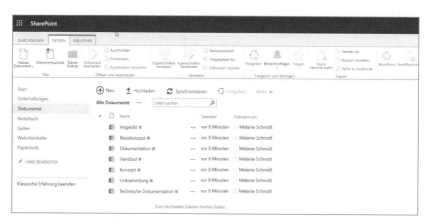

Abbildung 5.1: Die klassische SharePoint-Bibliothek aus den vergangenen SharePoint-Versionen

Die moderne Darstellung einer Liste oder Bibliothek besitzt eine Menüleiste. Durch die Auswahl eines Dokuments oder Elements werden Ihnen Befehle zum Dokument oder Element in der Menüleiste angeboten.

Abbildung 5.2: Die moderne SharePoint-Bibliothek ab SharePoint Server 2019 und SharePoint Online

Sie können zwischen dem klassischen und dem modernen Design wechseln. Bei dem klassischen Design der Bibliothek können Sie nach dem Auswählen eines Dokuments das Register *Dateien* verwenden, um Befehle für die Datei auszuführen. Das Register *Bibliothek* verwenden Sie, um Einstellungen in der Bibliothek vorzunehmen. Durch die Weiterentwicklung der modernen Ansicht innerhalb von Listen und Bibliotheken empfehle ich Ihnen, das moderne Design der Bibliothek zu verwenden. Mittlerweile sind alle Befehle, die Sie für die ausgewählte Datei benötigen, in der modernen Oberfläche einer Bibliothek enthalten. Sie können zwischen den Darstellungen wechseln, wenn Sie die Bibliothek geöffnet haben, und unten in der Seitennavigation (siehe Abbildung 5.3) *Zurück zum klassischen SharePoint* bzw. *Klassische Erfahrung beenden* anklicken.

Abbildung 5.3: Innerhalb einer Bibliothek können Sie zwischen der klassischen und der modernen Darstellung wechseln.

Dennoch gibt es in der modernen Darstellung in der Bezeichnung einzelner Schaltflächen innerhalb der Bibliothek kleine Unterschiede zum SharePoint Server (siehe Abbildung 5.4) und der onlinevariante (siehe Abbildung 5.5) von SharePoint. In den nachfolgenden Schritten nenne ich immer beide Schaltflächen, wenn sie sich in den Versionen unterscheiden.

Abbildung 5.4: Die Menüleiste in der Dokumentenbibliothek beim SharePoint Server

Abbildung 5.5: In SharePoint Online unterscheidet sich die Menüleiste in der Dokumentenbibliothek von der Servervariante.

Eine Bibliothek erstellen

Sie können mehrere Bibliotheken auf Ihren Team- und Kommunikationswebsites erstellen.

Falls Sie keine neue Teamwebsite anlegen konnten und eine bereits bestehende Website verwenden, erstellen wir zunächst eine neue Dokumentenbibliothek zum Ausprobieren. Falls Sie nicht berechtigt sind, eine Dokumentenbibliothek zu erstellen, lassen Sie sich vom Administrator eine Teamwebsite bereitstellen, sonst können Sie nicht alle Beispiele nachvollziehen.

1. Öffnen Sie eine Team- oder Kommunikationswebsite, auf der Sie berechtigt sind, neue Bibliotheken anzulegen.
2. Klicken Sie in der Menüleiste der Website auf die Schaltfläche *Neu* (siehe Abbildung 5.6).
3. Klicken Sie im Menü auf den Eintrag ***Dokumentenbibliothek***.
4. Vergeben Sie als Name für die Bibliothek »Dokumentenbibliothek« (siehe Abbildung 5.7).
5. Fügen Sie als Beschreibung für die Bibliothek hinzu: »Diese Bibliothek wird zum Ausprobieren verwendet«.
6. Belassen Sie das Häkchen bei *In Websitenavigation anzeigen*. Damit wird die Bibliothek in der Navigation angezeigt und Sie können schnell darauf zugreifen.

Abbildung 5.6: Erstellen einer neuen Dokumentenbibliothek im Startbereich der Website

Abbildung 5.7: Name und Beschreibung der Bibliothek sollten immer eingegeben werden.

7. Bestätigen Sie Ihre Eingaben mit einem Klick auf die Schaltfläche **Erstellen**. Sie werden in die neue Bibliothek weitergeleitet (siehe Abbildung 5.8).

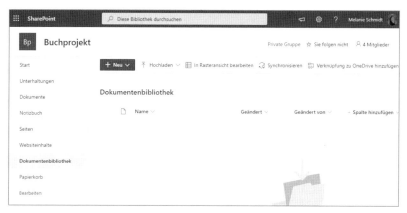

Abbildung 5.8: Die erstellte Dokumentenbibliothek. Links in der Navigation wird die Bibliothek angezeigt.

Um zurück in den Startbereich Ihrer Website zu gelangen, klicken Sie in der Navigation auf den Link **Start**. Klicken Sie in der Navigation auf den Link **Dokumentenbibliothek**, um zurück in die Bibliothek zu navigieren.

Der Aufbau einer SharePoint-Dokumentenbibliothek

Eine Dokumentenbibliothek ist immer aus verschiedenen Bereichen aufgebaut und kann in der Darstellung der Inhalte angepasst werden.

Die Menüleiste

Eine Bibliothek besteht aus einer dynamischen Menüleiste, die entweder die Befehle der Bibliothek (siehe Abbildung 5.9) oder die Befehle eines ausgewählten Dokuments (siehe Abbildung 5.10) anzeigt.

Abbildung 5.9: Befehle, die für die gesamte Bibliothek verwendet werden können

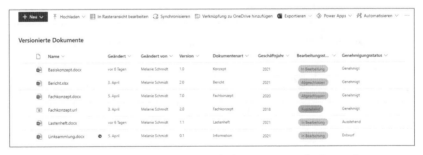

Abbildung 5.10: Befehle für ein ausgewähltes Dokument

Der Inhaltsbereich einer Dokumentenbibliothek

Der Inhaltsbereich zeigt alle vorhandenen Dokumente.

Sobald Sie mit der Bibliothek arbeiten, Ordner und Dokumente hinzufügen, finden Sie die Inhalte im Inhaltsbereich der Bibliothek (siehe Abbildung 5.11).

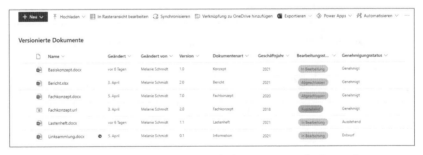

Abbildung 5.11: Eine vorhandene Bibliothek, in der bereits Dateien abgelegt sind

Dateien und Ordner in die Bibliothek hochladen

In diesem Abschnitt werden Sie vorhandene Ordner und Dateien hochladen. Prüfen Sie, ob Sie Ordner und Dateien besitzen, die Sie für dieses Beispiel verwenden können. Legen Sie sonst einen Ordner und zwei Dateien an, die Sie hier verwenden können.

Einen Ordner oder eine Datei hochladen

Beachten Sie die Pfadlänge Ihrer Order, Unterordner und Dateien beim Hochladen in Dokumentbibliotheken. In Kapitel 13 im Abschnitt »Welche Inhalte sollen bereitgestellt werden?« auf Seite 263 finden Sie weitere Informationen.

Es gibt unterschiedliche Wege, Ordner und Dateien in eine Bibliothek hochzuladen.

1. Öffnen Sie die Dokumentenbibliothek, die Sie zuvor erstellt haben.
2. Klicken Sie in der Menüleiste auf die Schaltfläche **Hochladen** (Abbildung 5.12).

Abbildung 5.12: Die Menüleiste innerhalb der Bibliothek Dokumente *mit der Schaltfläche* Hochladen

3. Klicken Sie auf den Eintrag **Dateien** oder **Ordner**.
4. Wählen Sie das Netzlaufwerk, den Ordner oder die Datei aus, die Sie hochladen möchten.
5. Bestätigen Sie die Schaltfläche **Hochladen** bzw. **Öffnen**. Die Datei bzw. der Ordner wird in die Bibliothek hochgeladen.

Mehrere Dateien hochladen

Wenn Sie die Dateien in SharePoint hochladen, bleiben sie am Ursprungsort erhalten. Somit sind die Dateien doppelt vorhanden, was Sie unbedingt vermeiden sollten. Sprechen Sie mit Ihrem Team, was mit den ursprünglichen Dateien geschehen soll.

Wenn Sie viele Dokumente auf einmal hochladen, kann dies zu Leistungsproblemen führen.

1. Öffnen Sie die gewünschte Bibliothek, der Sie Dateien hinzufügen möchten.
2. Öffnen Sie mit der Tastenkombination ⊞+E den Datei-Explorer beziehungsweise öffnen Sie den Mac-Finder.
3. Lassen Sie den Datei-Explorer oder den Mac-Finder im kleinen Fenster anzeigen, also nicht im Vollbildmodus.
4. Öffnen Sie das Laufwerk und den Ordner, in dem sich die Dateien befinden, die Sie in die SharePoint-Bibliothek hochladen möchten.
5. Markieren Sie die gewünschten Dateien.
6. Zum Markieren mehrerer einzelner Dateien klicken Sie eine Datei einmal an, halten dann die STRG- beziehungsweise cmd-Taste gedrückt und klicken weitere Dateien an.

7. Nachdem Sie die Dateien markiert haben, lassen Sie die Taste los.

8. Klicken Sie auf eine markierte Datei und halten Sie die linke Maustaste gedrückt (siehe Abbildung 5.13). Ziehen Sie nun die markierten Dateien in den Bereich der Bibliothek. Sie sehen einen Rahmen. Ziehen Sie die Dateien in diesen Rahmen und lassen Sie die Maustaste los.

Hinweis   Beachten Sie, dass die Dateien nach dem Hochladen vom Computer oder Netzlaufwerk kopiert werden und somit doppelt vorhanden sind: einmal in SharePoint und einmal am ursprünglichen Speicherort.

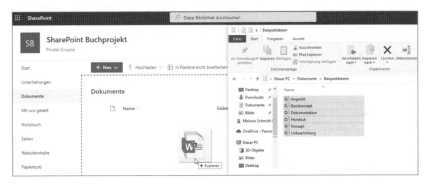

Abbildung 5.13: Das Kopieren von Dateien vom PC oder aus dem Netzlaufwerk in die SharePoint-Bibliothek

Dateien verschieben

Sie können Dateien innerhalb Ihres SharePoint- oder Microsoft-365-Portals verschieben. Beachten Sie, dass Sie Dateien nur dorthin verschieben können, wo Sie auch zugriffsberechtigt sind.

1. Öffnen Sie die Bibliothek, in der sich die Datei befindet, die Sie verschieben möchten.

2. Klicken Sie vor die Datei, um sie auszuwählen.

3. Klicken Sie in der Menüleiste der Bibliothek auf die Schaltfläche **Weitere Optionen**, dargestellt durch die drei Punkte.

4. Wählen Sie die Option **Verschieben nach**.

5. Rechts im Fenster wird Ihnen der Bearbeitungsbereich angezeigt. Hier können Sie den Zielspeicherort auswählen. Wählen Sie die Website aus, auf die Sie die Datei verschieben möchten.

6. Befinden sich mehrere Bibliotheken auf der Website, wählen Sie die Bibliothek aus, in die Sie die Datei verschieben möchten.

   Wenn Sie sie auf eine Website verschieben möchten, die nicht dieselben Personenrechte besitzt wie die Website, von der aus Sie verschieben möchten, können Sie nun auswählen, ob die Personen, die bislang Zugriffsrechte auf die Datei besaßen, weiterhin berechtigt sein dürfen, die Datei zu öffnen und zu bearbeiten.

7. Klicken Sie auf die Schaltfläche **Hierhin verschieben**.

Dateien filtern und sortieren

Innerhalb von Bibliotheken können Sie Dateien schnell nach den Eigenschaften filtern und sortieren. Die Eigenschaften, die automatisch vom System hinzugefügt werden, wie das Erstelldatum, der Autor eines Dokuments oder auch der Dateiname selbst, werden immer dem Dokument hinzugefügt. Es ist auch möglich, eigene Spalten zu erstellen und damit eigene Eigenschaften festzulegen, um diese schnell in der Bibliothek herauszufiltern. In einer SharePoint-Bibliothek werden diese Eigenschaften in den Spalten angezeigt und können über die Spaltenüberschriften gefiltert und sortiert werden.

Dateien in der Bibliothek filtern

Wenn Sie mit mehreren Personen in der Bibliothek arbeiten, können Sie zunächst die Dateien filtern, die Sie selbst zuletzt hochgeladen oder bearbeitet haben. Wenn Ihre Bibliothek später mit weiteren Spalten ausgestattet ist, können Sie auch mehrere Spalten filtern. Es gibt verschiedene Möglichkeiten zu filtern.

1. Öffnen Sie die Bibliothek, in der Sie filtern möchten. Wichtig ist, dass Sie bereits Dateien hochgeladen oder erstellt haben.
2. Klicken Sie auf die Spaltenüberschrift **Geändert von** (siehe Abbildung 5.14) und wählen Sie **Filtern nach**.

Abbildung 5.14: Durch das Klicken auf die Spaltenüberschrift kann das Filtern ausgewählt werden.

3. Ihnen wird im rechten Fenster der Bearbeitungsbereich (siehe Abbildung 5.15) angezeigt. Wählen Sie dort Ihren Namen aus.
4. Bestätigen Sie durch einen Klick auf die Schaltfläche **Übernehmen**. Ihnen werden Ihre Dokumente in der Bibliothek angezeigt.

Abbildung 5.15: Im Bearbeitungsbereich werden alle Namen der Personen aufgelistet, die zuletzt Dokumente hinzugefügt oder geändert haben.

5. Lassen Sie sich wieder alle Dokumente anzeigen. Klicken Sie dafür auf die Schaltfläche ***Ansichtsoptionen wechseln*** (siehe Abbildung 5.16) und klicken Sie auf die Ansicht ***Alle Dokumente***, auch wenn diese ausgewählt ist. Ihnen werden wieder alle Dokumente angezeigt.

Abbildung 5.16: Die Schaltfläche Ansichtsoptionen wechseln *und die Ansicht* Alle Dokumente

6. Alternativ können Sie auch die Schaltfläche ***Filterbereich öffnen*** (siehe Abbildung 5.17) anklicken, um die Filtereinstellungen vorzunehmen.

7. Filtern Sie die vorhandenen Dateien. Wählen Sie Ihren Namen aus, legen Sie gegebenenfalls einen Zeitraum fest, in dem Sie filtern möchten, oder wählen Sie den Dateityp aus, der Ihnen angezeigt werden soll.

Abbildung 5.17: Die Schaltfläche Filterbereich öffnen *und der angezeigte Filterbereich*

8. Klicken Sie im Filterbereich auf die Schaltfläche **Filter löschen** (siehe Abbildung 5.18), um die Filter aufzuheben. Ihnen werden wieder alle Dateien angezeigt.

Abbildung 5.18: Im Filterbereich können Sie den Filter löschen, damit Ihnen wieder alle Dateien angezeigt werden.

9. Schließen Sie den Filterbereich, indem Sie erneut auf die Schaltfläche **Filterbereich öffnen** oder auf die Schaltfläche **X** im Filterbereich klicken.

Spalten an den Filterbereich anheften

Wenn Ihnen im Filterbereich einmal eine Auswahl zum Filtern fehlt, während es aber eine Spalte zum Filtern gibt, können Sie die Spalte im Filterbereich anheften.

1. Öffnen Sie die gewünschte Bibliothek.
2. Öffnen Sie den Filterbereich. Klicken Sie dazu auf die Schaltfläche **Filterbereich öffnen.**

3. Klicken Sie auf die Spaltenüberschrift, deren Filtermöglichkeit im Filterbereich nicht angezeigt werden.

4. Klicken Sie im Menü auf **Spalteneinstellungen** und wählen Sie **An Filterbereich anheften**.

5. Prüfen Sie den Filterbereich, ob nun die Möglichkeit besteht, nach den gewünschten Inhalten zu filtern.

6. Schließen Sie den Filterbereich.

Dateien in der Bibliothek sortieren

Mithilfe der Spaltenüberschriften können Sie Dateien in der Bibliothek sortieren. Sie können zum Beispiel nach dem Dateinamen oder die Inhalte nach dem geänderten Datum ab- und aufsteigend sortieren.

1. Öffnen Sie die Bibliothek, in der Sie sortieren möchten.

2. Klicken Sie auf die Spaltenüberschrift **Name**.

3. Wählen Sie im Menü den Eintrag **A–Z**, um die Inhalte der Bibliothek alphabetisch aufsteigend zu sortieren.

4. Klicken Sie auf die Spaltenüberschrift **Geändert** und wählen Sie im Menü **Neueste oben**, damit Ihnen die aktuellen Dokumente oben angezeigt werden.

Ansichten erstellen

Ansichten helfen Ihnen dabei, Informationen, die Sie täglich benötigen, abzurufen.

Wenn Sie täglich mit vielen Dateien arbeiten und in der jeweiligen Bibliothek viele Filter setzen müssen, damit Ihnen die Inhalte angezeigt werden, die für Sie relevant sind, können Sie Ansichten erstellen, um das ständige Setzen der Filter zu umgehen.

Eine gefilterte Ansicht erstellen

Mit gefilterten Ansichten greifen Sie schnell auf die Informationen in der Bibliothek zu, die für Sie wichtig sind. Sie können mehrere Filter verwenden und die gesetzten Filter als Ansicht speichern.

1. Öffnen Sie die gewünschte Bibliothek, in der Sie eine oder mehrere Ansichten erstellen möchten.

2. Filtern Sie zunächst die Inhalte, die für Sie wichtig sind und die Sie häufig benötigen. Öffnen Sie dafür den Filterbereich. Für dieses Beispiel wählen Sie Ihren Namen bei **Geändert von** aus. Ihnen werden dann nur Dateien angezeigt, die Sie als Letztes geöffnet oder bearbeitet haben. Sobald jedoch eine andere Person an einem dieser Dokumente arbeitet oder es öffnet, wird Ihnen das Dokument in der Ansicht nicht mehr angezeigt.

3. Wenn Ihnen im Inhaltsbereich die gewünschten Dateien angezeigt werden, klicken Sie auf die Schaltfläche **Ansichtsoptionen wechseln**.

4. Klicken Sie auf den Eintrag **Ansicht speichern unter**. Es öffnet sich ein Dialog (siehe Abbildung 5.19).

5. Vergeben Sie einen Namen für Ihre Ansicht, zum Beispiel »Meine geänderten Dokumente«.

6. Unterhalb des Namens können Besitzer einer Website festlegen, ob die Ansicht *öffentlich* oder *persönlich* verwendet werden soll. Wenn Sie das Kontrollkästchen verwenden können, deaktivieren Sie die Option **Diese Ansicht öffentlich machen**.

7. Speichern Sie die Ansicht.

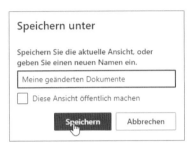

Abbildung 5.19: Der Dialog zum Speichern von Ansichten

Nachdem Sie die Ansicht gespeichert haben, werden Ihnen Ihre zuletzt geöffneten oder bearbeiteten Dokumente angezeigt.

Hinweis   Wenn Sie das Kontrollkästchen bei *Diese Ansicht öffentlich machen* aktivieren, wird die Ansicht, die Sie gerade erstellen, für alle Benutzer der Bibliothek zur Verfügung stehen. Sie muss aber zusätzlich über die Schaltfläche *Ansichtsoptionen wechseln* ausgewählt werden, wenn sie verwendet werden soll.

Wenn Sie das Häkchen bei *Diese Ansicht öffentlich machen* deaktivieren oder gar nicht auswählen können, da Ihnen die Rechte dazu fehlen, handelt es sich um eine persönliche *Ansicht*. Diese steht dann nur Ihnen zur Verfügung. Sie wird nicht automatisch angezeigt, Sie müssen diese Ansicht in der Bibliothek mithilfe der Schaltfläche *Ansichtsoptionen wechseln* auswählen, wenn Sie sie verwenden möchten.

---

8. Möchten Sie wieder alle Dokumente sehen, klicken Sie auf die Schaltfläche **Ansichtsoptionen wechseln** (siehe Abbildung 5.20) und wählen die Ansicht **Alle Dokumente** aus.

Abbildung 5.20: Die gefilterte Ansicht. Die Ansicht Alle Dokumente *wird ausgewählt.*

Eine gruppierte Ansicht erstellen

Eigenschaften sind Spalten, die vorhanden sind oder die Sie erstellen können. Mithilfe der Eigenschaften lassen sich gruppierte Ansichten erstellen. Damit werden die Dokumente gruppiert angezeigt. Die Eigenschaften, die gruppiert angezeigt werden sollen, müssen in der Bibliothek vorhanden sein.

Hinweis	Haben Sie Websitespalten erstellt, die den Auswahltyp *Mehrfachauswahl* und nicht die Auswahl *Menü* besitzen, können Sie keine gruppierten Ansichten über diese Websitespalten erstellen.

1. Wechseln Sie in die Bibliothek, in der Sie eine gruppierte Ansicht erstellen möchten.
2. Klicken Sie auf die Spaltenüberschrift, deren Eigenschaften Sie gruppieren möchten, zum Beispiel *Geändert von*.
3. Wählen Sie im Menü ***Gruppieren nach "Geändert von"*** (siehe Abbildung 5.21). Ihnen werden die Dateien in Gruppen angezeigt (siehe Abbildung 5.22).

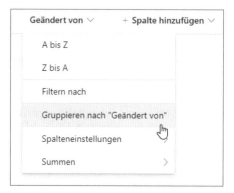

Abbildung 5.21: Über die Spaltenüberschrift können gruppierte Ansichten ausgewählt werden.

Abbildung 5.22: Die gruppierte Ansicht

4. Die Ansicht würde beim Verlassen der Bibliothek nicht erhalten bleiben, deshalb speichern wir diese Ansicht. Klicken Sie auf die Schaltfläche **Ansichtsoptionen wechseln**.

5. Wählen Sie die Option **Ansicht speichern unter**.

6. Vergeben Sie einen Namen für diese Ansicht und deaktivieren Sie das Kontrollkästchen bei **Diese Ansicht öffentlich machen**, falls die Einstellung aktiv ist.

7. Speichern Sie die Ansicht.

8. Klicken Sie auf die Schaltfläche **Ansichtsoptionen wechseln** und wählen Sie die Ansicht **Alle Dokumente** aus.

9. Klicken Sie erneut auf die Schaltfläche **Ansichtsoptionen wechseln** und wählen Sie die Ansicht aus, die Sie gerade erstellt haben.

Eigenschaften zuweisen

Wenn Sie oder Ihre Kollegen weitere Website- oder Bibliotheksspalten in der Bibliothek verwenden, müssen Sie den Dateien, die Sie dort erstellen oder hochladen, die jeweiligen Eigenschaften zuweisen.

Einer oder mehreren Dateien Eigenschaften schnell zuweisen

Wenn Ihre Kollegen bereits weitere Spalten erstellt haben, müssen Sie die Eigenschaften für Dokumente festlegen können. Es gibt verschiedene Möglichkeiten, Eigenschaften für ein Dokument festzulegen. Die in diesem Beispiel verwendete Websitespalte *Bearbeitungsstatus* muss vom Besitzer hinzugefügt werden. Wie das funktioniert, erkläre ich im Kapitel 11 im Abschnitt »Websitespalten anlegen« auf Seite 194. Nun geht es jedoch darum, wie Sie Eigenschaften grundsätzlich für ein oder mehrere Dokumente vergeben können.

Eigenschaften helfen dabei, Informationen zu filtern.

1. Sie befinden sich in einer Bibliothek.

2. Klicken Sie in der Menüleiste auf die Schaltfläche **In Rastersicht bearbeiten** bzw. **Schnell bearbeiten**. Die Bibliothek wird nun in einer Tabelle angezeigt (siehe Abbildung 5.23).

3. Zum Festlegen der Eigenschaften klicken Sie in die Zelle der Eigenschaft und geben diese ein oder wählen sie aus.

4. Bestätigen Sie Ihre Auswahl mit der ⏎-Taste.

5. Zum Beenden der Rasteransicht klicken Sie in der Menüleiste auf die Schaltfläche **Rasteransicht beenden** bzw. **Schnelle Bearbeitung beenden**.

Abbildung 5.23: Die Rasteransicht in SharePoint Online zum Auswählen der Eigenschaften

Einer oder mehreren Dateien Eigenschaften im Detailbereich zuweisen

Sie können auch den Detailbereich verwenden, um die Eigenschaften für eine oder mehrere Dateien festzulegen.

1. Öffnen Sie die Bibliothek.
2. Wählen Sie eine oder mehrere Dateien aus, indem Sie vor die Datei klicken und damit das Häkchen setzen. Setzen Sie bei mehreren Dateien weitere Häkchen.
3. Klicken Sie in der Menüleiste auf die Schaltfläche **Detailbereich öffnen** (siehe Abbildung 5.24).
4. Gehen Sie zu dem Bereich **Eigenschaften** und klicken Sie dort auf den Link **Alle bearbeiten**. Es öffnet sich ein Formular. Wenn Sie mehrere Dokumente ausgewählt haben, können Sie die Eigenschaften auch direkt eingeben bzw. auswählen.
5. Wählen Sie die gewünschten Eigenschaften aus und klicken Sie oben im Formular auf **Speichern**.

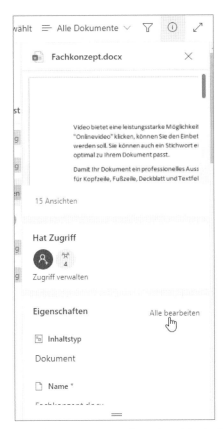

Abbildung 5.24: Der Detailbereich und der Link Alle bearbeiten

Dateien aus- oder einchecken, löschen und wiederherstellen

Durch das Auschecken einer oder mehrerer Dateien können Sie das Dokument für sich reservieren und es alleine bearbeiten, während andere Personen es nur schreibgeschützt öffnen und nicht bearbeiten können. Erst durch das erneute Einchecken des Dokuments ist eine weitere Bearbeitung durch andere Personen wieder möglich.

Alle Teammitglieder sollten die Funktion des Auscheckens kennen.

Eine oder mehrere Dateien auschecken

Beachten Sie, dass andere Personen Ihre Änderungen im Dokument erst nach dem Einchecken sehen können. Sprechen Sie mit Ihrem Team darüber, wenn Sie mit dem Auschecken arbeiten.

1. Sie befinden sich in der Bibliothek, in der sich eine oder mehrere Dateien befinden, die Sie auschecken möchten.

2. Wählen Sie die gewünschte Datei aus, indem Sie vor die Datei klicken und damit das Häkchen setzen. Setzen Sie bei mehreren Dateien weitere Häkchen.

3. Klicken Sie in der Menüleiste auf **Weitere Optionen**, dargestellt durch die drei Punkte, und wählen Sie ganz unten den Eintrag **Auschecken** (siehe Abbildung 5.25).

Abbildung 5.25: Wählen Sie ein Dokument aus, und checken Sie es dann aus.

Eine oder mehrere Dateien einchecken

Wenn in Ihrer Bibliothek Pflichtfelder verwendet werden, müssen Sie die Felder erst ausfüllen, bevor Sie die Dateien einchecken können. Wählen Sie in dem Fall die *Rasteransicht* bzw. die Schaltfläche *Schnell bearbeiten,* füllen Sie die Pflichtfelder aus und checken Sie dann ein.

1. Sie befinden sich in der Bibliothek, in der sich die Datei befindet, die Sie einchecken möchten.

2. Wählen Sie die gewünschte Datei aus, indem Sie vor die Datei klicken und damit das Häkchen setzen. Setzen Sie bei mehreren Dateien weitere Häkchen.

3. Klicken Sie in der Menüleiste auf **Weitere Optionen**, dargestellt durch die drei Punkte, und wählen Sie ganz unten den Eintrag **Einchecken**.

4. Wird hier die Versionierung verwendet, wählen Sie die Versionsnummer aus und vergeben Sie einen Versionskommentar.

5. Bestätigen Sie mit einem Klick auf die Schaltfläche **OK**.

Mehr Informationen zum Aus- und Einchecken finden Sie in Kapitel 10 im Abschnitt »Versionierte Dokumente ein- und auschecken« auf Seite 184.

Eine oder mehrere Dateien löschen

1. Sie befinden sich in der Bibliothek, in der sich die Datei befindet, die Sie löschen möchten.

2. Wählen Sie die gewünschte Datei aus, indem Sie vor die Datei klicken und damit das Häkchen setzen. Setzen Sie bei mehreren Dateien weitere Häkchen.

3. Betätigen Sie die ENTF-Taste. Alternativ klicken Sie in der Menüleiste auf den Befehl **Löschen**.

4. Bestätigen Sie das nachfolgende Hinweisfenster, dass Sie die Auswahl in den Papierkorb verschieben möchten, mit **OK**.

Gelöschte Dateien wiederherstellen

Immer dort, wo Sie die Datei in SharePoint gelöscht haben, können Sie die Datei auch wiederherstellen.

1. Navigieren Sie auf die SharePoint-Website, auf der die Datei ursprünglich vorhanden war.
2. Klicken Sie links in der Seiten- bzw. Schnellstartnavigation auf den Link **Papierkorb**.

   Falls dieser Link nicht angezeigt wird, klicken Sie auf den Link **Websiteinhalte** oder auf das Zahnradsymbol oben auf der Team- oder Kommunikationswebsite und klicken Sie dort auf den Eintrag **Websiteinhalte**. Klicken Sie im Bereich *Websiteinhalte* auf die Schaltfläche **Papierkorb** oben rechts im Fenster (siehe Abbildung 5.26).
3. Wählen Sie die Dateien aus, die Sie wiederherstellen möchten.
4. Klicken Sie oben auf den Link **Wiederherstellen**.

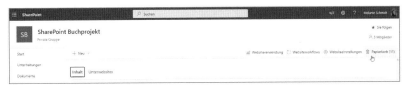

Abbildung 5.26: Im Bereich Websiteinhalte *finden Sie ebenfalls den Papierkorb, falls dieser nicht in der Schnell- bzw. Seitennavigation angezeigt wird.*

Benachrichtigungen hinzufügen

Benachrichtigung beim Ändern einer Datei erhalten

Möchten Sie eine Benachrichtigung erhalten, wenn Änderungen am Dokument vorgenommen wurden, legen Sie für dieses Dokument eine Benachrichtigung fest.

1. Wählen Sie die Datei aus, indem Sie das Häkchen vor die Datei setzten.
2. Klicken Sie in der Menüleiste auf **Weitere Optionen**, dargestellt durch die drei Punkte, und wählen Sie ganz unten den Eintrag **Mich benachrichtigen** (siehe Abbildung 5.27).

Sie werden per E-Mail benachrichtigt, wenn sich etwas ändert.

Abbildung 5.27: Das Dokument muss ausgewählt werden, damit die Benachrichtigung dafür festgelegt werden kann.

Sie können folgende Einstellungen für die E-Mail-Benachrichtigung festlegen:

♦ *Benachrichtigungstitel:* Ändern Sie bei Bedarf den Titel, wenn er nicht aussagekräftig ist.

♦ *Benachrichtigungen senden an:* Als Besitzer einer Website können Sie an dieser Stelle weitere Personen hinzufügen, die ebenfalls eine E-Mail-Benachrichtigung erhalten sollen, wenn sich am Dokument etwas ändert.

♦ *Zustellungsart:* Hier können Sie nur die Zustellungsart sehen und gegebenenfalls festlegen, die in der Administration vorgegeben wurde.

♦ *Für diese Änderungen Benachrichtigungen senden:* Wählen Sie hier eine Option aus, bei welcher Änderung Sie per E-Mail benachrichtigt werden möchten.

♦ *Zeitpunkt des Versendens von Benachrichtigungen:* Legen Sie den Zeitpunkt fest, wann Sie bei einer Änderung benachrichtigt werden möchten.

3. Nehmen Sie die gewünschten Einstellungen vor und bestätigen Sie mit einem Klick auf die Schaltfläche **OK**.

Sie erhalten eine E-Mail-Nachricht mit dem Hinweis, dass die Benachrichtigung eingerichtet wurde.

Benachrichtigungen über sämtliche Änderungen innerhalb einer Bibliothek erhalten

Sie werden benachrichtigt, wenn sich Inhalte in der Bibliothek ändern.

Um darüber benachrichtigt zu werden, wenn zum Beispiel ein Dokument in der Bibliothek gelöscht wurde, gehen Sie folgendermaßen vor:

1. Sie befinden sich in der gewünschten Bibliothek und haben kein Dokument ausgewählt.

2. Klicken Sie in der Menüleiste auf **Weitere Optionen**, dargestellt durch die drei Punkte, und wählen Sie ganz unten den Eintrag **Mich benachrichtigen**.

3. Nehmen Sie die gewünschten Einstellungen vor und bestätigen Sie mit einem Klick auf die Schaltfläche **OK**.

4. Sie erhalten eine E-Mail-Nachricht mit dem Hinweis, dass die Benachrichtigung eingerichtet wurde.

Sie möchten festgelegte Benachrichtigungen löschen

Sie können festgelegte Benachrichtigungen jederzeit entfernen.

Sie können Benachrichtigungen, die Sie selbst festgelegt haben oder die der Besitzer der Website für Sie festgelegt hat, löschen.

1. Sie befinden sich in einer Bibliothek oder einer Liste.

2. Klicken Sie in der Menüleiste auf das erweiterte Menü, dargestellt durch die drei Punkte, und wählen Sie ganz unten den Eintrag **Meine Benachrichtigungen verwalten**.

3. Wählen Sie die Benachrichtigung aus, die Sie löschen möchten.

4. Klicken Sie oben im Fenster auf den Link **Ausgewählte Benachrichtigung löschen**. Über den Löschvorgang werden Sie nicht per E-Mail benachrichtigt.

Benachrichtigungen in Outlook löschen

Alternativ können Sie alle Benachrichtigungen, die Sie in Ihrem SharePoint-Portal festgelegt haben, in Outlook löschen.

1. Öffnen Sie Microsoft Outlook.
2. Klicken Sie in das Register *Datei*.
3. Wählen Sie die Schaltfläche *Regeln und Benachrichtigungen*.
4. Wechseln Sie in das Register *Benachrichtigungen verwalten*.
5. Wählen Sie die Benachrichtigung aus, die Sie löschen möchten, und bestätigen Sie mit *Löschen*.

Kapitel 6

Microsoft Office im Web und die Online-Apps

Microsoft Office im Web beinhaltet die Online-Apps. Dies sind von Microsoft entwickelte browserbasierte Versionen der Office-Anwendungen. Mit den Online-Apps können Sie die Office-Anwendungen Excel, PowerPoint, Outlook, OneNote und Word im Webbrowser öffnen und bearbeiten. Jedoch sind die Online-Apps in ihrem Umfang derzeit noch etwas stärker eingeschränkt, als Sie es von den Desktop-Apps gewohnt sind. Dennoch unterstützen die Online-Apps Sie bei der täglichen Arbeit in SharePoint und OneDrive for Business. So haben Sie die Möglichkeit, über den Browser eine Office-Datei zu öffnen, auch wenn auf dem von Ihnen verwendeten System kein Office installiert ist. Zusätzlich bieten die Online-Apps die einfache Vorschau auf Office-Dateien in Bibliotheken.

Mit den Online-Apps benötigen Sie keine installierte Version von Office.

Die Verwendung der Online-Apps ist in SharePoint Online in Microsoft 365 möglich, beim SharePoint Server ist es davon abhängig, wie die SharePoint-Server-Konfiguration und -Installation in Ihrem Unternehmen vorgenommen wurden. Befragen Sie gegebenenfalls Ihren SharePoint-Server-Administrator. Nachfolgend finden Sie Beispiele zu den Microsoft-Online-Apps.

Ein Dokument im Browser öffnen

Wenn Sie in einer SharePoint- oder Ihrer OneDrive-for-Business-Bibliothek ein Dokument öffnen oder ein neues Dokument über die Schaltfläche *Neu* erstellen, werden Sie in die Online-App im Webbrowser weitergeleitet, sofern bei Ihnen die Online-Apps installiert und konfiguriert sind. Die Datei wird in einem separaten Tab im Webbrowser (siehe Abbildung 6.1, Abbildung 6.2 und Abbildung 6.3) geöffnet. Sie können über die jeweiligen Browser-Tabs des Webbrowsers zur SharePoint-Website und zum Dokument springen. Die Benutzeroberflächen der Online-Apps können sich je nach der eingesetzten Technologie unterscheiden.

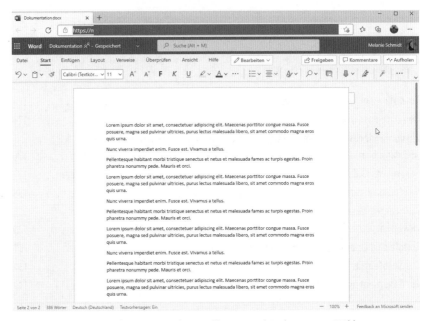

Abbildung 6.1: Ein aus SharePoint Online geöffnetes Word-Dokument im Webbrowser

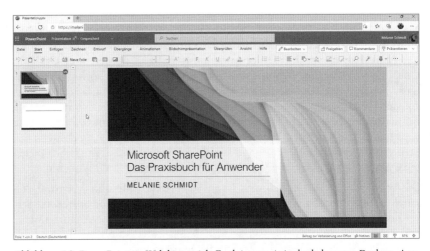

Abbildung 6.2: PowerPoint im Web bietet viele Funktionen wie in der bekannten Desktop-App.

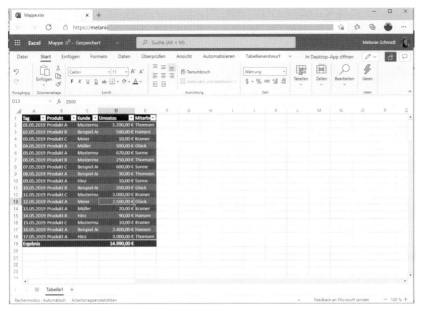

Abbildung 6.3: Excel im Web bietet ebenfalls viele Funktionen wie in der Desktop-App.

Den Dateinamen überschreiben

Wenn Sie ein neues Dokument direkt in der Bibliothek über die Schaltfläche *Neu* erstellt haben, wird dem Dokument automatisch ein Dateiname zugewiesen. Im oberen Fensterbereich sehen Sie in der Titelleiste des Dokuments den Dateinamen. Sie können den vorhandenen Dateinamen im Browser überschreiben.

Die Dateinamen können Sie leicht ändern.

1. Klicken Sie auf den Drop-down-Pfeil neben dem Speicherstatus des Dokuments. Es öffnet sich ein Dialog (siehe Abbildung 6.4).
2. Überschreiben Sie den vorhandenen Dateinamen und bestätigen Sie mit der ⏎-Taste.

Achtung   Wenn Sie ein Dokument öffnen und Änderungen vornehmen, wird das Dokument geändert und automatisch gespeichert. Wenn Sie dann den Dateinamen ändern, überschreiben Sie den vorhandenen Dateinamen und Ihre Änderungen werden damit gespeichert. Das Dokument wird nicht als neues Dokument mit dem anderen Namen in der jeweiligen Bibliothek gespeichert. Wenn Sie ein neues Dokument mit den Inhalten des geöffneten Dokuments neu ablegen möchten, müssen Sie zuerst eine Kopie von dem Dokument erstellen, bevor Sie Änderungen vornehmen (siehe den folgenden Abschnitt).

Abbildung 6.4: Über den Drop-down-Pfeil können Sie den Dialog öffnen, um den Dateinamen zu ändern.

Im Dialogfenster können Sie auch den Speicherort des Dokuments oder seinen Versionsverlauf öffnen.

Ein vorhandenes Dokument als Kopie mit einem anderen Dateinamen speichern und dann bearbeiten

Ändern Sie nicht das Originaldokument.
Es kommt vor, dass Sie in einem vorhandenen Dokument kleine Änderungen vornehmen und es unter einem anderen Dateinamen am selben Speicherort speichern möchten. Durch das Überschreiben des Dateinamens erstellen Sie keine Kopie. Gehen Sie in diesem Fall wie folgt vor:

1. Sie befinden sich im geöffneten Dokument. Nehmen Sie keine Änderungen am Dokument vor.
2. Klicken Sie im Register **Datei** auf den Befehl **Speichern unter**.
3. Wählen Sie auf der rechten Seite den Eintrag **Speichern unter** (siehe Abbildung 6.5).
4. Vergeben Sie einen anderen Dateinamen für das Dokument und speichern Sie es.
5. Nun können Sie das Dokument ändern, ohne das ursprüngliche Dokument zu überschreiben.

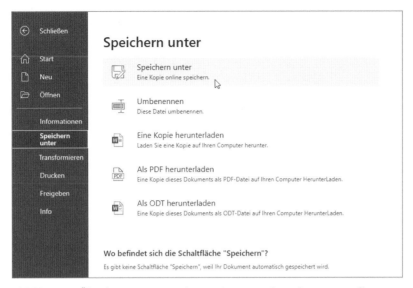

Abbildung 6.5: Über das Register Datei *können Sie Kopien des Dokuments erstellen.*

Sehen, was Kollegen bereits in das Dokument eingebracht und darin geändert haben

Wenn Sie zeitgleich mit anderen Personen auf ein Word- oder ein PowerPoint-Dokument zugreifen und daran arbeiten, kommt es vor, dass auch während Ihrer Abwesenheit Inhalte eingebracht und Änderungen am Dokument vorgenommen wurden. Wenn es Änderungen am Dokument gibt, werden Sie in der Word- und PowerPoint Online-App darüber informiert.

1. Klicken Sie, wenn es Änderungen im Dokument gibt, auf die Schaltfläche **Abholen** (siehe Abbildung 6.6) oben rechts im Fenster.

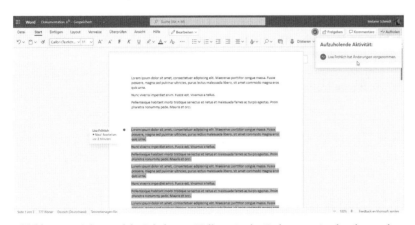

Abbildung 6.6: Sehen, welche Inhalte von Kollegen in das Dokument eingebracht wurden

2. Die Änderungen werden rechts im Fenster aufgelistet. Sobald Sie auf eine angezeigte Änderung klicken, wird diese im Dokument hervorgehoben.

3. Möchten Sie die Änderungen nicht mehr hervorgehoben im Dokument anzeigen lassen, klicken Sie in einen freien Bereich des Dokuments.

Versionsänderungen am Dokument verfolgen

Änderungen im Dokument werden in Versionen gespeichert. Wenn die Versionierung Ihrer Bibliothek nicht deaktiviert wurde, können Sie die Versionsänderungen in der Online- und Desktop-App verfolgen und bei Bedarf wiederherstellen oder das Dokument in der gewünschten Version als Kopie speichern.

1. Öffnen Sie das gewünschte Office-Dokument im Browser.

2. Klicken Sie auf den Namen des Dokuments, um den Dialog zu öffnen (siehe Abbildung 6.7).

Abbildung 6.7: Mithilfe des Versionsverlaufs können Sie die Änderungen im Dokument sehen.

3. Klicken Sie auf den Link **Versionsverlauf**.

4. Klicken Sie rechts auf dem Bildschirm auf die gewünschte Version (siehe Abbildung 6.8) und schauen Sie sich die Änderung im Dokument an.

5. Möchten Sie die Version als Kopie speichern oder sie wiederherstellen, klicken Sie oben auf die entsprechende Schaltfläche.

6. Um wieder zum Dokument zu navigieren, klicken Sie auf die Schaltfläche **Zurück zum Dokument**.

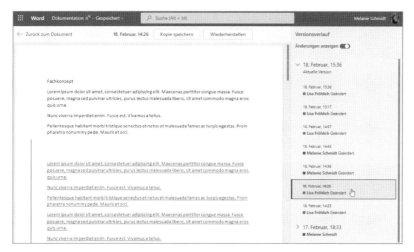

Abbildung 6.8: Durch einen Klick auf die gewünschte Version werden die Änderungen im Dokument angezeigt.

Aufgaben in einer Word- oder Excel-Online-Datei mithilfe der Kommentarfunktion zuweisen

Angenommen, Sie arbeiten mit Ihren Kollegen in einer Excel-Arbeitsmappe oder einem Word-Dokument über den Webbrowser zusammen. Sie stellen fest, dass in einer der Dateien etwas von einer bestimmten Person geprüft werden soll. Mit der Kommentarfunktion und der @-Erwähnung können Sie die Person darauf aufmerksam machen und eine Aufgabe zuweisen.

Mit @-Erwähnungen sprechen Sie Ihre Kollegen direkt an.

1. Öffnen Sie eine Word- oder Excel-Online Datei.
2. Markieren Sie ein Wort, einen Absatz oder einen bestimmten Datenbereich innerhalb der Datei.
3. Klicken Sie oben auf die Schaltfläche **Kommentare** (siehe Abbildung 6.9).
4. Klicken Sie auf die Schaltfläche **Neu**.
5. Fügen Sie das @-Zeichen ein und schreiben Sie den Namen der Person, die Sie erwähnen möchten.
6. Schreiben Sie hinter dem Namen eine kurze Aufgabenbeschreibung, was genau die Person in der Datei beachten soll.
7. Aktivieren Sie das Kontrollkästchen **Zuweisen zu**.

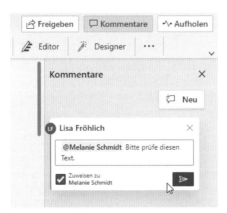

Abbildung 6.9: Über die Kommentarfunktionen können Aufgaben zugewiesen werden.

8. Klicken Sie zum Bestätigen auf die Schaltfläche **Aufgabe zuweisen an**, darge-
    stellt durch den blauen Button mit Papierflugzeug.

Die erwähnte Person wird per E-Mail (siehe Abbildung 6.10) über die zugewiese-
ne Aufgabe informiert und kann direkt aus der E-Mail heraus zur Datei und zu
Ihrem Kommentar navigieren oder eine Antwort senden.

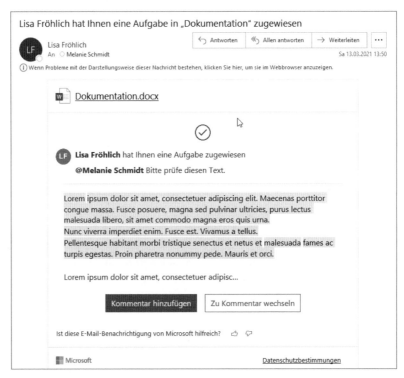

Abbildung 6.10: Eine E-Mail-Nachricht, wenn im Kommentar eine Aufgabe zugewiesen wurde

Zum aktuellen Zeitpunkt (Stand Juni 2021) werden keine automatischen Aufgaben in Outlook und To-Do erzeugt.

Zeitgleich an einem Dokument arbeiten

Die SharePoint-Technologien und somit auch OneDrive for Business bieten die Möglichkeit, dass Sie zusammen mit mehreren Kollegen zeitgleich an einem Dokument arbeiten können. Damit die Änderungen auch für alle Personen in Echtzeit sichtbar sind, wird die Funktion des automatischen Speicherns verwendet. Beachten Sie, dass das zeitgleiche Arbeiten nicht für ausgecheckte Dokumente möglich ist.

Änderungen am Dokument sollten immer automatisch gespeichert werden.

1. Erstellen Sie zunächst ein Testdokument in der Dokumentenbibliothek.
2. Öffnen Sie gemeinsam mit Kollegen dieses Dokument und geben Sie Inhalte ein. Sobald andere Kollegen das Dokument öffnen, sehen Sie genau, wo die Personen sich im Dokument befinden (siehe Abbildung 6.11). Zusätzlich werden alle Personen mit dem Profilbild oder ihren Initialen im oberen rechten Fensterbereich angezeigt.
3. Wenn Änderungen vorgenommen werden, werden Ihnen die Änderungen in Echtzeit angezeigt.

Hinweis   Beim SharePoint Server und einer älteren Office-Version kann es sein, dass Sie in der Office-Desktop-App zunächst speichern müssen, bevor die Änderungen angezeigt werden. Prüfen Sie in der Statusleiste ganz unten in Ihrer Desktop-App, ob gegebenenfalls verfügbare Aktualisierungen vorhanden sind. Klicken Sie dann auf die Schaltfläche *Verfügbare Aktualisierungen* und bestätigen Sie den nachfolgenden Dialog. Setzen Sie auch das Häkchen bei *Diese Meldung nicht mehr anzeigen.*

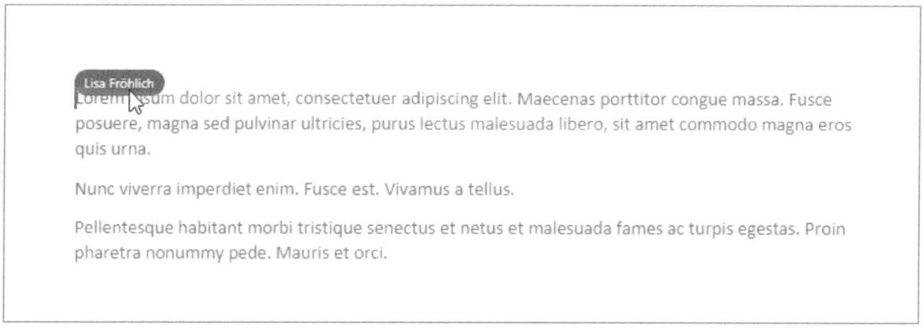

Abbildung 6.11: Ein Dokument, in dem sich eine weitere Person befindet und daran arbeitet

Das Suchfeld im Dokument

In Excel, PowerPoint und Word Online finden Sie in der Titelleiste auch immer das Suchfeld. Darüber können Sie Inhalte in der aktuellen Datei oder Befehle, die Sie aus der Desktop-App kennen, jedoch in der Online-App nicht wiederfinden, suchen. Ihnen werden durch einen Klick in das Suchfeld Befehle vorgeschlagen (siehe Abbildung 6.12) und auch die Kollegen aufgelistet, mit denen Sie häufig zusammenarbeiten.

Durch einen Klick in das Suchfeld können Sie auch Befehle ausführen.

Abbildung 6.12: Durch einen Klick in das Suchfeld werden bekannte Befehle vorgeschlagen.

Ein Dokument in der Desktop-App öffnen und automatisch speichern

Die Desktop-App muss auf Ihrem Gerät installiert sein.

Wenn auf Ihrem System die Office-Desktop-Apps installiert sind, können Sie die Office-Anwendungen aus dem Dokument heraus öffnen.

1. Klicken Sie auf die Schaltfläche **Bearbeiten** (siehe Abbildung 6.13) und ganz unten auf den Befehl **In Desktop-App öffnen**.
2. Es folgt bei einigen Webbrowsern eine weitere Abfrage, ob Sie die Anwendung öffnen möchten. Bestätigen Sie die Abfrage, damit die Desktop-App geöffnet wird.

Abbildung 6.13: Die Desktop-App kann über die Schaltfläche Bearbeiten *geöffnet werden.*

Das automatische Speichern synchronisiert alle Änderungen im Dokument.

Wenn Sie ein Dokument in der jeweiligen Desktop-App öffnen, ist das automatische Speichern aktiviert. Sie finden die Funktion in der Titelleiste des jeweiligen Dokuments (siehe Abbildung 6.14). Diese Funktion sorgt dafür, dass Änderungen am Dokument automatisch gespeichert und synchronisiert werden. Gerade wenn Sie zeitgleich mit anderen Personen am Dokument arbeiten, würde es zu Speicherkonflikten und Synchronisationsfehlern führen, wenn Sie das automatische Speichern deaktivieren. Belassen Sie also immer die Funktion eingeschaltet, um Fehler zu vermeiden.

Abbildung 6.14: Das automatische Speichern sorgt dafür, dass die Inhalte immer aktuell in SharePoint oder auch in OneDrive for Business synchronisiert werden.

Kapitel 7
OneNote

Das OneNote-Notizbuch ist eine App von Microsoft. Es ermöglicht Ihnen, elektronische Notizen zu erstellen, abzulegen und leicht wiederzufinden. OneNote für Windows 10 ist die webbasierte Version und wird nur in der SharePoint-Online- bzw. Microsoft-365-Umgebung unterstützt. Die OneNote-App in Office beziehungsweise Microsoft 365 ist die OneNote-Desktop-App 2016. Beide Varianten sind kostenlos erhältlich. Der Speicherort der OneNote-Notizbücher ist in der Onlinevariante OneDrive for Business oder die SharePoint-Teamwebsite. Beim SharePoint Server kommt es auf die Konfiguration durch die IT-Abteilung an, ob die persönlichen Notizbücher bei Ihnen in OneDrive for Business gespeichert werden. Die Notizbücher der Teamwebsites werden in der Teamwebsite in der Bibliothek Websiteobjekte gespeichert.

Ein OneNote-Notizbuch einer Teamwebsite kann von allen Benutzern der Teamwebsite genutzt werden.

Fehlt das Notizbuch auf der Teamwebsite, fragen Sie Ihren Administrator. Wurde in Ihrer SharePoint-Server-Websitesammlung die Notizbuchfunktion aktiviert, steht Ihnen innerhalb der Teamwebsite jeweils ein OneNote-Notizbuch zur Verfügung. In SharePoint Online mit Microsoft 365 muss das Notizbuch nicht erst administrativ aktiviert werden, es steht Ihnen auf der Teamwebsite zur Verfügung. Mit dem Notizbuch lassen sich schnell Notizinformationen mit Ihrem Team teilen. Die Informationen werden in der Teamwebsite zentral gespeichert und sind von allen Teammitgliedern, die mindestens Leserechte besitzen, auffindbar. Innerhalb einer SharePoint-Teamwebsite können auch weitere Notizbücher angelegt werden.

OneNote kann auch mobil eine gute Unterstützung sein, um Informationen zu notieren.

Ein OneNote-Notizbuch kann mit Textinhalten, Bildern, Kategorien, Audio- und Videoaufzeichnungen bestückt werden. Zusätzlich lassen sich Informationen aus Microsoft Outlook schnell übernehmen, sodass beispielsweise sämtliche Besprechungsdetails wie die Namen der Teilnehmer sowie der Ort oder andere wichtige Informationen schnell einer OneNote-Notiz hinzugefügt werden können. Teammitglieder können zeitgleich an den Notizen arbeiten, egal an welchem Standort sie sich gerade befinden.

In diesem Kapitel möchte ich Ihnen anhand kurzer Beispiele einige Funktionen von OneNote vorstellen.

Hinweis	Für die Verwendung mehrere Notizbücher innerhalb von SharePoint-Websites sollte eine Dokumentenbibliothek nur für die Notizbücher angelegt werden. Werden Notizbücher innerhalb einer SharePoint-Dokumentenbibliothek, in der Sie auch andere Dokumente ablegen, angelegt und verwendet, können Probleme und Datenverluste entstehen, wenn Sie in der Dokumentenbibliothek die Versionierung nutzen. OneNote verfügt über eine eigene Versionierung. Verwenden Sie also innerhalb der Teamwebsite das bereitgestellte Notizbuch. Möchten Sie weitere Notizbücher verwenden, erstellen Sie für diese zusätzlichen Notizbücher eine eigene Dokumentenbibliothek. Verwenden Sie aber auf keinen Fall die Versionierung der Bibliothek.

Das Notizbuch öffnen

Persönliche Notizbücher werden in OneDrive for Business gespeichert. Um OneNote auf einer Teamwebsite zu öffnen, müssen Sie über Lese- oder Schreibrechte verfügen. Besitzen Sie eines dieser Rechte und wird die Notizbuchfunktion in Ihrem Bereich verwendet, wird Ihnen in der Seiten- bzw. Schnellstartnavigation das Notizbuch angezeigt (siehe Abbildung 7.1).

Abbildung 7.1: Das OneNote-Notizbuch finden Sie in der Seiten- bzw. Schnellstartnavigation.

1. Klicken Sie zum Öffnen auf den Link **Notizbuch**.
2. Das Notizbuch wird in der Online-App geöffnet. Somit können Sie direkt über den Browser mit OneNote arbeiten.
3. Möchten Sie das Notizbuch in der Desktop-App öffnen, klicken Sie auf die Schaltfläche **In Desktop-App öffnen**.
4. Bestätigen Sie die nachfolgende Abfrage, dass Sie das Notizbuch öffnen möchten. Es öffnet sich die OneNote Desktop-App 2016.

Das Notizbuch der Teamwebsite in der OneNote-for-Windows-10-App öffnen

Die Voraussetzung für das Öffnen von Notizbüchern Ihrer Teamwebsites in der OneNote-for-Windows-10-App ist, dass Sie SharePoint Online oder OneDrive for Business in der Microsoft Cloud verwenden. Ihr Windows-Rechner muss mit Ihrem Microsoft-365-Account verbunden sein, sonst können Sie die Notizen der Teamwebsite nicht in der App öffnen.

Tipp   Wenn Sie privat ein Microsoft-Konto besitzen, haben Sie Zugang zu Ihrem privaten OneDrive-Speicher und können auch im privaten Bereich OneNote für Windows 10 verwenden.

---

1. Klicken Sie auf die **Windows-Schaltfläche** (siehe Abbildung 7.2) Ihres Windows-Rechners und geben Sie in das Suchfeld »OneNote« ein.
2. Wählen Sie im Windows-Menü **OneNote for Windows 10** aus. Es öffnet sich nun Ihr persönliches Notizbuch.

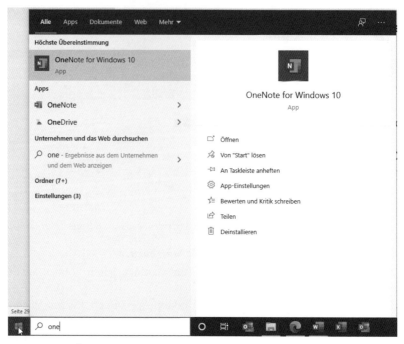

Abbildung 7.2: Öffnen der OneNote-for-Windows-10-App

3. Klicken Sie oben auf den Namen des geöffneten Notizbuchs (siehe Abbildung 7.3), damit Ihnen weitere Notizbücher angezeigt werden.

4. Falls Ihnen nicht alle Notizbücher angezeigt werden, können Sie über den Link **Weitere Notizbücher** Ihre Notizbücher auflisten oder über das Suchfeld nach einem vorhandenen Notizbuch suchen.

5. Wird Ihnen der Name des gewünschten Notizbuchs angezeigt, klicken Sie auf diesen. Das Notizbuch öffnet sich in der OneNote-für-Windows-10-App.

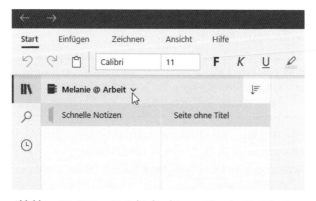

Abbildung 7.3: Weitere Notizbücher können über den Notizbuchnamen geöffnet werden.

Abschnitte und Seiten in der OneNote-for-Windows-10- und -Browser-App

Bei der Arbeit mit OneNote werden Sie innerhalb eines Notizbuchs jeweils mit Abschnitten und Seiten arbeiten. Ähnlich wie bei einem Papier-Notizbuch können Sie für die verschiedenen Themen innerhalb des Notizbuchs Abschnitte, also sozusagen Registerblätter, und darin Seiten einfügen.

OneNote-Notizbücher werden automatisch gespeichert und synchronisiert.

Abschnitte hinzufügen

Möchten Sie einen neuen Abschnitt innerhalb des geöffneten Notizbuchs einfügen, gehen Sie folgendermaßen vor:

Durch eindeutige Beschriftungen der Abschnitte können Sie die Notizen schneller wiederfinden.

1. Klicken Sie im unteren linken Bereich Ihres Notizbuchs auf den Link **Abschnitt hinzufügen** (siehe Abbildung 7.4). Überschreiben Sie direkt den Abschnitt mit dem gewünschten Namen, zum Beispiel »Protokolle«.
2. Bestätigen Sie Ihre Eingabe mit der ⏎-Taste.

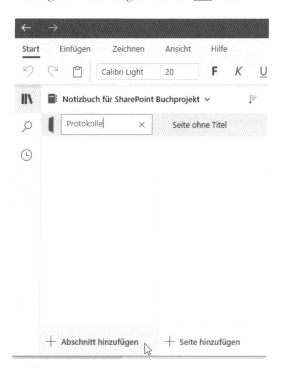

Abbildung 7.4: Einen neuen Abschnitt hinzufügen

Abschnitte umbenennen, löschen oder die Abschnittsfarbe ändern

Verwenden Sie Abschnittsfarben, um die Abschnitte besser auseinanderzuhalten.

1. Klicken Sie mit der rechten Maustaste auf den jeweiligen Abschnitt, den Sie umbenennen, löschen oder dessen Farbe Sie verändern möchten. Im Kontextmenü stehen Ihnen die jeweiligen Befehle zur Verfügung (siehe Abbildung 7.5).
2. Wählen Sie den gewünschten Befehl aus.

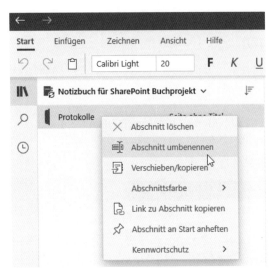

Abbildung 7.5: Mit dem Rechtsklick kann das Kontextmenü zum jeweiligen Abschnitt geöffnet werden.

Einen Abschnitt verschieben

Jeder Benutzer der Website kann die Abschnitte verschieben.

Um ein Abschnittsregister zu verschieben, zeigen Sie auf den Abschnittsnamen, halten die linke Maustaste gedrückt und ziehen den Abschnitt an die gewünschte Stelle. Alternativ können Sie auch mit dem Rechtsklick das Kontextmenü öffnen und darüber den Abschnitt in andere Notizbücher verschieben.

Seiten benennen und Seiten in einem Abschnitt hinzufügen

Der Titel einer Seite ist der Seitenname.

1. Wechseln Sie in den gewünschten Abschnitt.
2. Ihnen wird standardmäßig bereits eine Seite angezeigt. Vergeben Sie direkt einen Namen für die neue Seite, indem Sie in der Notizseite einen Titel eingeben (siehe Abbildung 7.6), zum Beispiel »Meeting/aktuelles Datum«.

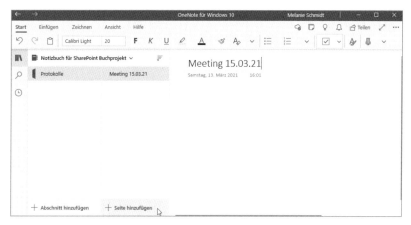

Abbildung 7.6: Seiten werden über den Titel der Notizseite benannt. Unten befindet sich der Link Seite hinzufügen.

3. Sie können weitere Seiten innerhalb eines Abschnitts hinzufügen. Klicken Sie unten im Fenster auf den Link **Seite hinzufügen** (siehe ebenfalls Abbildung 7.6).

Sie können für jedes Meeting eine eigene Seite erstellen, sodass Sie anhand des Seitentitels und Namens schnell zu den Notizen gelangen.

Eine Seite innerhalb eines Abschnitts verschieben

Um eine Seite zu verschieben, zeigen Sie auf den Seitennamen, halten Sie die linke Maustaste gedrückt und ziehen Sie die Seite an die gewünschte Stelle. Andere Benutzer können ebenfalls die Seiten verschieben. Sprechen Sie mit Ihrem Team, wer die Sortierung übernimmt.

Text eingeben und formatieren

In einer OneNote-Seite können Sie an beliebiger Stelle mit der Texteingabe beginnen.

1. Klicken Sie an eine Stelle in der gewünschten Seite.
2. Geben Sie einen Text ein. Der Text wird in einem Textfeld eingefügt und angezeigt.
3. Sobald Sie auf das Textfeld zeigen, wird Ihnen eine graue Leiste angezeigt. Darüber können Sie die Größe des Textfelds erweitern und reduzieren oder es auf der Seite verschieben.
4. Markieren Sie den Text innerhalb des Textfelds. Ihnen wird die Minisymbolleiste angezeigt. Sie können alternativ zur Minisymbolleiste auch das Register **Start** verwenden, um den Text zu formatieren.

Auch Bildausschnitte lassen sich in eine Notizseite einfügen.

OneNote-Notizen kategorisieren

Strukturieren Sie Ihre Notizen mit Kategorien.

Während des Meetings können Sie im Notizbuch Besprechungsnotizen anfertigen. Manchmal ergeben sich aus den Notizen Aufgaben, die zu einem Thema oder zu einem Projekt erledigt werden müssen. Damit Sie den Überblick in den Notizen behalten, können Sie Inhalte als Aufgaben kategorisieren. Dabei wird jedoch keine Aufgabe in Outlook erstellt.

1. Schreiben Sie auf einer Notizseite die Aufgaben untereinander oder einzeln auf.
2. Markieren Sie die gewünschten Inhalte, die Sie als Aufgaben kategorisieren möchten.
3. Drücken Sie die Tastenkombination ⌈STRG⌉+⌈1⌉. Vor den markierten Inhalten werden nun Checkboxen angezeigt. Durch einen Klick in eine Checkbox können Sie den Inhalt als erledigt kennzeichnen (siehe Abbildung 7.7).

Abbildung 7.7: Besprechungsnotizen wurden zu Notiz-Aufgaben kategorisiert. Dadurch entstehen keine Aufgaben in Outlook.

Hinweis   Im Register *Start* stehen Ihnen weitere Kategorien zur Verfügung. Wenn beispielsweise offene Fragen bestehen oder bestimmte Besprechungsnotizen besonders wichtig sind, können Sie den Stern verwenden. Passen Sie jedoch die vorhandenen Kategorien nicht an, das kann in der Zusammenarbeit zu Fehlern führen. Von Ihnen geänderte oder angelegte Kategorien werden bei Ihnen lokal angelegt. Nur Sie können die Kategorien sehen. Andere Kollegen können auf einer gemeinsamen Notizseite die von Ihnen geänderten oder neu angelegten Kategorien nicht sehen. Sie finden die jeweiligen Kategorien im Register *Start, Kategorien*.

Hinweis   Das Speichern von Eingaben erfolgt immer automatisch, Sie brauchen also nicht nach dem Diskettensymbol oder nach dem Befehl *Speichern* zu suchen.

Outlook-Besprechungsdetails einer Notiz hinzufügen

Möchten Sie beispielsweise zu einer Besprechungsnotiz innerhalb von OneNote die Teams- oder Outlookbesprechungsdetails wie die Teilnehmer, den Ort etc. einfügen, müssen Sie nicht alles aus Teams oder Outlook kopieren und einfügen.

Hinweis   Besprechungsdetails aus Outlook können in OneNote nur in Verbindung mit den Exchange-Server- oder Online-Diensten hinzugefügt werden.

---

1. Erstellen Sie für dieses Beispiel eine Besprechungsanfrage in Teams oder Outlook.
2. Wechseln Sie auf die OneNote-Notizseite, in die Sie die Details einfügen möchten.
3. Klicken Sie im Register *Einfügen* auf die Schaltfläche ***Besprechungsdetails***.
4. Gegebenenfalls müssen Sie sich an dieser Stelle mit Ihrem Microsoft-Konto anmelden. Wählen Sie dafür das ***Schul- oder Geschäftskonto*** aus. Melden Sie sich mit Ihrem Microsoft-Konto an. Verwenden Sie Ihre Firmen- bzw. Microsoft-E-Mail-Adresse und das Kennwort, das Sie am PC/Mac dafür verwenden.
5. Ihnen werden die Besprechungen des aktuellen Tags angezeigt. Klicken Sie auf den angezeigten Termin oder klicken Sie auf den Drop-down-Pfeil hinter *Heutige Besprechungen*, falls Sie die Besprechungsdetails aus vergangenen oder zukünftigen Terminen hinzufügen möchten (siehe Abbildung 7.8).

Abbildung 7.8: Auswahl der Besprechungsdetails, die aus Teams und Outlook stammen

6. Positionieren Sie den Cursor in der Notizseite, in die Sie die Besprechungsdetails einfügen möchten.
7. Klicken Sie auf den gewünschten Termin. Die Besprechungsdetails werden direkt in die Notiz eingefügt (siehe Abbildung 7.9).
8. Klicken Sie auf den Link ***Erweitern***, um den Einladungstext und die Teilnehmer einzublenden.

Abbildung 7.9: Die Besprechungsdetails wurden in OneNote eingefügt und können für Notizen in der Besprechung verwendet werden.

Notizseiten drucken

In der Online-App von OneNote können Sie über das Register **Datei** den Befehl **Drucken** öffnen. In der OneNote-for-Windows-10-App klicken Sie oben rechts auf die Schaltfläche **Einstellungen und mehr**, dargestellt durch die drei Punkte (siehe Abbildung 7.10), um in die Druckeinstellungen zu gelangen.

Abbildung 7.10: OneNote-Notizen können Sie drucken.

Aus einer E-Mail-Nachricht in Outlook eine OneNote-Notiz erstellen

Sie können empfangene oder gesendete Nachrichten aus Outlook schnell zu einer Notiz in OneNote hinzufügen.

1. Öffnen Sie die gewünschte E-Mail-Nachricht in Outlook.
2. Klicken Sie im Register *Nachricht* in der Gruppe *Verschieben* auf die Schaltfläche **OneNote** bzw. auf **Weitere Optionen**, dargestellt durch die drei Punkte (siehe Abbildung 7.11), und dann auf **OneNote**.

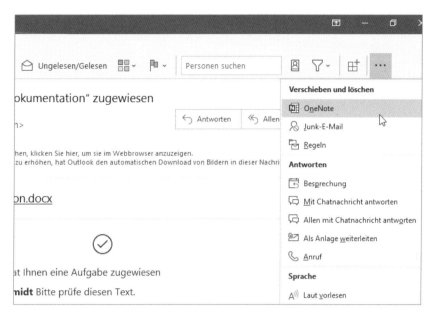

Abbildung 7.11: Das Menü Weitere Optionen *in Outlook, um die ausgewählte E-Mail in OneNote zu kopieren*

3. Wählen Sie im folgenden Dialogfeld das gewünschte Notizbuch, den Abschnitt und die gewünschte Seite aus, wohin Sie die Nachricht kopieren möchten.

4. Bestätigen Sie mit einem Klick auf die Schaltfläche **OK**.

Sämtliche Informationen der Nachricht und auch E-Mail-Anhänge werden nun der Notiz hinzugefügt. E-Mail-Anhänge sind als Verknüpfung hinterlegt.

Kapitel 8

OneDrive for Business

OneDrive for Business ist eine Bibliothek zum Speichern und Ablegen Ihrer persönlichen Dateien innerhalb Ihres SharePoint-Server- oder Online-Systems, die von Ihrer Administration entweder über die Onlineversion in der Cloud oder über die Servervariante im Unternehmen konfiguriert und gesichert wird. Die OneDrive-Bibliothek steht nur Ihnen alleine zur Verfügung, wenn Ihre IT-Abteilung oder der IT-Dienstleister keine gesonderten Einstellungen vorgenommen hat. Sie besitzen die Zugriffsrechte und entscheiden, ob Sie Ordner und Dateien innerhalb dieser Bibliothek mit anderen Personen teilen möchten oder nicht. OneDrive bietet durch die Sicherung in der Cloud oder in der IT-Abteilung eine gute Alternative zu Ihrem derzeitigen Laufwerksordner oder der Festplatte. Sie können diese Bibliothek anwenden wie alle anderen SharePoint-Bibliotheken auch.

Hinweis   Microsoft stellt für die private Nutzung OneDrive in der Cloud zur Verfügung. Dieser Hosting-Dienst ist kostenlos, und als Privatperson mit einem Microsoft- oder Outlook-Konto können Sie dort ebenfalls Dateien ablegen und mit Freunden oder der Familie teilen. Der Unterschied zwischen OneDrive und OneDrive for Business liegt darin, dass bei der Business-Variante die SharePoint-Technologien zum Einsatz kommen und Administratoren Ihres Unternehmens für die Bereitstellung und Sicherung in der Cloud oder auf dem hausinternen Server verantwortlich sind. Informationen über die private Nutzung von OneDrive finden Sie unter *https://onedrive.live.com.*

Dateien speichern – OneDrive oder SharePoint-Website

Für Ihren OneDrive-for-Business-Speicherort sind Sie alleine zuständig.

Auch wenn OneDrive for Business eine sehr nützliche Alternative zum Laufwerksordner darstellt, bedeutet das nicht, dass von nun an alle Dateien in Ihrer persönlichen OneDrive-Bibliothek abgelegt werden sollten. Wichtige Dokumente, die das gesamte Team betreffen, gehören auf die jeweilige Team- oder Kommunikationswebsite. Wenn Sie jedoch an Dateien arbeiten, die nicht im Zusammenhang mit einem Team oder einem Projekt stehen und Sie die Dateien keinem Team zuordnen können, speichern Sie sie in OneDrive for Business. Wenn Sie beispielsweise an einer Geschenkliste für Ihre Kollegin arbeiten, dann sollten Sie diese in Ihrer persönlichen OneDrive-Bibliothek ablegen und nur ausgewählten Zugriff erteilen. Dateien und Ordner, die Sie in OneDrive for Business hinzufügen oder anlegen, können nur Sie sehen und verwenden. Sie können Dateien und Ordner für sich alleine verwenden oder aber einzelne Dateien oder Ordner für andere Personen für die Bearbeitung oder nur für das Lesen freigeben. Der Ordner *Für jeden freigegeben* (siehe Abbildung 8.1) wird automatisch in OneDrive for Business mit SharePoint Server erstellt und ist tatsächlich für alle Mitarbeitenden Ihres Unternehmens frei zugänglich. Sie können die Freigaben jederzeit ändern, entfernen und auch den Ordner *Für jeden freigegeben* löschen, wenn Sie ihn nicht verwenden möchten. In OneDrive for Business mit SharePoint Online (siehe Abbildung 8.2) wird der Ordner nicht angelegt.

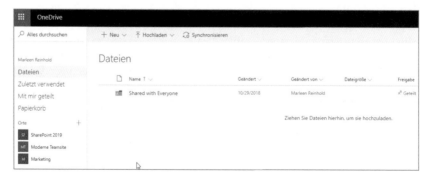

Abbildung 8.1: Die Bibliothek OneDrive for Business mit dem Ordner Für jeden freigegeben *mit SharePoint Server*

Abbildung 8.2: Die OneDrive-for-Business-Bibliothek in SharePoint Online

Die Benutzeroberfläche von OneDrive for Business

Über das App-Startfeld Ihrer SharePoint-Startseite oder Ihrer SharePoint-Intranet-Website können Sie OneDrive for Business öffnen. Mit dem SharePoint Server lässt sich OneDrive for Business nur öffnen, wenn es von der IT-Abteilung konfiguriert und freigegeben ist. Die Benutzeroberflächen unterscheidet sich etwas in der Server- und Onlinevariante.

Die OneDrive-Bibliothek basiert auf SharePoint-Technologien.

»Dateien« bzw. »Eigene Dateien«

Sobald Sie OneDrive for Business im Webbrowser öffnen, gelangen Sie in die gefilterte Ansicht *Dateien* mit SharePoint Server bzw. *Eigene Dateien* mit SharePoint Online. In diesem Bereich können Sie eigene Ordner und Dateien erstellen, ändern, verschieben und löschen. Sie finden oben in der Bibliothek die Menüleiste mit Befehlen für die Bibliothek. Diese verändert sich, sobald Sie ein Dokument oder einen Ordner in der Bibliothek auswählen. Dann stehen Ihnen Befehle für das ausgewählte Element zur Verfügung.

Ihre Bibliothek zum Organisieren Ihres OneDrive for Business

»Zuletzt verwendet«

Mithilfe der gefilterten Ansicht *Zuletzt verwendet* werden Ihnen Ihre zuletzt geöffneten oder bearbeiteten Dokumente innerhalb des SharePoint- oder des Microsoft-365-Portals angezeigt, sodass Sie schnell bestimmte Dateien, auch OneNote-Notizen, wiederfinden können.

»Wo befindet sich die Datei, die ich vorgestern bearbeitet habe?«

»Geteilt« bzw. »Mit mir geteilt«

»Ich finde die E-Mail mit dem Link zum Dokument nicht wieder.«

In diesem Bereich werden Ihnen die Ordner und Dateien angezeigt, die andere Personen für Sie freigegeben haben. Auch eine Übersicht über von Ihnen freigegebene Ordner und Dateien können Sie hier öffnen.

»Papierkorb«

Wenn Sie Ordner und Dateien, die Sie in OneDrive for Business gespeichert haben, löschen, verwenden Sie zum Wiederherstellen den Papierkorb in der Weboberfläche von OneDrive for Business.

Hinweis	Wenn Sie OneDrive for Business mit dem Computer oder Mac synchronisieren und eine Datei im Mac-Finder beziehungsweise im Datei-Explorer gelöscht haben, können Sie diese Datei im Papierkorb wiederherstellen. Auch eigene Dateien, die Sie im Teams-Chat gelöscht haben, finden Sie im Papierkorb der OneDrive-for-Business-Weboberfläche wieder.

»Bibliotheken« bzw. »Websites«

In der Weboberfläche von OneDrive for Business können Sie zu Bibliotheken Ihrer Websites navigieren.

In der Weboberfläche von OneDrive for Business mit Microsoft 365 werden Ihnen in der linken Navigation Bibliotheken vorgeschlagen, die von Team- und Kommunikationswebsites stammen, auf die Sie Zugriffsrechte besitzen. Sie können die Bibliotheken anklicken, aus OneDrive for Business heraus öffnen, auf die Inhalte zugreifen und Änderungen vornehmen. Der Link *Geteilte Bibliothek erstellen* ist mit Vorsicht zu verwenden, denn Sie erstellen dabei keine Dokumentenbibliothek, die Sie mit anderen Personen teilen; Sie erstellen beim Verwenden des Links vielmehr eine komplett neue Microsoft-365-Gruppe inklusive der Teamwebsite.

In SharePoint Server werden Ihnen in der linken Navigation Team- und Kommunikationswebsites vorgeschlagen, auf die Sie Zugriffsrechte besitzen. Sie können aus OneDrive for Business heraus auf die jeweilige SharePoint-Website navigieren.

Eine oder mehrere Dateien in OneDrive hochladen

Beachten Sie beim Hochladen von tiefgehenden Ordnerstrukturen, dass der Vorgang mit einer WLAN-Verbindung aus dem Homeoffice etwas länger dauern kann.

Möchten Sie ein Dokument in die OneDrive-Bibliothek hochladen, nehmen Sie folgende Schritte vor:

1. Sie befinden sich in der OneDrive-Bibliothek.
2. Klicken Sie auf den Link **Hochladen**.

3. In OneDrive for Business mit SharePoint Online können Sie auswählen, ob Sie Ordner oder Dateien hochladen möchten. Wählen Sie **Dateien** aus. Sie werden in den Datei-Explorer bzw. Mac-Finder weitergeleitet.

4. Wählen Sie das Laufwerk, den Ordner und die Datei aus, die Sie hochladen möchten.

5. Bestätigen Sie Ihre Auswahl mit einem Klick auf die Schaltfläche **Öffnen**. Die Datei wird direkt in die OneDrive-Bibliothek hochgeladen.

Alternativ können Sie auch Ordner und Dateien per Drag-and-drop in die Bibliothek ziehen. Informationen dazu finden Sie in Kapitel 13 im Abschnitt »Welche Inhalte sollen bereitgestellt werden?« auf Seite 263.

Eine Datei oder einen Ordner löschen

Gelöschte Ordner und Dateien verbleiben standardmäßig für 93 Tage im Papierkorb in der OneDrive-for-Business-Bibliothek. Zum Löschen eines Ordners oder einer Datei gehen Sie folgendermaßen vor:

Prüfen Sie, ob die Datei oder der Ordner wirklich gelöscht werden soll.

1. Wählen Sie den Ordner oder die Datei aus, indem Sie davor klicken und das Häkchen setzen.

2. Drücken Sie die [ENTF]-Taste auf der Tastatur und bestätigen Sie Ihr Löschvorhaben.

3. Alternativ verwenden Sie die Schaltfläche **Löschen** in der Menüleiste, nachdem Sie die Datei ausgewählt haben.

Ordner und Dateien wiederherstellen

Wenn Sie OneDrive for Business mit Ihrem Mac oder PC synchronisieren und dort Dateien löschen, finden Sie die gelöschten Dateien im Papierkorb der Weboberfläche von OneDrive for Business. Zum Wiederherstellen eines Ordners oder von Dateien gehen Sie folgendermaßen vor:

Nur in der Weboberfläche von OneDrive finden Sie den Papierkorb.

1. Navigieren Sie zu OneDrive for Business in der Weboberfläche.

2. Wählen Sie in der linken Navigation den **Papierkorb** aus.

3. Klicken Sie vor den gewünschten Ordner oder die Datei, die Sie wiederherstellen möchten.

4. Klicken Sie im oberen Bereich auf den Link **Wiederherstellen**. Die Datei wird am Ursprungsort Ihrer OneDrive-for-Business-Bibliothek wiederhergestellt.

Einen Ordner in der OneDrive-Bibliothek über den Webbrowser anlegen

Möchten Sie in Ihrem persönlichen OneDrive for Business einen Ordner anlegen, so gehen Sie folgende Schritte:

1. Sie befinden sich in der OneDrive-Bibliothek.
2. Klicken Sie auf die Schaltfläche **Neu**.
3. Klicken Sie auf **Ordner** und vergeben Sie einen Namen für diesen Ordner.
4. Bestätigen Sie Ihre Eingabe mit einem Klick auf die Schaltfläche **Erstellen**. Der Ordner steht Ihnen jetzt in der Bibliothek zur Verfügung.

Hinweis   Wenn Sie OneDrive for Business mit Ihrem Computer synchronisieren, können Sie auch über den Mac-Finder oder den Datei-Explorer Ordner anlegen.

Eine Datei oder einen Ordner freigeben

Ihre Freigaben können Sie jederzeit wieder entfernen.

Sie können in OneDrive for Business einzelne Dateien oder ganze Ordner für andere Personen freigeben.

1. Innerhalb der OneDrive-Bibliothek wählen Sie das Dokument oder den Ordner aus, den Sie freigeben möchten.
2. Klicken Sie in der Menüleiste auf die Schaltfläche **Teilen**.
3. Geben Sie im Dialogfenster (siehe Abbildung 8.3) die E-Mail-Adresse oder den Namen der Person ein, der Sie das Dokument oder den Ordner freigeben möchten, und wählen Sie die E-Mail-Adresse oder Person, die unterhalb Ihrer Eingabe angezeigt wird, aus.

Abbildung 8.3: Die Auswahl einer Person für die Freigabe eines Dokuments

4. Schreiben Sie bei Bedarf eine persönliche Nachricht (siehe Abbildung 8.4) unterhalb der E-Mail-Adresse bzw. des Namens der Person, die Sie ausgewählt haben.

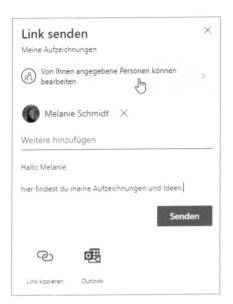

Abbildung 8.4: Die persönliche Nachricht und das Öffnen der Linkoptionen

Die Linkoptionen sind so eingestellt, dass die Personen, die Sie für die Freigabe ausgewählt haben, das Dokument oder den Ordner bearbeiten können. Möchten Sie diese Einstellungen ändern, klicken Sie oberhalb des hinzugefügten Namens beziehungsweise oberhalb der hinzugefügten E-Mail-Adresse auf die Schaltfläche *Von Ihnen angegebene Personen können bearbeiten*.

5. Wählen Sie eine gewünschte Option aus (siehe Tabelle 8.1) und deaktivieren Sie gegebenenfalls im unteren Bereich bei *Einstellungen* das Kontrollkästchen *Bearbeitung zulassen*. Damit legen Sie fest, dass die Datei oder der Ordner nur gelesen werden kann.

Freigabeoption	Beschreibung
Jeder	Wenn Sie diese Linkoption auswählen, kann jeder, der diesen Link besitzt, auf die von Ihnen geteilten Dateien oder Ordner zugreifen und sie bearbeiten. Auch fremde Personen, die Sie nicht kennen, können auf die Inhalte zugreifen, wenn ihnen der Link zum Beispiel in einer E-Mail weitergeleitet wurde. Wenn die Linkoption bei Ihnen ausgegraut ist, wurde diese in Ihrem Unternehmen deaktiviert.
Personen in Ihrem Unternehmen	Jede Person aus Ihrem Unternehmen, die den Link besitzt, zum Beispiel durch eine E-Mail-Weiterleitung, kann auf die von Ihnen geteilten Dateien und Ordner zugreifen und sie bearbeiten.
Personen mit Zugriff	Diese Linkoption verwenden Sie, wenn Sie einer Person bereits Zugriff erteilt haben, die Person jedoch den Link nicht auffinden kann.
Bestimmte Personen	Diese Linkoptionen können Sie verwenden, wenn Sie bestimmten unternehmensinternen und -externen Personen die Freigabe Ihrer Datei oder Ihren Ordner gewähren möchten. Der Link bezieht sich auf die von Ihnen angegebene E-Mail-Adresse und kann nicht von fremden Personen verwendet werden.

Tabelle 8.1: Freigaben über die Linkoptionen, die Sie auswählen können

6. Möchten Sie nicht, dass Ihre Datei lokal gespeichert wird, deaktivieren Sie dafür das Kontrollkästchen bei *Bearbeitung zulassen* und ziehen Sie den Regler bei **Download blockieren** nach rechts.

7. Haben Sie die gewünschten Einstellungen vorgenommen, bestätigen Sie diese mit einem Klick auf die Schaltfläche **Übernehmen**.

8. Prüfen Sie Ihre Eingaben und Ihre Auswahl und klicken Sie auf **Senden**.

Die von Ihnen ausgewählte Person erhält nun eine E-Mail-Nachricht mit dem Freigabelink (siehe Abbildung 8.5).

Abbildung 8.5: Die E-Mail an die freigegebene Person mit den Linkschaltflächen zum Öffnen des Inhalts

Freigaben aufheben

Sie können Freigaben von Dateien oder Ordnern jederzeit aufheben und somit entfernen. Nehmen Sie folgende Schritte vor, um die Freigaben aufzuheben.

1. Innerhalb der OneDrive-Bibliothek können Sie in der Ansicht *Dateien* bzw. *Eigene Dateien* in der Spalte *Freigabe* sehen, welche Dateien Sie geteilt haben.

2. Klicken Sie hinter dem Ordner oder dem Dokument, dessen Freigabe Sie aufheben möchten, auf den Link **Geteilt** (siehe Abbildung 8.6).

3. In Informationsbereich (siehe Abbildung 8.7) können Sie die Personen einblenden, denen Sie eine Freigabe erteilt haben. Erweitern Sie den Bereich **Von Ihnen angegebene Personen können bearbeiten**.

Abbildung 8.6: In der Ansicht Eigene Dateien *finden Sie den Link* Geteilt *in der letzten Spalte.*

4. Klicken Sie auf das **X** hinter der Person, der Sie die Freigabe entziehen möchten.

5. Alternativ klicken Sie oben im Bereich auf den Link ***Nicht mehr teilen***, um alle Freigaben für das Dokument oder den Ordner aufzuheben.

Abbildung 8.7: Freigaben können jederzeit entfernt werden.

6. Bestätigen Sie im nachfolgenden Dialog, dass Sie die Freigaben entfernen möchten.

Personen, die noch über den Freigabelink verfügen, jedoch keinen Zugriff mehr besitzen, erhalten nachfolgende Meldung (siehe Abbildung 8.8).

*Abbildung 8.8: Wenn die Freigaben zu einem Ordner oder einer Datei entzogen wurden,
erfolgt eine Meldung, wenn der Link verwendet wird.*

OneDrive-for-Business- und SharePoint-Bibliotheken mit dem Computer synchronisieren

OneDrive for Business wird auch als Synchronisations-Client bezeichnet.

Wenn Sie den Mac-Finder oder den Datei-Explorer verwenden möchten, um auf Ihre SharePoint- oder OneDrive-for-Business-Ordner und -Dateien zuzugreifen, können Sie jede SharePoint-Bibliothek oder Ihre OneDrive-for-Business-Bibliothek mit Ihrem Computer synchronisieren.

Achtung Beachten Sie nach der Synchronisation, dass Sie die im Mac-Finder oder im Datei-Explorer angezeigten Bibliotheken, die als Ordner dargestellt werden, nicht umbenennen oder löschen, da dies sich auf alle Benutzer auswirkt und zu technischen Problemen führen kann. Änderungen und Löschungen von ganzen Bibliotheken nehmen Sie immer in OneDrive for Business oder in SharePoint vor. Einzelne Dateien können Sie jedoch auch im Mac-Finder oder über den Datei-Explorer löschen oder Änderungen darin vornehmen.

1. Navigieren Sie zu Ihrer OneDrive-for-Business- oder SharePoint-Bibliothek, die Sie synchronisieren möchten.
2. Klicken Sie in OneDrive im Bereich *Dateien* bzw. *Eigene Dateien* und in SharePoint in der Menüleiste auf die Schaltfläche **Synchronisieren** (siehe Abbildung 8.9).

Abbildung 8.9: Die Synchronisation muss einmal manuell über die Schaltfläche
Synchronisieren *gestartet werden, danach erfolgt sie immer automatisch.*

3. Bestätigen Sie im nächsten Schritt, dass Sie die Anwendung öffnen möchten, und gehen Sie den Anweisungen nach.

Sie erhalten auf dem Bildschirm die Meldung, dass die Synchronisation erfolgreich gestartet ist. Zusätzlich finden Sie bei Windows in der Informationsleiste eine blaues Cloud-Symbol (siehe Abbildung 8.10). Beim Mac können Sie über den Finder auf OneDrive for Business zugreifen. Es sollte Ihnen auch ein schwarzes Cloud-Symbol in der Informationsleiste angezeigt werden. Der OneDrive-for-Business-Synchronisations-Client ist beim Mac- und Windows-System identisch.

4. Öffnen Sie den Mac-Finder oder den Windows-Datei-Explorer. Hier werden Ihnen nun Ihre SharePoint- bzw. OneDrive-for-Business-Bibliothek und die Inhalte Ihrer Bibliothek bzw. Ihres Cloudspeichers angezeigt (siehe Abbildung 8.11).

Abbildung 8.10: Die OneDrive-for-Business-App bzw. der Synchronisations-Client können über das Cloud-Symbol geöffnet werden.

Abbildung 8.11: Im Datei-Explorer werden SharePoint-Bibliotheken und der persönliche OneDrive-for-Business-Cloudspeicher angezeigt.

Hinweis   Sie können und sollten den Firmen- und OneDrive-Ordner nicht umbenennen.

Der Synchronisationsstatus mit SharePoint Online

Sie können im Mac-Finder oder Windows-Datei-Explorer jeweils den Status Ihres Dokuments oder des Ordners prüfen, wenn Sie SharePoint Online verwenden (siehe Tabelle 8.2).

Symbol	Bedeutung
☁ Verfügbar, wenn online	Das Dokument wird in der Cloud gespeichert. Es wird nicht lokal auf dem Computer oder mobilen Gerät gespeichert. Zur Verwendung des Dokuments wird eine Onlineverbindung benötigt.
⊘ Auf diesem Gerät verfügbar	Das Dokument ist in der Cloud gespeichert und befindet sich in der lokalen Bearbeitung auf dem Computer. Die Bearbeitung wird synchronisiert und beim Schließen der Datei ist das Dokument in der Cloud verfügbar.
⊚ Inhalt auf diesem Gerät verfügbar	Das Dokument ist in der Cloud und lokal auf dem Computer verfügbar. Sie können das Dokument auch im Offlinemodus bearbeiten. Es wird automatisch im Onlinemodus synchronisiert und aktualisiert. Beachten Sie jedoch, dass beim zeitgleichen Bearbeiten der Datei durch mehrere Personen das Speichern im Onlinemodus Vorrang hat und Ihre Arbeit im Offlinemodus gegebenenfalls überschrieben und nicht aktualisiert wird. Besprechen Sie unbedingt mit Ihren Kollegen, die ebenfalls am selben Dokument arbeiten, wie Sie die Offline- und Onlinearbeit regeln wollen.
♺ Wird aktualisiert	Das Dokument und die Verfügbarkeit werden aktualisiert.
✖ Aktualisierung/Synchronisation fehlgeschlagen	Die Synchronisation ist fehlgeschlagen.
☁ৎ Verfügbar, wenn online; geteilt	Das Dokument wird in der Cloud gespeichert und ist für andere Personen freigegeben/geteilt.

Tabelle 8.2: Der jeweilige Status eines Ordners oder einer Datei

---

Hinweis   Dateien und Ordner erhalten durch die Aktivierung der Funktion *Dateien auf Abruf* bzw. *Files on demand* in Verbindung mit SharePoint Online den jeweiligen Verfügbarkeitsstatus. Die Einstellungen dazu können Sie über das Cloud-Symbol von OneDrive for Business in den *Einstellungen* und im Register *Einstellungen* vornehmen. Befragen Sie sonst Ihre IT-Abteilung bzw. den IT-Dienstleister.

Die OneDrive-for-Business-Synchronisation anhalten

Möchten Sie die Synchronisation anhalten, können Sie das wie folgt vornehmen:

1. Klicken Sie auf das Cloud-Symbol innerhalb der Informationsleiste Ihres Macs oder Ihres Windows-Rechners.
2. Klicken Sie auf die Schaltfläche *Hilfe & Einstellungen*.
3. Klicken Sie auf die Einstellung *Synchronisation anhalten*.
4. Wählen Sie den Zeitraum aus, wie lange Sie die Synchronisation anhalten möchten.

Synchronisation beenden

Möchten Sie die Synchronisation von OneDrive for Business auf Ihrem System beenden, machen Sie das in der OneDrive-for-Business-App.

1. Klicken Sie auf das Cloud-Symbol in der Informationsleiste Ihres Systems.
2. Klicken Sie auf *Hilfe & Einstellungen*.
3. Klicken Sie auf *Einstellungen*. Es öffnet sich der Dialog für die Einstellungen.
4. Wählen Sie das Register *Konto* aus. Hier sehen Sie alle synchronisierten Konten und Bibliotheken aus OneDrive for Business und SharePoint (siehe Abbildung 8.12).

Abbildung 8.12: Das Beenden einer bestehenden Synchronisation mit Ihrem System

5. Klicken Sie im Bereich *Speicherorte* bei der Bibliothek, die Sie nicht mehr mit Ihrem System synchronisieren möchten, auf den Link **Synchronisierung beenden**.

6. Bestätigen Sie erneut mit **Synchronisation beenden**. Im Mac-Finder und im Windows-Datei-Explorer wird die Bibliothek nicht mehr angezeigt. Sie haben jedoch immer die Möglichkeit, die Synchronisation erneut in der Bibliothek zu starten.

Eine SharePoint-Bibliothek oder einzelne Ordner als Verknüpfung zu OneDrive for Business hinzufügen und entfernen

Mit Verknüpfungen können Sie Bibliotheken und Ordner in Ihrem OneDrive anzeigen lassen.

Alternativ zur Synchronisation von SharePoint-Bibliotheken können Sie Bibliotheken oder einzelne Ordner mit Ihren OneDrive for Business verknüpfen, sodass die Bibliotheken und Ordner in Ihrem OneDrive und bei einer Synchronisation mit dem Mac-Finder oder dem Datei-Explorer von Windows als Verknüpfung in Ihrem persönlichen OneDrive angezeigt wird. Sie können über die Verknüpfung auf vorhandene Dateien zugreifen, sie bearbeiten oder auch neue Dateien dort speichern.

1. Öffnen Sie die gewünschte SharePoint-Bibliothek, die Sie als Verknüpfung zu Ihrem OneDrive for Business hinzufügen möchten oder in der sich ein Ordner befindet, den Sie verknüpfen möchten.

2. Wenn Sie einen Ordner verknüpfen möchten, wählen Sie diesen aus.

3. Klicken Sie oben in der Menüleiste auf die Schaltfläche **Verknüpfung zu OneDrive hinzufügen**.

4. Wechseln Sie über das App-Startfeld zu OneDrive.

5. In der Ansicht *Eigene Dateien* wird Ihnen die Bibliothek ganz oben angezeigt.

6. Wenn Sie OneDrive for Business mit Ihrem PC oder Mac synchronisieren, öffnen Sie den Mac-Finder oder Ihren Datei-Explorer.

7. Wählen Sie Ihren persönlichen Speicher *OneDrive* aus. Ihnen werden die Verknüpfungen als Ordner angezeigt. Im Datei-Explorer von Windows wird zusätzlich ein Verknüpfungssymbol am Ordner und beim Status angezeigt.

Da es sich um eine Verknüpfung handelt, könnten Sie an dieser Stelle den Ordner umbenennen, was in diesem Fall keine Auswirkung auf die Bibliothek in der SharePoint-Website hat. Die SharePoint-Bibliothek bleibt auf der Website im Ursprung erhalten.

Sie können die Verknüpfung zu einer SharePoint-Bibliothek oder zu einem Ordner mithilfe der OneDrive-for-Business-Weboberfläche oder aus dem Mac-Finder bzw. Datei-Explorer entfernen.

1. Öffnen Sie die Weboberfläche von OneDrive for Business. Klicken Sie dazu auf das **App-Startfeld**.

2. Wählen Sie die ganze Bibliothek oder einen Ordner in der Bibliothek aus, dessen Verknüpfung Sie aufheben möchten.

3. Klicken Sie in der Menüleiste oben auf die Schaltfläche **Entfernen**. Die Bibliothek wird nun nicht mehr in Ihrem OneDrive in der Weboberfläche und auch nicht mehr im Mac-Finder bzw. Datei-Explorer angezeigt.

Alternativ können Sie die Verknüpfung auch im Mac-Finder oder Datei-Explorer entfernen:

1. Öffnen Sie Ihren Mac-Finder oder den Datei-Explorer und öffnen Sie OneDrive.

2. Klicken Sie mit der rechten Maustaste auf die verknüpfte Bibliothek oder den verknüpften Ordner.

3. Wählen Sie im Kontextmenü den Befehl **Verknüpfung entfernen**. Die Verknüpfung wird sofort aufgehoben und die Bibliothek wird nicht mehr im Mac-Finder oder Datei-Explorer angezeigt.

Auch in der Weboberfläche von OneDrive steht Ihnen die Bibliothek oder der Order nicht mehr zur Verfügung. Sie können jederzeit die Verknüpfung erneut hinzufügen.

Kapitel 9
Listen

In SharePoint Online mit Microsoft 365 wurde von Microsoft eine Listen-App eingeführt, mit der Sie moderne Listen erstellen und einer Microsoft-365-Gruppe und somit einer modernen Website zuordnen oder nur für sich nutzen können. Bei Microsoft Lists handelt es sich um eine erneuerte, moderne App der Share-Point-Listen, in denen bereits weitere Serverdienste integriert sind. SharePoint-Listen bieten eine gute Alternative zu Word- oder Excel-Listen, in denen Sie einfache Werte eingeben können.

In Microsoft Lists werden Ihnen alle persönlichen Listen und Listen Ihrer Websites zentral angezeigt.

Beim SharePoint Server stehen die Listen nicht in Verbindung mit weiteren Serverdiensten, sodass sich Bedienung und Funktionen der einzelnen Listen unterscheiden können.

Als App hinzugefügte Listen werden mit dem SharePoint Server erstellt.

Listen erstellen

Sie können in beiden SharePoint-Versionen moderne Listenvorlagen verwenden oder eigene, benutzerdefinierte Listen erstellen. Die einzelnen Listenvorlagen habe ich in Kapitel 1 im Abschnitt »Listen« auf Seite 35 vorgestellt. Beachten Sie, dass es in der Onlinevariante immer wieder Neuerungen geben kann und weitere Listenvorlagen von Microsoft bereitgestellt werden.

Eine benutzerdefinierte Liste erstellen

Benutzerdefinierte Listen basieren auf keiner Vorlage und besitzen somit nur die Titelspalte. Sie können eigene Spalten in der Liste erstellen oder wie bei den Bibliotheken auch aus vorhandenen Websitespalten auswählen. Listenelemente können anhand der Spalten gefiltert und sortiert werden. Zusätzlich können Sie gefilterte oder gruppierte Ansichten speichern, wenn Sie entsprechende Auswahlspalten in der Liste erstellt haben.

In diesem Abschnitt möchte ich Ihnen zeigen, wie Sie eine benutzerdefinierte Liste und neue Spalten erstellen können. Als Beispiel möchte ich mit Ihnen eine Liste für eine Besucherprotokollierung erstellen. Solch eine Liste ist eine wichtige Voraussetzung für einen professionellen Empfang von Kunden und Besuchern. Besucher erhalten bei der Ankunft einen Besucherausweis. Dieser ist bereits ausgedruckt und liegt am Empfang. Bei der Protokollierung der Besucher werden zurzeit manuell in einer ausgedruckten Liste folgende Informationen erfasst:

- Anrede, Name und Firma des Besuchers
- besuchte Person
- Ankunftszeit und Abreisezeit
- zugeteilte Besucherausweis-Nummer

Um eine benutzerdefinierte Liste zu erstellen, gehen Sie folgendermaßen vor:

1. Öffnen Sie Ihre Teamwebsite.
2. Klicken Sie im Startbereich in der Menüleiste auf die Schaltfläche *Neu*.
3. Wählen Sie im Menü den Eintrag *Liste* aus.
   - Je nach eingesetzter SharePoint-Version gelangen Sie beim SharePoint Server zum Formular *Liste erstellen* (siehe Abbildung 9.1).
   - Bei SharePoint Online werden Sie zur Listenauswahl weitergeleitet. Klicken Sie in der Listenauswahl auf die Schaltfläche *Leere Liste* (siehe Abbildung 9.2).

Abbildung 9.1: Mit dem SharePoint Server werden Sie zum Formular Liste erstellen weitergeleitet.

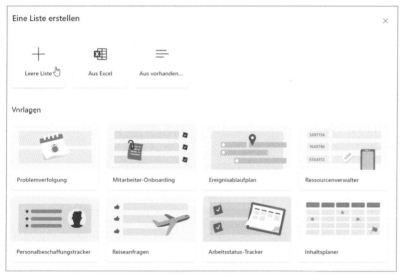

Abbildung 9.2: Die Listenauswahl mit SharePoint Online

4. Vergeben Sie den *Namen* »Besuchervoranmeldung« und fügen Sie die Beschreibung »Diese Liste wird als Beispiel für das SharePoint-Buch verwendet« für Ihre Liste hinzu.

5. Belassen Sie die Option *In Websitenavigation anzeigen* bestehen, damit die Liste in der Seitennavigation Ihrer Website angezeigt wird.

6. Bestätigen Sie Ihre Eingaben mit einem Klick auf die Schaltfläche **Erstellen**. Sie werden in die neue Liste (siehe Abbildung 9.3) weitergeleitet.

Die Menüleiste unterscheidet sich in den jeweiligen SharePoint-Versionen.

Abbildung 9.3: Die benutzerdefinierte Liste in SharePoint Online

Wenn Sie auf die Schaltfläche *Neu* klicken, werden Sie feststellen, dass wir nur die Angaben zum Titel dieses Elements hinzufügen können (siehe Abbildung 9.4). Das liegt daran, dass unserer Liste jegliche Spalten für die Informationen fehlen.

Abbildung 9.4: Das Eingabeformular für ein neues Listenelement mit der Titelspalte

---

Hinweis   Die Spalte *Titel* ist eine reservierte Spalte und wird in jeder Liste und Bibliothek automatisch angelegt. Die Titelspalte sollte nicht gelöscht werden. Sie können sie jederzeit umbenennen und ausblenden.

Spalten erstellen

Die von uns erstellte Liste *Besuchervoranmeldung* benötigt weitere Spalten, damit die Informationen wie Besuchername, Ankunftszeit etc. von den Mitarbeitenden eingegeben werden können. Um diese Eingaben vorzunehmen, schließen Sie das Formular für das neue Element, indem Sie auf die Schaltfläche **Abbrechen** klicken.

Es gibt von SharePoint mitgelieferte Websitespalten. Nicht jede Spalte muss neu erstellt werden.

1. Klicken Sie in der Liste auf die Spaltenüberschrift + **Spalte hinzufügen**.
2. Wählen Sie im Spaltenauswahlmenü die Spalte **Einzelne Zeile Text** aus (siehe Abbildung 9.5). Ihnen wird rechts im Fenster der Bearbeitungsbereich angezeigt.

Abbildung 9.5: Die Spaltenauswahl für neue Spalten

3. Vergeben Sie für die Spalte den Spaltennamen »Besuchername«.
4. Schreiben Sie in das Feld **Beschreibung** den Text: »Bitte geben Sie den Besuchernamen ein.« Dieser Anleitungstext wird später in dem Elementformular angezeigt.
5. Klicken Sie auf den Link **Weitere Optionen**.
6. Aktivieren Sie die Option **Anfordern, dass diese Spalte Informationen enthält** (siehe Abbildung 9.6). Damit erstellen Sie ein Pflichtfeld.

Abbildung 9.6: Anwender können das Formular ohne Eingabe nicht speichern.

7. Übernehmen Sie alle weiteren Einstellungen und bestätigen Sie Ihre Eingaben mit der Schaltfläche **Speichern**.

8. Erstellen Sie eigenständig eine weitere Textzeilenspalte mit dem Namen »Firma«.

Für die Spalte *Anrede* möchten wir es unseren Mitarbeitenden leichter machen, indem wir ihnen eine Auswahl zur Verfügung stellen. Hierfür benötigen wir eine weitere Spalte.

1. Klicken Sie erneut auf die Spaltenüberschrift + **Spalte hinzufügen**.

2. Wählen Sie im Spaltenauswahlmenü die Spalte **Auswahl** aus.

3. Vergeben Sie den Spaltennamen **Anrede**.

4. Schreiben Sie in das Feld **Beschreibung** den Text »Bitte wählen Sie die Anrede.«.

5. Im Bereich *Auswahlmöglichkeiten* löschen oder überschreiben Sie die Auswahl 1–3 mit »Frau«, »Herr« und »Frau Dr.«.

6. Mit SharePoint Online klicken Sie auf den Link **Auswahl hinzufügen**.

7. Löschen oder überschreiben Sie die Auswahl mit »Herr Dr.«.

8. Mit SharePoint Online löschen Sie die Farbauswahl. Klicken Sie dafür hinter jeden Eintrag, klicken Sie auf die Schaltfläche **Mischpalette** und wählen Sie **Keine Füllung** (siehe Abbildung 9.7).

9. Damit die Mitarbeitenden nicht aufgeführte Titel eingeben können, aktivieren Sie das Kontrollkästchen **Kann Werte manuell hinzufügen**.

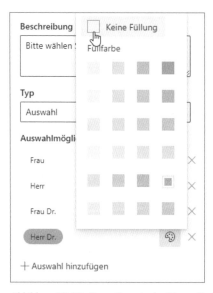

Abbildung 9.7: Die Darstellung in der Liste soll schlicht angezeigt werden, ohne Formatierung.

10. Klicken Sie auf den Link **Weitere Optionen**.

11. Aktivieren Sie die Option **Anfordern, dass diese Spalte Informationen enthält**.

12. Übernehmen Sie die Einstellungen und bestätigen Sie sie mit einem Klick auf **Speichern**.

Für die Informationen bezüglich der besuchten Person greifen wir auf das Adressverzeichnis, welches von der IT-Abteilung gepflegt wird, zurück. Die Mitarbeitenden können dann aus dem Verzeichnis den oder die Besuchsempfänger auswählen. Wir benötigen hierfür eine weitere Spalte.

1. Klicken Sie erneut auf die Spaltenüberschrift + *Spalte hinzufügen*.
2. Wählen Sie im Spaltenauswahlmenü die Spalte *Person* aus.
3. Vergeben Sie den Spaltennamen »Besuchte Person«.
4. Schreiben Sie in das Feld *Beschreibung* den Text »Bitte wählen Sie den Besuchsempfänger.«.
5. Aktivieren Sie die Option *Mehrfachauswahl zulassen*, damit mehrere Personen ausgewählt werden können.
6. Klicken Sie auf den Link *Weitere Optionen*.
7. Aktivieren Sie die Option *Anfordern, dass diese Spalte Informationen enthält*.
8. Übernehmen Sie die Einstellungen und bestätigen Sie sie mit einem Klick auf *Speichern*.

Damit auch die genaue Ankunftszeit erfasst werden kann, benötigen wir eine weitere Spalte mit diesen Informationen.

1. Erstellen Sie eine neue Spalte und wählen Sie im Spaltenauswahlmenü die Spalte *Datum* aus.
2. Vergeben Sie den Namen »Ankunftszeit«.
3. Aktivieren Sie die Option *Uhrzeit einschließen*.
4. Klicken Sie auf den Link *Weitere Optionen*.
5. Aktivieren Sie die Option *Anfordern, dass diese Spalte Informationen enthält*.
6. Bestätigen Sie sie mit einem Klick auf *Speichern*.

In diesem Beispiel gibt es Besucherausweise, die bereits nummeriert sind. Die zugeteilten Besucherausweisnummern möchten die Empfangsmitarbeiter jeweils dem Listenelement hinzufügen können. Wir benötigen somit eine Spalte für die Besucherausweisnummer.

1. Erstellen Sie eine neue Spalte und wählen Sie im Spaltenauswahlmenü die Spalte *Zahl* aus.
2. Vergeben Sie den Namen »Besucherausweis-Nr.:« und fügen Sie eine Beschreibung hinzu.
3. Legen Sie fest, dass keine Dezimalstellen dargestellt werden sollen.
4. Klicken Sie auf den Link *Weitere Optionen*.

   In dieser Spalte müssen zunächst keine Eingaben enthalten sein, da die Empfangsmitarbeiter diese Informationen dem Listenelement im Nachhinein zuweisen werden. Es gibt insgesamt 20 Ausweise, deshalb möchten wir die Eingabe zwischen 01 und 20 eingrenzen.

5. Geben Sie im Bereich *Minimal zulässiger Wert* den Wert »01« und im Bereich *Maximal zulässiger Wert* den Wert »20« ein, um die Eingabe zu begrenzen.
6. Speichern Sie Ihre Eingaben. Prüfen Sie die Eingaben, indem Sie auf den Link *Neu* klicken. Geben Sie einen Testeintrag ein und speichern Sie ihn.

Sie werden feststellen, dass die Reihenfolge der Eingabefelder nicht optimal gewählt ist (siehe Abbildung 9.8). Logischer wäre es, wenn beispielsweise das Aus-
wahlfeld *Anrede* vor *Besuchername* platziert wäre. Wie Sie die Reihenfolge ändern,
erfahren Sie im Abschnitt »Die Reihenfolge von Eingabefeldern in Elementformu-
laren ändern« auf Seite 170. Auch die Titelspalte muss von jedem Mitarbeitenden
ausgefüllt werden, was die Eingabe nicht unbedingt vereinfacht. Durch einige Änderungen der Listenspalten können wir diese kleinen Probleme lösen.

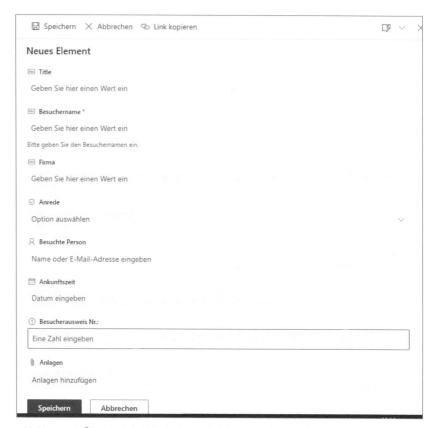

Abbildung 9.8: Über die Schaltfläche Neu *wird das Formular geöffnet.*

Spalten anpassen

Zunächst werden wir einen Standardwert für die Titelspalte festlegen und bestimmen, dass diese Spalte keine Informationen enthalten muss.

1. Wechseln Sie in die Einstellungen der *Liste*. Klicken Sie dafür auf das Zahn-
    radsymbol oben rechts im Fenster und wählen in den Einstellungen die **Lis-
    teneinstellungen**.
2. Klicken Sie im Bereich *Spalten* auf den Namen der Spalte **Titel** (siehe Abbil-
    dung 9.9).

Abbildung 9.9: Durch Klicken auf den Spaltennamen gelangt man in die Spalteneinstellungen.

3. Im Bereich *Diese Spalte muss Informationen enthalten* (siehe Abbildung 9.10) wählen Sie die Option **Nein**.

4. Geben Sie im unteren Bereich der Einstellungen bei *Standardwert* »Besuchervoranmeldung« ein.

   Damit wird der Eintrag *Besuchervoranmeldung* standardmäßig als Vorgabe in jedem neuen Element automatisch eingetragen. Die Mitarbeitenden brauchen diese Spalte nicht mehr auszufüllen.

5. Bestätigen Sie Ihre Eingabe mit einem Klick auf **OK**. Bleiben Sie im Fenster.

Einstellungen ‣ Spalte bearbeiten ⓘ

Name und Typ

Geben Sie einen Namen für diese Spalte ein.

Spaltenname:

Title

Der Informationstyp in dieser Spalte ist:

Eine Textzeile

Zusätzliche Spalteneinstellungen

Bitte geben Sie die detaillierten Optionen für den von Ihnen ausgewählten Informationstyp an.

Beschreibung:

Diese Spalte muss Informationen enthalten:

○ Ja ● Nein

Eindeutige Werte erzwingen:

○ Ja ● Nein

Maximale Anzahl Zeichen:

255

Standardwert:

● Text ○ Berechneter Wert

Besuchervoranmeldung

Abbildung 9.10: Die Spalte Titel *mit einem Standardwert, der automatisch jedem neuen Element zugewiesen wird*

Tipp	Eine Alternative wäre eine Umbenennung der Spalte *Titel* z. B. in »Besuchername«. Dann könnten die Mitarbeitenden den Besuchernamen direkt in diese umbenannte Spalte eintragen. In diesem Beispiel geht es jedoch um das Setzen der Standardwerte.

Die Reihenfolge von Eingabefeldern in Elementformularen ändern

Zum Abschluss werden Sie die Eingabefeld-Reihenfolge, also die Sortierung der Spalten im Formular, ändern. Die Reihenfolge, die wir jetzt festlegen, wirkt sich direkt im Elementformular aus.

1. Wechseln Sie in die **Listeneinstellungen**.
2. Klicken Sie im Bereich *Spalten* auf den Link **Spaltensortierung** (siehe Abbildung 9.11).

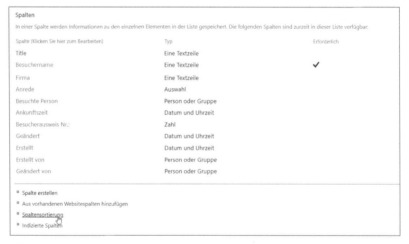

Abbildung 9.11: Der Link Spaltensortierung *befindet sich im Bereich* Spalten.

3. Legen Sie die Reihenfolge so fest, dass die Felder im Formular logisch aufeinanderfolgen (siehe Abbildung 9.12).
4. Bestätigen Sie Ihre Eingabe mit einem Klick auf **OK**.

Prüfen Sie erneut die Eingabe in einem neuen Element und ändern Sie gegebenenfalls die Feld- bzw. Sortierreihenfolge.

Abbildung 9.12: Die Feldreihenfolge für das Eingabeformular

Listenvorlagen mit SharePoint Server

SharePoint Online und SharePoint Server bieten bereits mitgelieferte Listenvorlagen, die Sie direkt von der Team- oder Kommunikationswebsite aus erstellen können. SharePoint Server verfügt nicht über die Lists-App und verwendet die klassischen Listenvorlagen mit dem Design aus SharePoint 2016. Sie können wie folgt auf die Listenvorlagen zugreifen:

1. Öffnen Sie Ihre Team- oder Kommunikationswebsite.
2. Klicken Sie in der Menüleiste auf die Schaltfläche **Neu**.
3. Klicken Sie im Menü auf **App**. Sie sehen alle vom SharePoint Server bereitgestellten Listen und Bibliothek, die Sie verwenden können.
4. Wählen Sie für dieses Beispiel die Listenvorlage **Problemverfolgung** aus.
5. Vergeben Sie einen Namen und eine Beschreibung für die Liste.
6. Bestätigen Sie Ihre Eingabe mit einem Klick auf die Schaltfläche **Erstellen**.

Listeneinstellungen

Sie können sämtliche Einstellungen für die Liste mithilfe der Listeneinstellungen vornehmen. Diese finden Sie in klassischen Listen im Register *Liste* und in der Gruppe *Einstellungen* (siehe Abbildung 9.13).

Abbildung 9.13: Das Register Liste *und die Listeneinstellungen*

Spalten in klassischen Listen erstellen

Sie können über das Register *Liste* Spalten erstellen. Klicken Sie dazu in der Regis-
tergruppe *Ansichten verwalten* auf die Schaltfläche *Spalten erstellen*. Alternativ
lassen Sie sich über das Register *Liste* (siehe Abbildung 9.14) die Ansicht *QuickEdit*
einblenden. Hier können Sie Spalten mithilfe des Pluszeichens über der letzten
Spalte erstellen.

Abbildung 9.14: Die Ansicht QuickEdit *und das Pluszeichen oberhalb der letzten Spalte*

Ansichten in klassischen Listen

Sie können in klassischen Listen filtern und daraus Ansichten erstellen. Sie finden die Ansichten direkt in der Liste unterhalb der Schaltfläche *Neues Element*
bzw. über das Menü *Weitere Optionen*, dargestellt durch die drei Punkte (siehe Abbildung 9.15).

Abbildung 9.15: Die Problemverfolgungsliste besitzt bereits drei Ansichten.

Ansichten erstellen in klassischen Listen

Sie können wie in modernen Listen zunächst nach Inhalten filtern und sortieren und dann eine neue Ansicht erstellen. Sobald Sie einen Filter in einer Spalte gesetzt haben, wir Ihnen der Link *Diese Ansicht speichern* angeboten. Klicken Sie auf den Link, um die Ansicht zu speichern (siehe Abbildung 9.16).

Abbildung 9.16: Wenn Sie sortieren oder filtern, wird Ihnen sofort der Link Ansicht speichern *angeboten.*

Ansichten ändern oder löschen in klassischen Listen

Sie können in den klassischen Listen vorhandene Ansichten ändern und löschen. Klicken Sie zunächst die Ansicht an, die Sie ändern oder löschen möchten. Klicken Sie dann auf das Menü *Weitere Optionen*, dargestellt durch die drei Punkte, und wählen Sie die Option *Ansicht ändern* (siehe Abbildung 9.17). Sie können auch dort die Ansicht löschen.

Abbildung 9.17: Das Menü Weitere Optionen *und die Option* Ansicht ändern

Teil B
Dokumentenmanagement

Mit SharePoint können Sie Ihre Dateien innerhalb von Bibliotheken ablegen und verwalten. Sie können die von SharePoint mitgelieferte Versionierung verwenden, um Ihre Dokumente in Haupt- und Nebenversionen zu speichern und die Versionsnummern in der Bibliothek anzeigen lassen. So können Sie bei Bedarf auf eine ältere Version zugreifen und diese wiederherstellen. Mithilfe von Eigenschaften, die auch als Metadaten bezeichnet werden, können Sie erweiterte Filtermöglichkeiten nutzen, um auf bestimmte Dateien schneller zuzugreifen. Zusätzlich werde ich in diesem Teil des Buchs auf die Verwendung von eigenen Office-Vorlagen in Bibliotheken und der sogenannten Dokumentenmappe eingehen. Eine Dokumentenmappe können Sie einsetzen, wenn Sie zu verschiedenen Geschäftsfällen gebündelt Dateien ablegen möchten.

Kapitel 10

Grundlagen des Dokumentenmanagements

SharePoint verfügt über Funktionen, die im Dokumentenmanagement eingesetzt werden können. So verfügen beispielsweise alle Versionen von SharePoint über die Versionierung von Dokumenten: Damit kann festgelegt werden, dass Änderungen an Dateien in Versionen nachverfolgt und bei Bedarf wiederhergestellt werden.

Auch die Funktionen des Ein- und Auscheckens stehen allen SharePoint-Anwendern zur Verfügung. Dadurch können Sie alleine an einem Dokument arbeiten, ohne dass andere Personen es zeitgleich öffnen und bearbeiten können. Durch zusätzliche Eigenschaften innerhalb von Dokumenten, die als Metadaten bezeichnet werden, können Informationen schneller und somit effizienter gefiltert, gesucht und wiedergefunden werden.

Versionsnummern erstellt SharePoint automatisch oder werden vom Benutzer festgelegt.

Reservieren Sie das Dokument für sich, indem Sie es auschecken.

Ebenso können sogenannte Websiteinhaltstypen in allen SharePoint-Versionen verwendet werden, was beispielsweise dann sinnvoll ist, wenn Sie für bestimmte Geschäftsbereiche Ihre firmeninternen Dokumentvorlagen wie den Firmenbrief, Berichte und andere Geschäftsvorlagen innerhalb einer Bibliothek für das Team bereitstellen möchten.

Geschäftsvorlagen sollten zentral von der IT- oder Marketingabteilung gesteuert werden.

Somit hat jedes Teammitglied die Möglichkeit, innerhalb der Bibliothek über die Schaltfläche *Neu* die als Inhaltstyp festgelegten Vorlagen zu öffnen und direkt aus SharePoint heraus zu bearbeiten. In den Server- und Onlineversionen gibt es zusätzlich zu den bereits genannten Funktionen erweiterte Dokumentenmanagementfunktionen wie das Anlegen von Dokumentenmappen als Websiteinhaltstypen, die vergleichbar mit elektronischen Akten sind. Die Server-, Enterprise- und die SharePoint-Online-Versionen einiger E-Pläne bieten noch weitere Funktionen in den Bereichen Metadatenmanagement und Websiteinhaltstypen. Zusätzlich können in diesen Versionen die Websitevorlagen *Dokumentcenter* und *Datenarchiv* für die Bearbeitung und Archivierung großer Datenmengen verwendet werden.

Zunächst möchte ich in diesem Kapitel die Möglichkeiten des Dokumentenmanagements aufzeigen, die in allen SharePoint-Versionen durchgeführt werden können. Verwenden Sie für die nachfolgenden Beispiele die eigene Teamwebsite, auf der Sie über die Rolle des Besitzers verfügen.

Eine Dokumentenbibliothek erstellen

Jede Liste oder Bibliothek kann individuell konfiguriert werden.

Damit Sie die nachfolgenden Schritte für das Versionieren von Dateien ausprobieren können, sollten Sie eine neue Dokumentenbibliothek erstellen. Verwenden Sie keine Bibliotheken, mit denen Ihre Kollegen bereits arbeiten. Es kommt durch die vorgenommenen Einstellungen zu Änderungen in der Arbeitsweise mit den Dateien innerhalb der Bibliothek. Sie können als Besitzer einer Teamwebsite beliebig viele Listen und Bibliotheken anlegen.

Zum Erstellen einer neuen Dokumentenbibliothek auf Ihrer Teamwebsite nehmen Sie folgende Schritte vor:

1. Navigieren Sie auf Ihre Teamwebsite, auf der Sie unsere Beispiele ausprobieren möchten.

2. Klicken Sie im Startbereich der Teamwebsite auf die Schaltfläche **Neu** (siehe Abbildung 10.1).

3. Wählen Sie den Eintrag **Dokumentenbibliothek**, um eine neue Bibliothek zu erstellen.

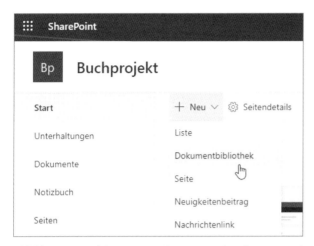

Abbildung 10.1: Auf der Startseite Ihrer Teamwebsite können Sie über die Schaltfläche Neu *eigene, neue Bibliotheken erstellen.*

4. Vergeben Sie einen Namen für die Dokumentenbibliothek. Schreiben Sie »Versionierte Dokumente« (siehe Abbildung 10.2).

5. Fügen Sie eine Beschreibung, den Verwendungszweck für diese Dokumentenbibliothek hinzu.

6. Übernehmen Sie alle weiteren Einstellungen und klicken Sie auf die Schaltfläche **Erstellen**. Sie werden in die Dokumentenbibliothek weitergeleitet (siehe Abbildung 10.3).

Abbildung 10.2: Vergeben Sie immer einen kurzen, eindeutigen Namen und eine Beschreibung für die Bibliotheken, die Sie anlegen.

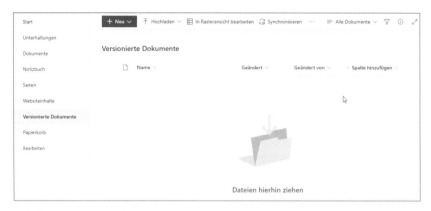

Abbildung 10.3: Die erstellte Dokumentenbibliothek wird auch in der Schnellstart- bzw. Seitennavigation angezeigt.

Dokumente in Haupt- und Nebenversionen speichern

Entwürfe werden in der Nebenversion gespeichert und finale Versionen werden als Hauptversion veröffentlicht.

In Bibliotheken kann festgelegt werden, dass Änderungen an Dateien in Versionen nachverfolgt und bei Bedarf wiederhergestellt werden können. Sie können Dateien im Entwurf, als Nebenversion oder in einer Hauptversion speichern. Die Hauptversion ist immer die aktuelle Version des Dokuments. Wurden in einer Bibliothek die Versionierung und das Auschecken von Dokumenten aktiviert, so erhalten Sie beim Speichern oder Schließen eines Dokuments einen Dialog zum Festlegen und zum Kommentieren der Version. Wenn beispielsweise an einem Dokument etwas geändert wird, kann die Person, die die Änderungen vornimmt, das Dokument für die gesamte Belegschaft als Hauptversion einchecken und damit veröffentlichen.

Benutzer mit lesendem Zugriff können in SharePoint Server auf allen Websitevorlagen festgelegt werden. In der SharePoint-Online-Version können lesende Benutzer der Teamwebsite hinzugefügt werden, wobei diese Personen dann keine Zugriffsrechte auf andere Gruppenressourcen der Microsoft-365-Gruppe besitzen. In den Einstellungen der Versionierung kann festgelegt werden, ob Benutzer mit dem SharePoint Server, die lesenden Zugriff auf eine Bibliothek besitzen, die Nebenversionen sehen dürfen oder nicht. Das macht Sinn, wenn in einer Bibliothek nur endgültige, also finale Versionen veröffentlicht und für alle Personen sichtbar sein sollen. Dann dürfen nur Mitarbeitende, die berechtigt sind, in der Bibliothek *Dokumente* zu bearbeiten, die Nebenversionen sehen und zum Bearbeiten öffnen.

Informieren Sie Ihre Kollegen, wenn Sie mit Haupt- und Nebenversionen arbeiten.

In jeder einzelnen SharePoint-Liste und Bibliothek kann die Versionierung aktiviert und deaktiviert werden. Die Versionierung ist nicht immer standardmäßig aktiviert und ist abhängig von der Server-Konfiguration. Zum Aktivieren der Versionierung führen Sie folgende Schritte aus:

1. Wechseln Sie in die Bibliothek **Versionierte Dokumente** auf Ihrer Teamwebsite.

2. Öffnen Sie die **Einstellungen**, indem Sie auf das Zahnradsymbol oben rechts in der Titelleiste Ihrer Bibliothek klicken (siehe Abbildung 10.4), und wählen Sie den Eintrag **Bibliothekseinstellungen**.

Abbildung 10.4: Über das Zahnrad erreichen Sie die Bibliothekseinstellungen.

3. In der Kategorie *Allgemeine Einstellungen* klicken Sie auf den Link **Versionsverwaltungseinstellungen**.

4. Im Bereich *Versionsverlauf für Dokument* aktivieren Sie die Option **Haupt- und Nebenversionen (Entwürfe) erstellen** (siehe Abbildung 10.5).

5. Legen Sie darunter die Anzahl der Versionen fest, die beibehalten werden sollen. Wenn Sie die Anzahl auf 100 festlegen, wird die erste Version gelöscht, sobald Sie die 101. Version speichern. Ihnen stehen dann die Versionen 2 bis 101 zum Wiederherstellen zur Verfügung.

   > In jeder Version werden nur die vorgenommenen Änderungen gespeichert, nicht das gesamte Dokument.

6. Aktivieren Sie im Bereich *Entwurfselementsicherheit* die Option **Nur Benutzer, die Elemente bearbeiten dürfen**. Damit legen Sie fest, dass nur Personen, die in der Bibliothek berechtigt sind, Dokumente zu bearbeiten, die Nebenversionen sehen können.

7. Aktivieren Sie im Bereich *Auschecken erfordern* die Option **Auschecken von Dokumenten erfordern, bevor sie bearbeitet werden können?**. Wenn Sie diese Option nicht aktivieren, wird das Dokument nach der Bearbeitung gespeichert, jedoch müssen Sie es dann im Nachhinein jedes Mal als Hauptversion zusätzlich zum Speichern veröffentlichen.

8. Bestätigen Sie Ihre Eingabe mit einem Klick auf die Schaltfläche **OK.**

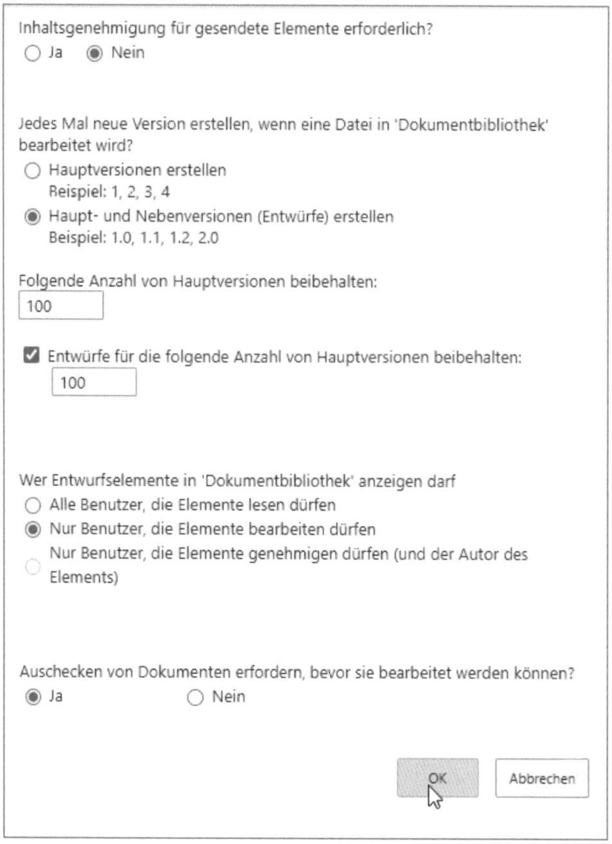

Inhaltsgenehmigung für gesendete Elemente erforderlich?
○ Ja ● Nein

Jedes Mal neue Version erstellen, wenn eine Datei in 'Dokumentbibliothek' bearbeitet wird?
○ Hauptversionen erstellen
  Beispiel: 1, 2, 3, 4
● Haupt- und Nebenversionen (Entwürfe) erstellen
  Beispiel: 1.0, 1.1, 1.2, 2.0

Folgende Anzahl von Hauptversionen beibehalten:
100

☑ Entwürfe für die folgende Anzahl von Hauptversionen beibehalten:
100

Wer Entwurfselemente in 'Dokumentbibliothek' anzeigen darf
○ Alle Benutzer, die Elemente lesen dürfen
● Nur Benutzer, die Elemente bearbeiten dürfen
○ Nur Benutzer, die Elemente genehmigen dürfen (und der Autor des Elements)

Auschecken von Dokumenten erfordern, bevor sie bearbeitet werden können?
● Ja   ○ Nein

OK   Abbrechen

Abbildung 10.5: Die Versionierungseinstellung innerhalb einer Bibliothek

Die Spalten »Ausgecheckt von« und »Version« einblenden

Die Spalte *Version* zeigt Ihnen die Versionsnummer an. Es handelt sich dabei um eine vom System mitgelieferte Spalte. Die Spalte wird jedoch nicht standardmäßig in der Dokumentenbibliothek angezeigt, deshalb müssen Sie die Spalte einblenden.

Spalten, die Sie hinzufügen, werden sofort für alle Benutzer sichtbar.

Wenn Sie mit dem Auschecken arbeiten, empfehle ich, die Spalte *Ausgecheckt von* einzublenden, damit Sie direkt sehen können, von wem ein Dokument derzeit ausgecheckt ist.

1. Sie befinden sich in der Dokumentenbibliothek *Versionierte Dokumente*.
2. Klicken Sie auf die Ansicht **Alle Dokumente** (siehe Abbildung 10.6).
3. Wählen Sie im Menü den Befehl **Aktuelle Ansicht bearbeiten**.

Abbildung 10.6: Die Ansicht Alle Dokumente *und der Befehl* Aktuelle Ansicht bearbeiten

4. Sie gelangen in die Ansichtseinstellungen (siehe Abbildung 10.7) und können hier vom System mitgelieferte oder von Ihnen erstellte Spalten einblenden und in der Reihenfolge von links nach rechts festlegen.

5. Wählen Sie die Spalte ***Ausgecheckt von*** und ***Version*** aus, indem Sie die Häkchen vor die Spalten setzen.

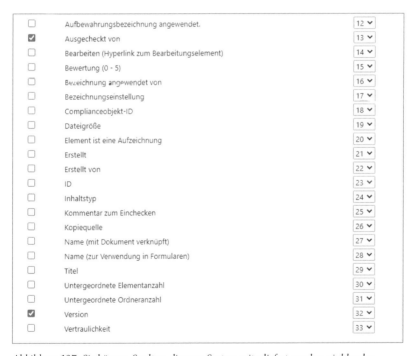

Abbildung 10.7: Sie können Spalten, die vom System mitgeliefert werden, einblenden.

6. Navigieren Sie auf der Seite nach oben und klicken Sie auf die Schaltfläche **OK**. Die Spalten *Ausgecheckt von* und *Version* werden nun in Ihrer Bibliothek angezeigt (siehe Abbildung 10.8).

Versionierte Dokumente

Name ⌄		Geändert ⌄	Geändert von ⌄	Ausgecheckt von ⌄	Version ⌄	+ Spalte hinzufügen ⌄

Abbildung 10.8: Die eingeblendeten Systemspalten

7. Ziehen Sie die Spalte **Ausgecheckt von** an die zweite Position von links der Spaltenüberschrifen.

8. Öffnen Sie den Mac-Finder oder den Datei-Explorer und ziehen Sie per Drag-and-drop eine Datei in Ihre Bibliothek. Die Datei erhält die Versionsnummer »0.1« (siehe Abbildung 10.9) und wird Ihnen mit dem roten Symbol als ausge-checkt angezeigt. Das Dokument ist nun für Sie reserviert. Sie können daran arbeiten. Beachten Sie jedoch, dass andere Benutzer Ihr Dokument noch nicht sehen können, da es ausgecheckt ist. Ich gehe im nachfolgenden Abschnitt ge-nauer auf das Ein- und Auschecken ein.

Abbildung 10.9: Das hinzugefügte Dokument mit der Versionsnummer »0.1« und dem roten Symbol Ausgecheckt

Versionierte Dokumente ein- und auschecken

Sie entscheiden, ob ein Dokument im Entwurf oder als Hauptversion gespeichert wird.

Haben Sie in der Versionierungsverwaltung das Auschecken von Dokumenten aktiviert, müssen Sie hochgeladene Dokumente einchecken und somit veröffent-lichen, damit sie von anderen Personen mit lesendem Zugriff gesehen bezie-hungsweise von Teammitgliedern bearbeitet werden können. Zukünftig müssen Sie und Ihre Kollegen für die Bearbeitung eines in der Bibliothek gespeicherten Dokuments dieses erst auschecken. Durch die Aktivierung des Auscheckens wird ein Dokument im Schreibschutz geöffnet, was den Vorteil hat, dass nicht mehrere Personen zeitgleich Änderungen daran durchführen können und dass nach dem alleinigen Bearbeiten durch eine Person die Versionsnummern manuell festgelegt werden können. Durch das Auschecken können Sie das Dokument bearbeiten, während andere Personen es nur schreibgeschützt öffnen und nicht bearbeiten können. Erst durch das Einchecken des Dokuments ist eine weitere Bearbeitung durch andere Personen daran wieder möglich. Nur Personen mit Vollzugriffsrech-ten auf der Website können das Auschecken verwerfen, sodass das Dokument wieder für andere Personen zur Bearbeitung freigegeben wird, jedoch können sämtliche Änderungen, die zuvor vorgenommen wurden, verloren gehen. Des-halb ist das Einchecken für alle beteiligten Personen wichtig.

Ein hochgeladenes Dokument einchecken

Wenn Sie Dokumente in der Bibliothek per Drag-and-drop oder mithilfe der Schaltfläche *Hochladen* hinzugefügt haben, müssen Sie die Dokumente einchecken.

Denken Sie beim Hochladen von Dokumenten daran, diese auch einzuchecken.

1. Öffnen Sie die Bibliothek **Versionierte Dokumente**.
2. Wählen Sie das im letzten Abschnitt hinzugefügte Dokument aus. Klicken Sie dafür vor das Dokument und setzen Sie das Häkchen.
3. Klicken Sie in der Menüleiste auf die Schaltfläche **Weitere Optionen**, dargestellt durch die drei Punkte (siehe Abbildung 10.10).
4. Wählen Sie die Option **Einchecken**.

Abbildung 10.10: Das ausgewählte Dokument und die Option Einchecken

5. Es folgt ein Dialog, in dem Sie die Versionsnummer festlegen können (siehe Abbildung 10.11).
6. Geben Sie einen Kommentar ein, der Ihnen im Versionsverlauf angezeigt wird und mit dem Sie später die Version schnell wiederfinden und bei Bedarf wiederherstellen können.
7. Bestätigen Sie Ihre Eingaben mit einem Klick auf die Schaltfläche **Einchecken**. Das Dokument erhält nun die Versionsnummer 1.0 und in der Spalte *Ausgecheckt von* werden Ihr Name und das rote Symbol nicht mehr angezeigt.

Abbildung 10.11: Festlegen der Versionsnummer und Hinzufügen eines Kommentars im Dialog

Ein Dokument auschecken, bearbeiten und einchecken

Wenn in der Dokumentenbibliothek das Auschecken erforderlich ist, bevor Sie das Dokument bearbeiten können, müssen Sie es auschecken. Sie können ein Dokument in der Desktop-App auschecken.

Es ist derzeit nicht möglich, in der Online-App ein Dokument auszuchecken.

1. Wenn Sie das Dokument in der Dokumentenbibliothek anklicken, wird die Online-App des Dokuments geöffnet. Klicken Sie in der Online-App auf die Schaltfläche **Bearbeiten** und wählen Sie dann den Befehl **In Desktop-App öffnen** aus.

2. Im oberen Bereich des Office-Fensters sehen Sie jetzt die Schaltfläche **Auschecken**. Klicken Sie darauf (siehe Abbildung 10.12).

Abbildung 10.12: Die Aufforderung zum Auschecken des Dokuments

3. Nehmen Sie Änderungen im Dokument vor und speichern Sie das Dokument über das Disketten-Symbol in der Symbolleiste für den Schnellzugriff.

4. Schließen Sie das Dokument über die Schaltfläche **Schließen**. Nun erhalten Sie ein Dialogfenster (siehe Abbildung 10.13), das abfragt, ob Sie das Dokument einchecken möchten.

Abbildung 10.13: Nur nach dem Einchecken können Kollegen Ihre Änderungen am Dokument sehen.

5. Bestätigen Sie mit einem Klick auf die Schaltfläche **Ja**.

6. Im darauffolgenden Dialogfeld (siehe Abbildung 10.14) legen Sie fest, ob das Dokument als Haupt- oder Nebenversion gespeichert oder veröffentlicht werden soll. Zusätzlich sollten Sie für die Version in einem Kommentar eingeben, welche Änderungen Sie vorgenommen haben. Ein Kommentar ist sehr hilfreich, wenn Sie eine ältere Version wiederherstellen möchten. Speichern Sie das Dokument in der Nebenversion und schreiben Sie in das Kommentarfeld, welche Änderungen Sie vorgenommen haben.

7. Das Kontrollkästchen **Dokument nach dem Einchecken dieser Version ausgecheckt lassen** sollten Sie aktivieren, wenn Sie Ihre Änderungen für Ihre Kollegen aktualisieren lassen, jedoch weiterhin alleine an dem Dokument arbeiten möchten. Das Dokument wird nur einmal kurz eingecheckt und somit aktualisiert, behält aber weiterhin den Status *ausgecheckt* und kann nur von Ihnen bearbeitet werden.

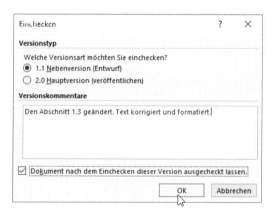

Abbildung 10.14: Das Speichern eines Dokuments als Nebenversion

8. Bestätigen Sie Ihre Eingaben mit einem Klick auf die Schaltfläche **OK**.

Eine Nebenversion zur Hauptversion in der Bibliothek veröffentlichen

Dokumente können auch in der Bibliothek eingecheckt werden.

Sie können Dokumente direkt in der Office-Anwendung eine Versionsnummer zuteilen und das Dokument einchecken. Nun kommt es gegebenenfalls vor, dass das Dokument final erstellt wurde, jedoch noch nicht als Hauptversion in der Bibliothek veröffentlicht wurde. Sie können ein Dokument auch in der Bibliothek zur Hauptversion veröffentlichen.

1. Wechseln Sie in die Bibliothek *Versionierte Dokumente*.
2. Klicken Sie mit der rechten Maustaste auf das Dokument und wählen Sie im Kontextmenü den Eintrag *Mehr*.
3. Wählen Sie im erweiterten Kontextmenü den Befehl *Einchecken* bzw. *Veröffentlichen* durch einen Klick aus.
4. Geben Sie im darauffolgenden Dialogfeld *Veröffentlichen* einen Versionskommentar ein. Sie können hier auch zusätzlich die Versionsnummer auswählen. Bestätigen Sie Ihre Eingabe mit einem Klick auf die Schaltfläche *OK*.

Den Versionsverlauf eines Dokuments öffnen

Um ein Dokument zu ändern, muss es immer ausgescheckt sein.

Um die einzelnen Versionen und die Kommentare eines Dokuments zu sehen, müssen Sie den Versionsverlauf des Dokuments öffnen.

1. Wechseln Sie in die Bibliothek *Versionierte Dokumente*.
2. Wählen Sie die gewünschte Datei aus, indem Sie vor der Datei das Häkchen aktivieren.
3. Klicken Sie in der Menüleiste auf das Menü *Weitere Optionen* (siehe Abbildung 10.15), dargestellt durch die drei Punkte, und wählen Sie die Option *Auschecken*.
4. Klicken Sie erneut in der Menüleiste auf das Menü *Weitere Optionen* und wählen Sie die Option *Versionsverlauf*.

Abbildung 10.15: Das Menü Weitere Optionen *mit der Option* Auschecken *und dem* Versionsverlauf

5. Zeigen Sie auf eine vorhandene Version. Ihnen wird ein Drop-down-Pfeil angezeigt (siehe Abbildung 10.16). Über diesen können Sie eine Hauptversion anzeigen, wiederherstellen und die Veröffentlichung der Version aufheben, während Sie eine Nebenversion nur anzeigen und wiederherstellen können.

Abbildung 10.16: Der Versionsverlauf eines Dokuments und die einzelnen Kommentare

6. Schließen Sie den Versionsverlauf mit der **X**-Schaltfläche oben rechts im Dialog.

Änderungen in Dokumenten vergleichen

Mit der Versionierung können Sie ein Dokument vor der Änderung mit dem Dokument nach der Änderung vergleichen und die Änderungen anzeigen lassen.

1. Öffnen Sie erneut das Office-Dokument, das Sie in der Bibliothek *Versionierte Dokumente* geändert haben.
2. Checken Sie das Dokument aus, nehmen Sie weitere Änderungen vor und speichern Sie diese.
3. Checken Sie das Dokument als Hauptversion ein.
4. Wählen Sie in der Bibliothek das eben geänderte Dokument aus.
5. Checken Sie es für den Vergleich aus.
6. Klicken Sie in der Office-Anwendung in der Titelleiste auf den Namen des Dokuments und wählen Sie den ***Versionsverlauf*** (siehe Abbildung 10.17).

Abbildung 10.17: Der Versionsverlauf kann in der Titelleiste des Dokuments geöffnet werden.

7. Im rechten Fensterbereich werden Ihnen die einzelnen Versionen angezeigt. Wenn Sie auf eine Version klicken, erhalten Sie im oberen Bereich des Fensters eine Informationsleiste mit den Schaltflächen *Vergleichen* und *Wiederherstellen* (siehe Abbildung 10.18).

Abbildung 10.18: Die Informationsleiste am oberen Bildschirmrand

8. Klicken Sie auf die Schaltfläche ***Vergleichen***. Ihnen werden im Anwendungsfenster die jeweiligen Versionen des Dokuments angezeigt. Außerdem sehen Sie die vorgenommenen Überarbeitungen in einer separaten Spalte vor den Dokumenten. Sie können nun die Änderungen über das geöffnete Register *Überprüfen* annehmen oder sie ablehnen (siehe Abbildung 10.19).

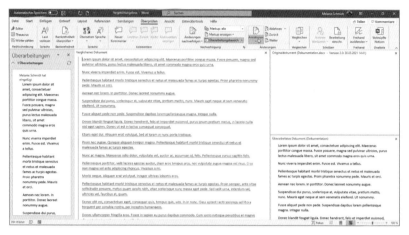

Abbildung 10.19: Vergleichsangaben in Microsoft Word

9. Nehmen Sie eine Änderung an und speichern Sie das Dokument als neue Nebenversion in der Bibliothek.

Kapitel 11

Websitespalten, Eigenschaften, Inhaltsgenehmigungen und Metadaten

Sobald eine Datei erzeugt wird, werden der Datei Dokumenteigenschaften hinzugefügt, wie beispielsweise das Erstelldatum, die Dateigröße und der Autor, das heißt, wer die Datei erstellt hat. Diese Eigenschaften nennt man auch *Metadaten*, also Informationen, die beim Speichern einer Datei festgelegt werden. Über die Metadaten ist eine strukturierte Speicherung und Filterung von Dateien möglich und sie erleichtern das Finden einer bestimmten Datei, wenn man mit vielen Dateien arbeitet. Sie finden solche Metadaten, wenn Sie ein Word-Dokument oder eine Excel-Arbeitsmappe öffnen und über das Register *Datei* in die Kategorie *Informationen* wechseln. Dort sehen Sie im rechten Fensterbereich die Metadaten, die automatisch vom System erzeugt werden. Wenn Sie auf der Suche nach einem bestimmten Dokument sind, benötigen Sie nicht unbedingt den Dateinamen, um es aufzufinden. Sie könnten ebenso das *Erstelldatum* oder den *Autor* des Dokuments als Suchvariable wählen. Ein Autor in einer Anwendung ist immer die Person, die in den Eigenschaften eines Dokuments erfasst wurde. Durch die Benutzeranmeldung am Computer werden diese Daten in die Office-Anwendungen

Die Verwendung von Metadaten reduziert die Pfadlänge von Dateinamen im SharePoint-System.

übernommen. In den Programmoptionen können diese Einstellungen vom Benutzer angepasst werden. Jedoch wird wohl kein Mitarbeiter im Unternehmen auf die Idee kommen, Informationen nach Autoren zu suchen. *Produktnamen*, *Produktnummern*, *Projektnamen* oder *Kundennamen* werden wahrscheinlich eher bei der Suche verwendet. Deshalb besteht in allen SharePoint-Versionen die Möglichkeit, eigene Metadaten mit sogenannten *Bibliotheks-* und *Listenspalten* oder *Websitespalten* zu erstellen und diese Eigenschaften zusätzlich an die Datei anzuhängen. In der Version SharePoint Server und im Plan E3 der Onlineversion können zusätzlich Schlüsselwörter und sogenannte Klassifizierungen, auch Taxonomien genannt, als Metadaten festgelegt werden. Über Klassifizierungen können Informationen in Kategorien gebündelt werden und diese stehen dann beim Suchen und Ablegen von Informationen zur Verfügung. Durch die Auswahl einer bestimmten Kategorie filtern wir Informationen, die dieser Kategorie zugeordnet wurden. Beim Speichern können wir diese Klassifizierungen ebenfalls an Dokumente oder Listenelemente anhängen, damit auch Kollegen effizienter nach bestimmten Kategorien filtern können.

Informationstypen für die Darstellung und Verwendung von eigenen Website-, Listen- oder Bibliotheksspalten

SharePoint bietet eine große Auswahl von vordefinierten Spalten an, die Sie durch ein paar Mausklicks Ihren Bibliotheken und Listen hinzufügen können. In vielen Anwendungsfällen benötigen Sie jedoch eigene, von Ihnen selbst erstellte Spalten, damit Sie Ihre teamrelevanten Dateien und Elemente so filtern und sortieren können, wie es Ihren Anforderungen entspricht. SharePoint bietet bestimmte Informationstypen an, wie eine Spalteneigenschaft ausgefüllt oder ausgewählt werden soll (siehe Tabelle 11.1). Diese Informationstypen können Sie beim Erstellen eigener Spalten auswählen und anpassen.

Informationstyp	Beschreibung
Eine Textzeile	Zum Ausfüllen einer Textzeile mit einer Anzahl von max. 255 unformatierten Zeichen.
Mehrere Textzeilen	Der Benutzer kann mehrere Textzeilen mit Buchstaben und Zahlen ausfüllen und diese bei Bedarf formatieren.
Auswahl (Menü)	Stellt dem Benutzer vorgegebene Werte für die Auswahl der Eigenschaft zur Verfügung.
Zahl (1/1,0/100)	Der Benutzer kann Zahlenwerte eingeben, die durch ein Tausendertrennzeichen und/oder Dezimalstellen dargestellt werden. Zahlenwerte können als Prozentsatz angezeigt werden.
Währung ($, ¥, €)	Formatiert die Eingaben von Zahlenwerten mit dem gewählten Währungszeichen und lässt Dezimalstellen zu.
Datum und Uhrzeit	Der Benutzer kann einen Datumswert mit oder ohne Uhrzeit auswählen.
Nachschlagen (in Informationen, die sich bereits auf dieser Website befinden)	Mithilfe dieses Informationstyps lässt sich auf der gleichen Website, auf der die Spalte erstellt wird, in festgelegten Spalten einer anderen Liste oder Bibliothek nachschlagen/auswählen.

$\rightarrow$

Informationstyp	Beschreibung
Ja/Nein (Kontrollkästchen)	Dem Benutzer wird eine Checkbox bereitgestellt, um mit dem Häkchen *Ja* oder durch das Löschen des Häkchens *Nein* auswählen zu können.
Person oder Gruppe	Benutzer können auf das Adressverzeichnis des Unternehmens oder auf Share-Point-Benutzergruppen zugreifen und Personen oder Gruppen auswählen.
Link oder Bild	Der Benutzer kann einen Link zu einer Internet- oder Intranet-Website oder zu einem Bild hinzufügen. Durch das Setzen eines Links zu einem Bild wird dieses in der Spalte angezeigt.
Berechnet (Berechnung basiert auf anderen Spalten)	Mithilfe dieses Informationstyps können Sie mit vorhandenen Spalten der jeweiligen Bibliothek oder Liste Formeln erstellen, die Ergebnisse berechnet.
Bild	Mit diesem Informationstyp können Sie ein Bild als Eigenschaft in die Spaltenzelle hochladen.
Externe Daten	Sie können mit diesem Informationstyp basierend auf einem externen Inhaltstyp einen Wert einer externen Datenquelle anzeigen lassen.
Verwaltete Metadaten	Der Benutzer kann vorgegebene Begrifflichkeiten/Tags auswählen. Siehe dazu im Abschnitt »Verwaltete Metadaten« auf Seite 221«.

Tabelle 11.1: Informationstypen, wie Spalten in der Bibliothek oder Liste verwendet und dargestellt werden

Websitespalten

Das Anlegen von Spalten ist in allen SharePoint-Versionen möglich und erlaubt es, später innerhalb des Portals anhand der in ihnen festgelegten Metadatenwerte zu suchen, filtern oder zu sortieren. Über die Spalten können Pflichtfelder als Metadaten festgelegt werden, sodass Daten strukturierter abgelegt werden können. Die Erstellung von Spalten kann auf verschiedenen Ebenen im SharePoint-Portal vorgenommen werden. Wenn Spalten über die Website- oder Websitesammlungsebene erstellt werden, spricht man von *Websitespalten*. Websitespalten können zentral von Administratoren des SharePoint Servers über die Websitesammlungen für die websiteübergreifende Veröffentlichung bereitgestellt werden. Diese Websitespalten stehen dann im gesamten Portal zur Verfügung und können je nach Bedarf von den einzelnen Fachabteilungen hinzugefügt oder ignoriert werden. Diese Vorgehensweise zum Bereitstellen von Spalten ist jedoch nicht immer von Vorteil, da die Administratoren nicht immer über unsere Anforderungen genaustens informiert sind. Websitespalten können auch auf der jeweiligen Team- oder Kommunikationswebsite angelegt werden. So können sie auf der Website, auf der sie erstellt wurden, oder auf deren Unterwebsites in allen Listen und Bibliotheken verwendet werden, also dort, wo sie benötigt werden. Innerhalb von Bibliotheken und Listen können ebenfalls Spalten angelegt werden, dann stehen sie jedoch nur innerhalb dieser einen Liste oder Bibliothek zur Verfügung und können nicht zusätzlich auf der Website in anderen Listen und Bibliotheken verwendet werden.

> Websitespalten können in einer Websitesammlung, in allen beliebigen Listen und Bibliotheken verwendet werden.

Websitespalten anlegen

Die vorhandenen Ordnerstrukturen der Dateien im Netzlaufwerk können Hinweise darauf geben, welche Websitespalten benötigt werden.

Es gibt unterschiedliche Anwendungsfälle für das Anlegen von Websitespalten. Die größte Herausforderung beim Anlegen von Websitespalten ist es herauszufinden, welche tatsächlich für die spätere Filterung von vielen Dokumenten benötigt werden. Eine gute Möglichkeit, dies herauszufinden, ist ein Vergleich Ihrer bestehenden Netzlaufwerke und Ordnerstrukturen: Prüfen Sie, welche Ordnerstrukturen Sie besitzen und wie Sie daraus Ihre Websitespalten aufbauen und festlegen können. Damit später im SharePoint-Portal nach den jeweiligen Dokumenten gefiltert und gesucht werden kann, müssen die Dokumente, die erstellt werden, bestimmte Eigenschaft besitzen. Der Anwender in diesem Beispiel muss später in der Lage sein, festlegen zu können, ob es sich um einen Bericht, eine Checkliste, eine Entscheidung, ein Fachkonzept, ein Grobkonzept, eine Idee, eine Information, eine Kalkulation, ein Konzept, ein Lastenheft, ein Pflichtenheft oder eine Planung handelt. Um dieser Anforderung gerecht zu werden, kann eine Websitespalte genau mit diesen Eigenschaften erstellt und später vom Anwender ausgewählt werden. In diesem Beispiel möchte ich zeigen, wie Sie auf einer Website eigene Websitespalten anlegen können.

1. Wechseln Sie auf Ihre Team- oder Kommunikationswebsite.
2. Klicken Sie auf das Zahnrad, um das Menü **Einstellungen** zu öffnen.

Abbildung 11.1: Der Dialog Websiteinformationen *und der Link* Alle Websiteeinstellungen anzeigen

3. Wählen Sie im Menü den Befehl **Websiteinformationen.**
4. Klicken Sie im nachfolgenden Dialog *Websiteinformationen* auf den Link ***Alle Websiteeinstellungen anzeigen*** (siehe Abbildung 11.1).
5. Die Websiteeinstellungen werden in *Kategorien* angezeigt. In der Kategorie *Web-Designer-Kataloge* finden Sie die vorhandenen Websitespalten. Klicken Sie auf den Link ***Websitespalten*** (siehe Abbildung 11.2).

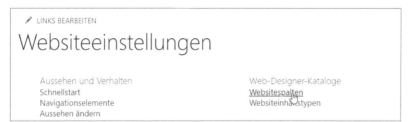

Abbildung 11.2: In den Websiteeinstellungen können über die Kategorie Web-Designer-Kataloge *vorhandene Websitespalten aufgerufen oder neue Websitespalten angelegt werden.*

Sie sehen nun alle von SharePoint mitgelieferten oder bereits angelegte Website-spalten Ihres Unternehmens. Die Websitespalten sind immer einer *Gruppe* zu-geordnet, damit sie schneller wiedergefunden werden können. Sie sehen auch, dass die Websitespalten eine *Quelle* besitzen, daran können Sie ablesen, wo sie angesiedelt sind.

6. Da es für unser Beispiel noch keine Websitespalte gibt, klicken Sie zum Anle-gen einer neuen auf den Link ***Erstellen***. Sie finden ihn oberhalb der Auflis-tung der Websitespalten (siehe Abbildung 11.3).

Abbildung 11.3: Zum Erstellen einer Websitespalte verwenden Sie den Link Erstellen.

Sie gelangen in ein Dialogfenster, in dem Sie den Namen für die Websitespalte festlegen und weitere Einstellungen vornehmen. Bei der Vergabe des Websitespaltennamens müssen Sie genau überlegen, welchen Sie verwenden, da er auf der Websiteebene nur einmal vergeben werden darf. In diesem Beispiel geht es zunächst darum, um was für ein Dokument es sich handelt, also um die Dokumentart.

7. Im Bereich *Spaltenname und Typ* klicken Sie in das Eingabefeld und geben als Spaltenname »Dokumentenart« ein.

8. Wählen Sie unterhalb von *Der Informationstyp in dieser Spalte ist* den Informationstyp **Auswahl (Menü)** aus (siehe Abbildung 11.4). Damit erzeugen Sie eine Websitespalte, mit der ein Anwender später im Dokumentinformationsbereich oder bei den Eigenschaften des Dokuments einen Drop-down-Pfeil für die Auswahl der Dokumentenart verwenden kann.

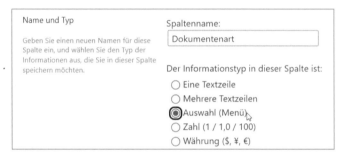

Abbildung 11.4: Der Websitespaltenname und der Informationstyp

9. Beim späteren Hinzufügen einer Websitespalte werden Ihnen alle vorhandenen Websitespalten aufgelistet. Sie können jedoch eigene Gruppen erstellen, denen Sie die Websitespalten zuordnen, um sie schneller wiederzufinden. Im Bereich *Gruppe* aktivieren Sie die Option **Neue Gruppe**.

10. Tippen Sie als Gruppennamen »Beispielspalten zum Buch« ein.

11. Im Bereich *Zusätzliche Spalteneinstellung* klicken Sie in das Eingabefeld bei **Beschreibung** und geben folgenden Text ein: »Bitte wählen Sie eine Dokumentart aus. Um was für ein Dokument handelt es sich?«. Damit fordern Sie die Anwender auf, eine Dokumentart auszuwählen.

12. Aktivieren Sie die Option **Ja** bei *Diese Spalte muss Informationen enthalten*. Damit erstellen Sie ein Pflichtfeld, das die Anwender ausfüllen müssen. Wird dieses Feld später nicht ausgefüllt, kann das Dokument nicht gespeichert werden.

13. Klicken Sie danach in das Eingabefeld **Geben Sie jede Auswahl in einer neuen Zeile ein:** und löschen Sie die vorhandenen Einträge.

14. Schreiben Sie folgende Dokumentarten untereinander in das Eingabefeld: »Bericht, Checkliste, Entscheidung, Fachkonzept, Grobkonzept, Idee, Information, Kalkulation, Konzept, Lastenheft, Pflichtenheft, Planung«. Dieses Eingabefeld wird später nicht automatisch alphabetisch sortiert, es ist wichtig, die alphabetische Reihenfolge einzuhalten. Manchmal gibt es jedoch Anwendungsfälle, in denen es nicht auf die alphabetische Reihenfolge ankommt, sondern darauf, dass zum Beispiel bestimmte, häufig verwendete Einträge zuerst angezeigt werden.

15. Im Bereich *Auswahl anzeigen durch:* übernehmen Sie die Option **Dropdown-menü**.

16. Die Option *Ausfülloptionen zulassen:* bedeutet, dass Anwender eigenständig eine Dokumentart hinzufügen könnten, wenn keiner der von Ihnen festgelegten Werte passend für das Dokument ist. Die Auswahlliste wird durch diesen Eintrag jedoch weder erweitert noch aktualisiert. Übernehmen Sie in diesem Beispiel die Option **Nein**.

17. Im Bereich **Standardwert** verwendet SharePoint immer den ersten Eintrag aus der Auswahlliste. Löschen Sie diesen Eintrag, denn er würde dem Anwender immer vorgeschlagen werden, was zur Folge hätte, dass er versehentlich ausgewählt und dadurch dem Dokument eine falsche Dokumentart zugewiesen werden könnte.

18. Überprüfen Sie noch einmal Ihre Eingaben und bestätigen Sie diese danach mit einem Klick auf die Schaltfläche **OK** (siehe Abbildung 11.5).

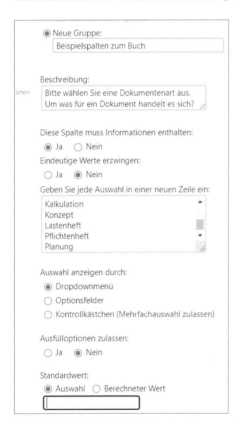

Abbildung 11.5: Zusätzliche Spalteneinstellungen einer neuen Websitespalte

Sie werden nun direkt in die *Websiteeinstellungen*, *Websitespalten* weitergeleitet. In der Gruppe *Beispiele zum Buch* sehen Sie die erstellte Spalte.

Als Nächstes benötigen wir eine weitere Websitespalte für den *Bearbeitungsstatus*. Das bedeutet, dass der Anwender auswählen muss, ob ein Dokument *In Bearbeitung*, *Ausstehend* oder *Abgeschlossen* ist.

1. Klicken Sie erneut auf den Link *Erstellen*, um eine neue Websitespalte zu erstellen.

2. Im Bereich *Name und Typ* klicken Sie in das Eingabefeld **Spaltenname** und geben »Bearbeitungsstatus« ein.

3. Wählen Sie unterhalb von *Der Informationstyp in dieser Spalte ist* den Informationstyp **Auswahl** aus. Damit erzeugen Sie eine Websitespalte, mit der der Anwender später im Dokument eine Mehrfachauswahl für die Zielgruppen verwenden kann.

4. Im Bereich *Gruppe* wählen Sie nun die vorhandene Gruppe **Beispielspalten zum Buch**.

5. Im Bereich *Zusätzliche Spalteneinstellung* klicken Sie in das Eingabefeld bei **Beschreibung** und geben folgenden Text ein: »Bitte wählen Sie einen Bearbeitungsstatus aus«. Damit können Sie sich später nur bestimmte Dokumente mit einem Status filtern.

6. Aktivieren Sie die Option **Ja** bei *Diese Spalte muss Informationen enthalten*. Damit erstellen Sie ein weiteres Pflichtfeld.

7. Klicken Sie danach in das Eingabefeld *Geben Sie jede Auswahl in einer neuen Zeile ein:* und löschen Sie die vorhandenen Einträge.

8. Schreiben Sie folgende Status untereinander in das Eingabefeld: »In Bearbeitung, Ausstehend, Abgeschlossen«.

9. Löschen Sie im Bereich **Standardwert** die Wörter »In Bearbeitung«.

10. Überprüfen Sie noch einmal Ihre Eingaben und bestätigen Sie sie danach mit einem Klick auf die Schaltfläche **OK**.

Sie werden erneut in den Bereich *Websiteeinstellungen*, *Websitespalten* weitergeleitet. Lassen Sie sich auf der rechten Seite des Bildschirms Ihre Gruppe anzeigen. Sie können die Websitespalten in diesem Fenster erneut aufrufen und gegebenenfalls Änderungen vornehmen. Dafür klicken Sie direkt auf den Namen der Websitespalte, der als Link dargestellt ist (siehe Abbildung 11.6).

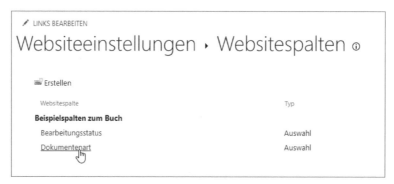

Abbildung 11.6: Über den Websitespaltennamen können die Websitespalten erneut aufgerufen und geändert werden.

Die Websitespalten wurden in unserem Beispiel auf der Website angelegt und können nun in allen Bibliotheken und Listen hinzugefügt werden.

Vorhandene Websitespalten einer Liste oder einer Bibliothek zuweisen

Websitespalten, die Sie über die Websiteebene erstellt haben, stehen im Hintergrund der Website zur Verfügung und können den Bibliotheken und Listen hinzugefügt werden, in denen sie benötigt werden.

1. Wechseln Sie auf Ihrer Teamwebsite in die Bibliothek **Versionierte Dokumente**.
2. Öffnen Sie die **Einstellungen**, klicken Sie dafür auf das Zahnrad oben rechts auf dem Bildschirm.
3. Wählen Sie den Link **Bibliothekseinstellungen**, um in die Einstellungen der Bibliothek zu gelangen.
4. Blättern Sie zu dem Bereich **Spalten** (siehe Abbildung 11.7). Klicken Sie auf den Link **Aus vorhandenen Websitespalten hinzufügen**. Die Spalten hatten Sie im Abschnitt »Websitespalten anlegen« auf Seite 194 anlegen« erstellt.

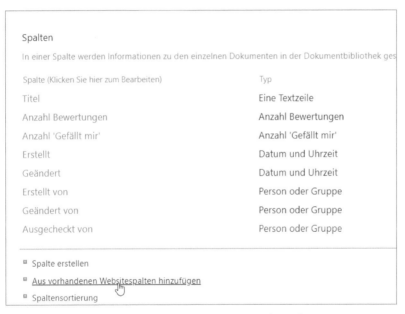

Abbildung 11.7: Der Link Aus vorhandenen Websitespalten hinzufügen

5. Wählen Sie die Gruppe **Beispielspalten zum Buch** aus, die Sie beim Erstellen der ersten Spalte angelegt haben (siehe Abbildung 11.8).
6. Klicken Sie doppelt auf die Spalte **Dokumentenart**. Sie wird damit der Bibliothek hinzugefügt.
7. Klicken Sie einmal auf die Spalte **Bearbeitungsstatus** und dann auf die Schaltfläche **Hinzufügen**. Auch diese Spalte wird der Bibliothek hinzugefügt.
8. Belassen Sie das Häkchen bei *Zur Standardansicht hinzufügen*, damit die Spalten in der Bibliothek angezeigt werden.
9. Bestätigen Sie Ihre Auswahl mit einem Klick auf die Schaltfläche **OK**.

Abbildung 11.8: Oben wurde die Gruppe ausgewählt und die in der Gruppe gespeicherten Spalten wurden der Bibliothek hinzugefügt.

10. Klicken Sie links in der Schnellstart- bzw. Seitennavigation auf den Link ***Versionierte Dokumente***, um in die Bibliothek zu navigieren. Ihnen werden die Spalten in der Bibliothek angezeigt (siehe Abbildung 11.9). Zusätzlich wird angezeigt, dass erforderliche Informationen fehlen, wenn Sie bereits Dateien der Bibliothek hinzugefügt haben. Das liegt daran, dass beim Anlegen der Spalten festgelegt wurde, dass die Spalten Informationen enthalten müssen, also als Pflichtfelder verwendet werden sollen.

Abbildung 11.9: Fehlende Informationen werden in der Bibliothek angezeigt.

Metadaten über den Informationsbereich auswählen

Da in der Bibliothek festgelegt wurde, dass Dokumente vor der Bearbeitung erst ausgecheckt werden müssen, können Sie die fehlenden Eigenschaften auch erst nach dem Auschecken festlegen.

1. In der von uns konfigurierten Bibliothek müssen die Dokumente ausgecheckt werden, um Eigenschaften festzulegen. Wählen Sie das Dokument aus.

2. Klicken Sie in der Menüleiste auf das Menü ***Weitere Optionen*** und wählen Sie die Option ***Auschecken***.

3. Klicken Sie erst dann auf die Spalte, in der die Informationen fehlen, damit der Informationsbereich (siehe Abbildung 11.10) geöffnet wird und Sie die Eigenschaften auswählen können.

Abbildung 11.10: Der Informationsbereich eines Dokuments mit fehlenden Informationen/ Metadaten

4. Wählen Sie die fehlenden Eigenschaften aus.
5. Checken Sie die Datei ein, legen Sie fest, ob es sich um eine Haupt- oder Nebenversion handelt, und schreiben Sie einen Versionskommentar.

Metadaten in der Rasteransicht auswählen

Alternativ können Sie die Metadaten auch über die Rasteransicht (ehemals Quick-Edit bzw. Datenblattansicht) auswählen. Jedoch müssen Sie dafür ebenfalls das Dokument zunächst auschecken, um die Eigenschaften festzulegen.

Sie können über den Webbrowser Eigenschaften bearbeiten.

1. Wählen Sie das Dokument aus.
2. Klicken Sie in der Menüleiste auf das Menü **Weitere Optionen** und wählen Sie die Option **Auschecken**.
3. Klicken Sie in der Menüleiste auf den Befehl **In Rasteransicht bearbeiten** bzw. **Schnell bearbeiten**.
4. Klicken Sie in die Zelle, in der die Informationen geändert werden sollen und wählen Sie die Eigenschaften aus (siehe Abbildung 11.11).

Abbildung 11.11: In der Rasteransicht können Eigenschaften schnell vergeben werden.

5. Bestätigen Sie Ihre Auswahl mit der ⏎-Taste.
6. Klicken Sie in der Menüleiste auf das Menü **Rasteransicht beenden** bzw. **Schnelle Bearbeitung beenden**.
7. Sobald die fehlenden Eigenschaften hinzugefügt wurden, können Sie das Dokument wieder einchecken.

Metadaten in der Office-Anwendung auswählen

Metadaten sind die Eigenschaften eines Dokuments.

Sie können Metadaten auch in der jeweiligen Anwendung auswählen, wenn Sie auf Dateien einer SharePoint-Bibliothek zugreifen. Die ausgewählten Metadaten werden dann übernommen und synchronisiert.

1. Öffnen Sie in der Bibliothek **Versionierte Dokumente** ein vorhandenes Dokument.
2. In der Online-App klicken Sie auf die Schaltfläche **Dokument bearbeiten** und wählen den Befehl **In Desktop-App öffnen**.
3. Bestätigen Sie das Öffnen des Dokuments.
4. Checken Sie das Dokument oben in der gelben Informationsleiste aus (siehe Abbildung 11.12), damit Sie die Metadaten auswählen können.

Abbildung 11.12: Die gelbe Informationsleiste mit der Schaltfläche Auschecken

5. Wechseln Sie in Word oder Excel in das Register **Datei**.
6. Wählen Sie die Kategorie **Informationen**.
7. Im rechten Fensterbereich finden Sie die Eigenschaften, die das System automatisch festlegt, und die Metadaten, die aus der Bibliothek stammen (siehe Abbildung 11.13).

Abbildung 11.13: In der Kategorie Informationen *können die Metadaten ausgewählt werden.*

8. Wählen Sie ein Metadatum aus.
9. Wechseln Sie über den Pfeil oben links im Fenster zurück in das Dokument.
10. Schließen Sie das Dokument über die Schaltfläche **X**.
11. Sie werden aufgefordert, das Dokument zu speichern. Klicken Sie auf die Schaltfläche **Speichern**.

12. Damit andere Kollegen Ihre Änderungen im Dokument sehen können, checken Sie das Dokument ein.

13. Wählen Sie aus, ob es sich um eine Haupt- oder Nebenversion handelt, und schreiben Sie einen Versionskommentar.

14. Bestätigen Sie Ihre Auswahl und Eingabe mit einem Klick auf **OK**.

Metadaten in der Websitespalte ändern

Angenommen, Sie stellen fest, dass beim Auswählen der Metadaten in der Bibliothek eine Eigenschaft fehlt, dann können Sie jederzeit die Metadaten der Websitespalte ändern und mit weiteren Eigenschaften ergänzen. Wenn die Spalte auf Websiteebene angelegt wurde, werden die Änderungen an der Websitespalte sofort in den Bibliotheken und Listen, in denen die Websitespalte eingesetzt wird, übernommen.

1. Wechseln Sie auf Ihre Team- oder Kommunikationswebsite, auf der Sie die Websitespalte erstellt haben.

2. Klicken Sie auf das Zahnrad, um das Menü **Einstellungen** zu öffnen.

3. Wählen Sie im Menü den Befehl **Websiteinformationen.**

4. Klicken Sie im nachfolgenden Dialog *Websiteinformationen* auf den Link **Alle Websiteeinstellungen anzeigen**.

5. Die Websiteeinstellungen werden in *Kategorien* angezeigt. In der Kategorie *Web-Designer-Kataloge* finden Sie die vorhandenen Websitespalten. Klicken Sie auf den Link **Websitespalten**.

6. Wählen Sie oben rechts auf dem Bildschirm im Bereich **Gruppen anzeigen** (siehe Abbildung 11.14) Ihre angelegte Gruppe aus, um alle Websitespalten der Gruppe zu filtern.

Abbildung 11.14: Oben rechts können Sie die Gruppen filtern, um schneller auf Ihre persönlichen Websitespalten zuzugreifen.

7. Klicken Sie auf den Namen der gewünschten Websitespalte, etwa *Dokumentenart*, um in die Einstellungen der Spalte zu gelangen.

8. Navigieren Sie zu dem Bereich, in dem Sie Ihre Eigenschaften untereinander eingegeben haben, und ergänzen Sie die Auswahl zum Beispiel mit dem Eintrag «Dokumentation».

9. Scrollen Sie ganz nach unten und bestätigen Sie die Eingabe mit einem Klick auf die Schaltfläche **Speichern**.

10. Wechseln Sie in die Bibliothek **Versionierte Dokumente**.

11. Checken Sie ein Dokument aus und lassen Sie die Rasteransicht einblenden.

12. Klicken Sie in die Zelle unter dem Spaltennamen **Dokumentenart** und wählen Sie die Eigenschaft **Dokumentation** aus, die Sie gerade hinzugefügt haben.

13. Checken Sie das Dokument ein, wählen Sie aus, ob es sich um eine Haupt- oder Nebenversion handelt, und schreiben Sie einen Versionskommentar.

Metadaten in der Liste oder Bibliothek automatisch farblich hervorheben

Die farbliche Hervorhebung von Spalten erleichtert das Erkennen von bestimmten Inhalten.

Mit SharePoint Online können Sie Websitespalten innerhalb einer Bibliothek oder Liste auch im Nachhinein bearbeiten und die unterschiedlichen Eigenschaften farblich hervorheben. So können Sie beispielsweise die Websitespalte *Bearbeitungsstatus* nach Farben festlegen, um noch schneller zu erkunden, welche Dateien sich im Status *In der Bearbeitung, Ausstehend* oder *Abgeschlossen* befinden. Beachten Sie, dass sich die Einstellungen der Spalten dann nur in der jeweiligen Bibliothek oder Liste auswirken. Wenn Sie diese Einstellungen in der gesamten Website übernehmen möchten, müssen Sie die Websitespalte auf Websiteebene bearbeiten und mithilfe eines Codes, den Sie dort abrufen oder selbst erstellen, formatieren.

1. Wechseln Sie in die Bibliothek **Versionierte Dokumente**.

2. Klicken Sie auf den Drop-down-Pfeil beim Spaltennamen **Bearbeitungsstatus** (siehe Abbildung 11.15).

3. Wählen Sie im Menü den Eintrag **Spalteneinstellungen** und im Untermenü den Befehl **Bearbeiten**. Im rechten Fensterbereich wird der Bearbeitungsbereich der Spalte geöffnet.

Abbildung 11.15: Das Menü Spalteneinstellungen *und* Bearbeiten *über den Drop-down-Pfeil der Spalte* Bearbeitungsstatus *öffnen*

4. Navigieren Sie im Bearbeitungsbereich zu den Auswahlmöglichkeiten (siehe Abbildung 11.16).

5. Klicken Sie hinter dem Status *In Bearbeitung* auf die Schaltfläche **Mischpalette** und wählen Sie eine Farbe für den Status aus.

6. Wählen Sie auch für den Status *Ausstehend* und *Abgeschlossen* jeweils eine andere Farbe aus.

7. Klicken Sie im Bearbeitungsbereich ganz unten auf die Schaltfläche **Speichern**, um die Einstellungen zu übernehmen. Sofern Sie bereits die Eigenschaften für die Dateien festgelegt haben, werden Ihnen nun die Hervorhebungen in der Bibliothek angezeigt (siehe Abbildung 11.17).

Abbildung 11.16: Der Bearbeitungsbereich der Spalte innerhalb einer Bibliothek

Abbildung 11.17: Der jeweilige Bearbeitungsstatus wird in der Bibliothek farblich hervorgehoben.

Websitespalten auf der Website löschen

Websitespalten lassen sich dort löschen, wo sie erstellt wurden. Jedoch darf die Spalte nicht in einer Bibliothek oder Liste aktiv verwendet werden, prüfen Sie also genau, ob die Spalte von Kollegen verwendet wird.

1. Wechseln Sie auf Ihre Team- oder Kommunikationswebsite, auf der Sie die Websitespalte erstellt haben.
2. Klicken Sie auf das Zahnrad, um das Menü *Einstellungen* zu öffnen.
3. Wählen Sie im Menü den Befehl *Websiteinformationen*.
4. Klicken Sie im nachfolgenden Dialog *Websiteinformationen* auf den Link *Alle Websiteeinstellungen anzeigen*.
5. Die Websiteeinstellungen werden in *Kategorien* angezeigt. In der Kategorie *Web-Designer-Kataloge* finden Sie die vorhandenen Websitespalten. Klicken Sie auf den Link *Websitespalten*.
6. Lassen Sie Ihre Gruppe mit Ihren Websitespalten anzeigen.
7. Klicken Sie auf den Spaltennamen der Websitespalte, die Sie löschen möchten.
8. Scrollen Sie auf dem Bildschirm ganz nach unten und wählen Sie die Schaltfläche *Löschen*.
9. Bestätigen Sie den Löschvorgang.

Websitespalten aus der Bibliothek oder Liste löschen

Wenn Sie einer Bibliothek oder Liste eine Websitespalte hinzugefügt haben, können Sie die Spalte aus der Bibliothek oder Liste löschen. Auch hier prüfen Sie zuvor, ob die Spalte nicht aktiv von Kollegen verwendet wird.

1. Wechseln Sie in die Bibliothek oder Liste, in der sich die Spalte befindet, die Sie löschen möchten.
2. Klicken Sie auf den Drop-down-Pfeil der Spaltenüberschrift, die Sie löschen möchten.
3. Wählen Sie im Menü den Eintrag *Spalteneinstellungen* und klicken Sie im Untermenü auf den Befehl *Bearbeiten*.
4. Im Bearbeitungsbereich der Spalte navigieren Sie ganz nach unten und klicken Sie auf die Schaltfläche *Löschen*.
5. Bestätigen Sie den Löschvorgang.

Listen- und Bibliotheksspalten erstellen

Während die Websitespalten auf Websiteebene bereitgestellt und verwaltet werden, können Sie auch direkt in einer Bibliothek oder Liste Spalten erstellen und verwenden. Wenn sich Änderungen an der Spalte im Nachgang ergeben sollten, müssen Sie die Spalte dann in der jeweiligen Bibliothek oder Liste bearbeiten und die gewünschten Änderungen vornehmen. Wenn Sie die Spalte später auch in anderen Bibliotheken und Listen benötigen, können Sie diese Spalte nicht in den anderen Bibliotheken und Listen hinzufügen, da nur Spalten mehrfach verwendet werden können, wenn sie auf der Websiteebene erstellt wurden. In diesem Abschnitt möchte ich Ihnen zeigen, wie Sie eine Spalte in einer Bibliothek erstellten. In der Bibliothek *Versionierte Dokumente* soll zusätzlich die Eigenschaft *Geschäftsjahr* für die Mitarbeitenden auswählbar sein, sodass ein Dokument später über diese Spalte gefiltert oder sortiert werden kann.

1. Wechseln Sie in die Bibliothek **Versionierte Dokumente**.
2. Klicken Sie auf den Spaltennamen +**Spalte hinzufügen** (siehe Abbildung 11.18).
3. Wählen Sie im Menü den Eintrag **Auswahl**.

Abbildung 11.18: Durch einen Klick auf den Spaltennamen + Spalte hinzufügen können Sie einen Spaltentyp auswählen und eine Spalte direkt in der Bibliothek erstellen.

4. Im geöffneten Bearbeitungsbereich der Spalte vergeben Sie den Namen »Geschäftsjahr« und als Beschreibung »Bitte wählen Sie ein Geschäftsjahr aus«.
5. Im Bereich *Auswahlmöglichkeit* klicken Sie auf das Feld **Auswahl 1** (siehe Abbildung 11.19) und überschreiben den Eintrag mit der aktuellen Jahreszahl.
6. Klicken Sie danach in die Felder **Auswahl 2** und **3** und überschreiben Sie die Einträge mit den letzten zwei Jahren.
7. Klicken Sie auf den Link +**Auswahl hinzufügen** und schreiben Sie die Jahreszahl von vor drei Jahren.
8. Fügen Sie bei Bedarf weitere Auswahlmöglichkeiten hinzu.

Abbildung 11.19: Es können immer weitere Auswahlmöglichkeiten hinzugefügt werden.

9. Da die Einträge in der Spalte nicht farblich hervorgehoben werden sollen, de-aktivieren Sie für jede Jahresangabe die Füllung. Klicken Sie dafür auf die Schaltfläche **Mischpalette** (siehe Abbildung 11.20) und aktivieren Sie das Kontrollkästchen **Keine Füllung**.

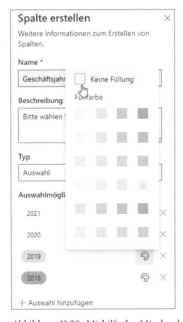

Abbildung 11.20: Mithilfe der Mischpalette können Sie Farben aus- oder abwählen.

10. Scrollen Sie im Spaltenbearbeitungsbereich weiter nach unten und klicken Sie auf den Drop-down-Pfeil bei **Weitere Optionen**.

11. Legen Sie fest, dass es sich bei dieser Spalte um ein Pflichtfeld handeln soll. Aktivieren Sie den Regler bei **Anfordern, dass diese Spalte Informationen enthält**.

12. Prüfen Sie Ihre Eingaben und speichern Sie Ihre Auswahl. Klicken Sie auf die Schaltfläche **Speichern**.

13. Checken Sie die Dateien aus und wählen Sie die **Rasteransicht** bzw. **Schnell bearbeiten**.

14. Wählen Sie für Ihre Dateien jeweils ein Geschäftsjahr in der jeweiligen Zelle aus (siehe Abbildung 11.21).

15. Beenden Sie die Rasteransicht und checken Sie Ihre Dokumente erneut ein.

Abbildung 11.21: Die Auswahl in der Rasteransicht

Bibliotheksansichten auf Basis von Spalten erstellen

Mithilfe von Ansichten innerhalb einer SharePoint-Bibliothek können Sie bestimmte Filter und Sortierungen, die Sie häufig benötigen, festlegen und als Ansicht speichern. Das hat den Vorteil, dass Sie und Ihre Kollegen zukünftig nicht erst die vielen Filter und Sortierungen setzen müssen, um bestimmte Inhalte in der Bibliothek anzeigen zu lassen. Sie und Ihre Kollegen können durch einen Klick die Ansicht öffnen und die von Ihnen gewünschten Dateien gefiltert und sortiert sehen. Es gibt unterschiedliche Ansichten, die Sie bereitstellen können. Da jedes Teammitglied eine andere Anforderung an die Inhalte einer Bibliothek hat, sollten Ihre Kollegen ebenfalls in die Lage versetzt werden, eigene für sie relevante Ansichten erstellen zu können. Als Besitzer einer Team- oder Kommunikationswebsite sollten Sie dazu beitragen, dass Ansichten, die vom gesamten Team benötigt werden, einmal von Ihnen erstellt und für das Team bereitgestellt werden. In diesem Abschnitt gehe ich auf die verschiedenen Möglichkeiten zum Erstellen von öffentlichen Ansichten ein.

Eine gefilterte Ansicht in einer Bibliothek erstellen

In diesem Beispiel sollen Dokumente mit dem Bearbeitungsstatus *In Bearbeitung* gefiltert und als Ansicht bereitgestellt werden. Beachten Sie, dass Sie auch gerne mehrere Filter setzen und als Ansicht speichern können.

Dokumente filtern

1. Wechseln Sie in die Bibliothek **Versionierte Dokumente**.
2. Laden Sie zunächst Beispieldateien in die Bibliothek hoch und vergeben Sie die Metadaten. Legen Sie fest, dass einige Dokumente den Bearbeitungsstatus **In Bearbeitung** erhalten.
3. Klicken Sie rechts in der Menüleiste auf die Schaltfläche **Filterbereich öffnen** (siehe Abbildung 11.22).

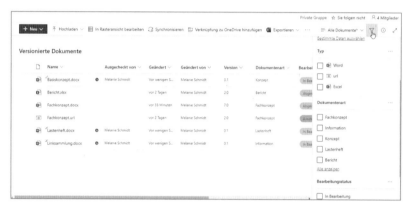

Abbildung 11.22: Das Filter-Symbol rechts in der Menüleiste

4. Scrollen Sie weiter nach unten zu dem Bereich *Bearbeitungsstatus* und wählen Sie den Status **In Bearbeitung** aus.
5. Schließen Sie den Filterbereich, scrollen Sie dafür nach oben und klicken Sie auf die Schaltfläche **X**. Ihnen werden nun alle Dateien angezeigt, die den Status *In Bearbeitung* besitzen.

Ansicht speichern

Sie können nach dem Festlegen der Filter diese als Ansicht speichern.

1. Klicken Sie im Menü auf die Ansicht **Alle Dokumente** (Abbildung 11.23).
2. Wählen Sie den Befehl **Ansicht speichern unter**.

Abbildung 11.23: Die Ansicht Alle Dokumente *und der Befehl* Ansicht speichern unter

3. Es öffnet sich ein Dialog. Überschreiben Sie den Namen *Alle Dokumente* mit »Dokumente in Bearbeitung« (siehe Abbildung 11.24).

4. Belassen Sie das Häkchen bei *Diese Ansicht öffentlich machen*. Damit legen Sie fest, dass auch Ihre Kollegen diese Ansicht auswählen können.

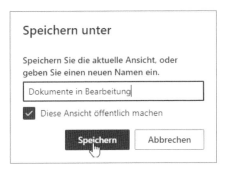

Abbildung 11.24: Überschreiben Sie immer den vorhandenen Namen einer Ansicht, damit die ursprüngliche Ansicht nicht mit Ihren Filtern verändert wird.

5. Klicken Sie auf die Schaltfläche **Speichern**. Ihnen werden nun alle Dokumente mit dem Bearbeitungsstatus in der Ansicht *Dokumente in Bearbeitung* angezeigt (siehe Abbildung 11.25).

Abbildung 11.25: Die Ansicht Dokumente in Bearbeitung *und die gefilterten Dateien*

6. Klicken Sie auf die Ansicht **Dokumente in Bearbeitung** (siehe auch Abbildung 11.25) und wählen Sie im Menü die Ansicht **Alle Dokumente** aus. Ihnen werden alle Dokumente angezeigt.

7. Klicken Sie erneut auf die Ansicht **Alle Dokumente** und wählen die Ansicht **Dokumente in Bearbeitung** aus. Ihnen werden wieder nur die Dokumente angezeigt, die den Bearbeitungsstatus *In Bearbeitung* besitzen.

Eine gefilterte Ansicht ändern

Das Ändern der Ansichten wirkt sich auf das gesamte Team aus.

Sie können Ansichten innerhalb der jeweiligen Bibliothek bearbeiten und ändern. Achten Sie jedoch immer darauf, dass Sie die Ansicht *Alle Dokumente* beibehalten, denn alle Teammitglieder greifen auf diese Ansicht zu und sobald Sie die Ansicht sehr verändern, können Ihre Kollegen gegebenenfalls nicht mehr mit der Ansicht arbeiten. Sprechen Sie also vorher ab, welche Spalten grundsätzlich für alle beteiligten Personen wichtig sind. Zum Ändern einer Ansicht gehen Sie folgendermaßen vor:

1. Wechseln Sie in die Bibliothek **Versionierte Dokumente**.

2. Klicken Sie im Menü auf die Ansicht **Alle Dokumente** und wählen Sie die Ansicht **Dokumente in Bearbeitung** aus. Wichtig ist, dass die Ansicht *Dokumente in Bearbeitung* ausgewählt ist (siehe Abbildung 11.26).

3. Klicken Sie im Menü *Dokumente in Bearbeitung* auf den Befehl **Aktuelle Ansicht bearbeiten**. Sie werden in die Ansichtseinstellungen weitergeleitet.

Abbildung 11.26: Die Ansicht, die Sie ändern möchten, muss zuvor ausgewählt sein.

4. Im Bereich *Spalten* können Sie festlegen, welche Spalten in der Ansicht an welcher Position von links angezeigt werden sollen. Aktivieren Sie die Spalte **Erstellt von**. Setzen Sie die Spalte auf **Position 5.**

5. Navigieren Sie in den Bereich **Sortieren**.

6. Wählen Sie über den Drop-down-Pfeil bei *Zuerst sortieren nach Spalte* die Spalte **Geändert**. Legen Sie dann die Option **Elemente in absteigender Reihenfolge anzeigen** fest. Damit werden Ihnen zuletzt geänderte oder neu hinzugefügte Dokumente zuerst und oben in der Bibliothek angezeigt.

7. Navigieren Sie in den Bereich **Filter**.

8. Die Optionen **Elemente nur in folgendem Fall anzeigen** und **Elemente anzeigen, wenn Spalte** sind bereits aktiviert, da der Filter bei *Bearbeitungsstatus ist gleich In Bearbeitung* gesetzt wurde.

   Sie können an dieser Stelle einen weiteren Filter festlegen. Dabei ist jedoch die *Und/Oder-Bedingung* zu berücksichtigen.

9. Legen Sie die Option **Und** fest. Damit ist gewährleistet, dass nur Dokumente, die in Bearbeitung stehen und eine bestimmte Eigenschaft besitzen, angezeigt werden.

Und-Bedingung

Bei der Und-Bedingung müssen alle Bedingungen der gewählten Spalten und Filter übereinstimmen. Ihnen werden nur dann Dokumente gefiltert angezeigt, wenn alle Bedingungen für jedes einzelne Dokument übereinstimmen. Beispiel: Sie möchten alle Dokumente anzeigen lassen, die den Bearbeitungsstatus *In Bearbeitung* und zusätzlich die Dokumentenart *Bericht* besitzen, dann wählen Sie die Option *Und* aus. Als Ergebnis in der Ansicht werden Ihnen nur Dokumente angezeigt, in denen beide Bedingungen übereinstimmen.

Oder-Bedingung

Bei der Oder-Bedingung können Sie sich Dokumente anzeigen lassen, deren gewählte Spalten und Filter nicht zusammen für ein Dokument übereinstimmen müssen. Ihnen werden immer dann Dokumente gefiltert angezeigt, wenn mindestens eine Bedingung übereinstimmt. Beispiel: Sie möchten alle Dateien sehen, die entweder die Dokumentenart *Bericht* oder den Bearbeitungsstatus *In Bearbeitung* besitzen, dann wählen Sie die Option *Oder* aus. In diesem Fall werden Ihnen alle Berichte, auch mit einem anderen Bearbeitungsstatus, und alle anderen Dokumente mit dem Status *In Bearbeitung* angezeigt, also unabhängig von den Filtern *Dokumentenart* und *Bearbeitungsstatus*.

10. Wählen Sie über den Drop-down-Pfeil im Bereich *Wenn Spalte* die Spalte **Dokumentenart** aus (siehe Abbildung 11.27).

11. Wählen Sie als Operator den Eintrag **Ist gleich** aus.

12. Schreiben Sie in das Eingabefeld »Bericht« bzw. eine von Ihnen in der Spalte festgelegte Dokumentenart. Achten Sie hier auf eine korrekte Rechtschreibung, Ihnen werden sonst keine Ergebnisse angezeigt.

Abbildung 11.27: Die Und-Bedingung und ein weiterer Filter für die Ansicht

13. Scrollen Sie auf dem Bildschirm ganz nach unten und bestätigen Sie Ihre Änderungen mit einem Klick auf die Schaltfläche **OK**.

Wenn es Dokumente in Ihrer Bibliothek gibt, die mit den Bedingungen übereinstimmen, werden Ihnen diese Dokumente angezeigt. Laden Sie Dokumente hoch und vergeben Sie die Eigenschaften, die Sie in der Ansicht festgelegt haben, um die Ansicht *Dokumente in Bearbeitung* zu prüfen. Werden Ihnen keine Dokumente angezeigt, obwohl Eigenschaften vorhanden sind, prüfen Sie, ob die Filter Rechtschreibfehler aufweisen. Gehen Sie in dem Fall zu Schritt 3 zurück.

Die gefilterte Ansicht löschen

Löschen Sie nur Ansichten, die niemand benötigt.

Im Laufe der Zeit werden Sie und Ihre Kollegen vermehrt Ansichten erstellen, um schneller auf bestimmte Inhalte zuzugreifen. Dabei werden Sie vielleicht feststellen, dass es Ansichten gibt, die nicht benötigt werden. Bevor Sie Ansichten löschen, befragen Sie Ihre Kollegen, ob sie die Ansichten wirklich nicht verwenden.

1. Wechseln Sie in die Bibliothek, in der sich die Ansicht befindet, die Sie löschen möchten.
2. Wählen Sie zunächst im Menü die Ansicht aus, die Sie löschen möchten. Klicken Sie dafür auf **Alle Dokumente**. Löschen Sie nicht die Ansicht *Alle Dokumente*.
3. Klicken Sie nach dem Auswählen der Ansicht erneut im Menü auf den Namen Ihrer Ansicht und wählen Sie dann den Befehl **Aktuelle Ansicht bearbeiten**. Sie werden in die Ansichtseinstellungen weitergeleitet.
4. Klicken Sie oben im Fenster auf die Schaltfläche **Löschen** (Abbildung 11.28).

Abbildung 11.28: Die Schaltfläche Löschen *in den Ansichtseinstellungen*

5. Bestätigen Sie den Löschvorgang.

Eine gruppierte Ansicht erstellen und anpassen

Mithilfe der Websitespalten lassen sich auch gruppierte Ansichten erstellen. Damit werden die Dokumente beispielsweise nach der Dokumentart gruppiert angezeigt. Zusätzlich können Sie die Ansicht weiter anpassen, sodass beispielsweise innerhalb der Gruppe *Dokumentenart* weitere Gruppen des jeweiligen Bearbeitungsstatus angezeigt werden (siehe Abbildung 11.29).

Abbildung 11.29: Eine angepasste gruppierte Ansicht

Hinweis   Haben Sie Website- oder Bibliotheksspalten erstellt, die den Auswahltyp *Kontrollkästchen*, also Mehrfachauswahl, und nicht die Auswahl *Drop-down-Menü* besitzen, können Sie keine gruppierten Ansichten über diese Websitespalten erstellen.

---

1. Sie befinden sich in der Bibliothek *Versionierte Dokumente*.
2. Klicken Sie auf die Spalte **Dokumentenart** und wählen Sie den Befehl **Gruppieren nach Dokumentenart** aus. Die Dateien werden in Gruppen alphabetisch sortiert angezeigt.
3. Klicken Sie im Menü auf die Ansicht **Alle Dokumente** und wählen Sie den Befehl **Ansicht speichern unter**.
4. Überschreiben Sie den Namen *Alle Dokumente* mit »Gruppiert nach Dokumentenart«.
5. Übernehmen Sie das Häkchen bei *Diese Ansicht öffentlich machen*, damit auch andere Kollegen diese Ansicht auswählen können.
6. Speichern Sie die Ansicht.
7. Möchten Sie weitere Einstellungen für diese Ansicht vornehmen, klicken Sie oben im Menü auf die Ansicht **Gruppiert nach Dokumentenart**.
8. Wählen Sie den Befehl **Aktuelle Ansicht bearbeiten**. Sie werden in die Ansichtseinstellungen weitergeleitet.
9. Legen Sie bei Bedarf weitere Spalten und die Position fest, die in der Ansicht angezeigt werden sollen.
10. Navigieren Sie zu dem Bereich **Gruppieren nach** und klicken Sie auf den Link **Gruppieren nach**. Der Bereich wird dann im erweiterten Modus angezeigt (siehe Abbildung 11.30).

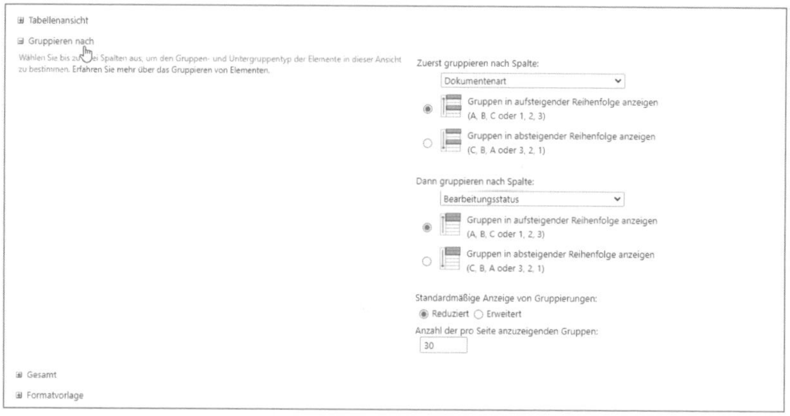

Abbildung 11.30: Die Dokumente sollen zusätzlich zur Dokumentart auch nach dem Bearbeitungsstatus gruppiert werden.

11. Im Bereich *Zuerst gruppieren nach Spalte* ist bereits die Spalte *Dokumentart* ausgewählt. Sie könnten zusätzlich nach einer weiteren Websitespalte gruppieren lassen. In unserem Beispiel wählen wir im Bereich *Dann gruppieren nach Spalte* die Option **Bearbeitungsstatus** aus.

12. Im Bereich *Standardmäßige Anzeige von Gruppierungen* wählen Sie die Option **Reduziert** aus. So werden die Gruppen im reduzierten Modus dargestellt und man muss die Gruppe erweitern.

13. Übernehmen Sie alle weiteren Einstellungen und bestätigen Sie die Eingabe im unteren Fensterbereich mit einem Klick auf die Schaltfläche **OK**.

14. In der Bibliothek wird Ihnen die gruppierte Ansicht angezeigt. Klicken Sie einmal auf eine vorhandene Dokumentenart, um die Inhalte der Gruppe gesondert darzustellen (siehe Abbildung 11.31).

15. Verwenden Sie in der Brotkrümel-Navigation den Link ***Versionierte Dokumente***, um zurück in die Bibliothek zu navigieren.

Abbildung 11.31: Durch einen Klick auf die Dokumentenart Fachkonzept *werden die Gruppen für den Bearbeitungsstatus gesondert aufgezeigt.*

Websitespalten in der Bibliotheksansicht ein- und ausblenden

Sie können in jeder Bibliothek Websitespalten, die vom System hinzugefügt wurden oder die Sie der Bibliothek hinzugefügt haben, in der Ansicht ein- und ausblenden. Beachten Sie, dass die Websitespalten gegebenenfalls von anderen Kollegen verwendet und benötigt werden und sich das Ein- und Ausblenden in einer öffentlichen Ansicht immer auf alle Benutzer auswirkt.

1. Wechseln Sie in die Bibliothek, in der Sie Spalten ein- oder ausblenden möchten.
2. Klicken Sie auf einen beliebigen Spaltennamen und wählen Sie das Menü *Spalteneinstellungen*.
3. Wählen Sie den Befehl *Spalten ein-/ausblenden*. Der Bearbeitungsbereich wird rechts im Fenster geöffnet.
4. Aktivieren oder deaktivieren Sie die Kontrollkästchen der Spalten, die Sie ein- bzw. ausblenden möchten.
5. Wenn Sie die Reihenfolge für die Spalten festlegen möchten, ziehen Sie die Spalte per Drag-and-drop an die gewünschte Position.
6. Klicken Sie im Bearbeitungsbereich ganz oben auf die Schaltfläche *Übernehmen*, damit Ihre Änderungen gespeichert werden.

Inhaltsgenehmigungen

In einigen Anwendungsfällen kommt es vor, dass Dateien oder Elemente vor der Veröffentlichung innerhalb einer Bibliothek oder einer Liste zunächst geprüft und genehmigt werden müssen. Wenn Sie beispielsweise Dokumente in einer Bibliothek erstellen oder hochladen, kann mit der Inhaltsgenehmigung festgelegt werden, dass das Dokument zunächst im Entwurfsmodus gespeichert wird. Erst durch die Genehmigung von bestimmten Personen wird das Dokument oder Element für andere Mitarbeitende in der Bibliothek sichtbar. Nur die Person, die das Dokument oder Element erstellt hat, und Personen, die berechtigt sind, diese zu genehmigen, können innerhalb der Bibliothek oder Liste das jeweilige Dokument oder Element sehen, bearbeiten und genehmigen.

Inhaltsgenehmigungen aktivieren

Beim Hochladen oder Erstellen eines Elements wird dieses zunächst im Entwurfsmodus gespeichert. Das bedeutet, dass es nur für Benutzer mit dem Recht zum Genehmigen von Inhalten und den Benutzer, der das Dokument oder das Element erstellt hat, sichtbar ist. Zum Aktivieren der Inhaltsgenehmigung gehen Sie folgendermaßen vor:

Informieren Sie Ihre Teammitglieder, wenn Sie die Inhaltsgenehmigung verwenden.

1. Wechseln Sie in die gewünschte Bibliothek oder Liste, in der Sie die Inhaltsgenehmigung aktivieren möchten.
2. Öffnen Sie das Menü *Einstellungen* durch einen Klick auf das Zahnrad.
3. Klicken Sie auf die *Bibliotheks-* oder *Listeneinstellungen*.

4. Klicken Sie im Bereich *Allgemeine Einstellungen* auf den Link **Versionsverwaltungseinstellungen**.

5. Aktivieren Sie oben auf dem Bildschirm die Option **Inhaltsgenehmigung für gesendete Elemente erforderlich?** (siehe Abbildung 11.32).

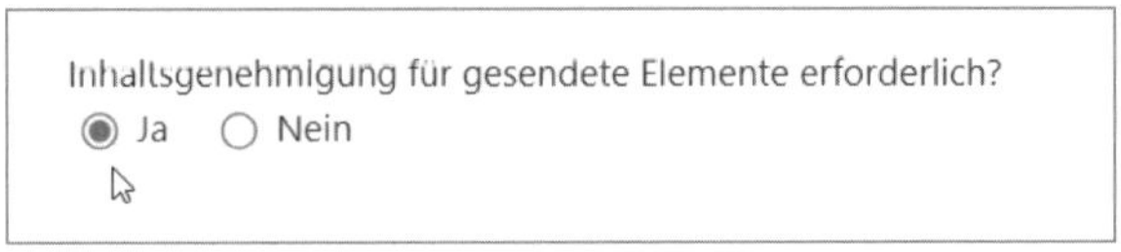

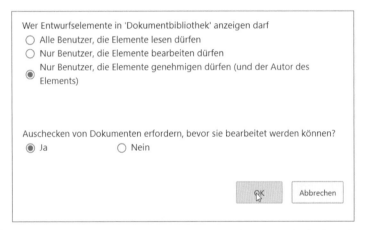

Abbildung 11.32: Aktivieren der Inhaltsgenehmigung innerhalb einer Dokumentenbibliothek

6. Legen Sie gegebenenfalls einen Versionsverlauf fest.

7. Im Bereich *Entwurfssicherheit* legen Sie fest, wer Dokumente oder Elemente im Entwurfsmodus sehen darf. Legen Sie fest, dass nur genehmigende Personen und der Benutzer, der das Dokument oder Element erstellt hat, es auch sehen darf (siehe Abbildung 11.33).

Abbildung 11.33: Nur der Ersteller und genehmigende Personen dürfen die Dokumente oder Elemente in der Bibliothek oder Liste sehen.

8. Haben Sie einen Versionsverlauf festgelegt, aktivieren Sie zusätzlich, dass das Auschecken erforderlich ist.

9. Bestätigen Sie Ihre Auswahl mit einem Klick auf die Schaltfläche **OK**.

SharePoint Server – genehmigende Personen festlegen

In diesem Abschnitt legen Sie beim SharePoint Server fest, welche Personen innerhalb der Website berechtigt sein sollen, Dokumente oder Elemente zu genehmigen.

1. Wechseln Sie auf Ihre Website.

2. Navigieren Sie über das Zahnradsymbol oben auf dem Bildschirm in die **Websiteeinstellungen**.

3. In der Kategorie *Benutzer und Berechtigungen* klicken Sie auf den Link **Websiteberechtigungen**.

4. Ihnen werden alle vorhandenen SharePoint-Gruppen aufgelistet. Klicken Sie auf den Link der Gruppe **Genehmigende Personen** (siehe Abbildung 11.34).

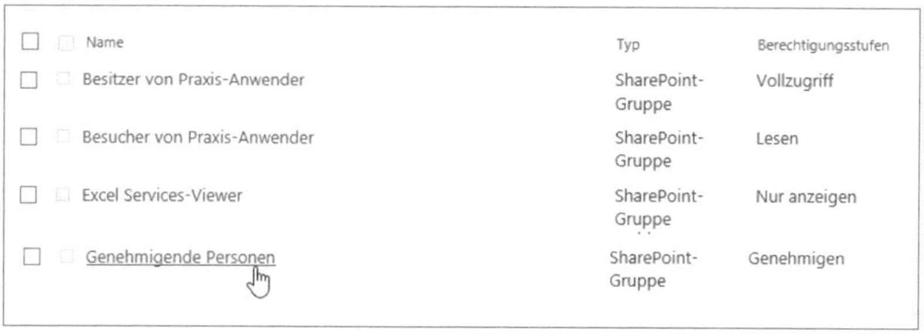

	Name	Typ	Berechtigungsstufen
☐ ☐	Besitzer von Praxis-Anwender	SharePoint-Gruppe	Vollzugriff
☐ ☐	Besucher von Praxis-Anwender	SharePoint-Gruppe	Lesen
☐ ☐	Excel Services-Viewer	SharePoint-Gruppe	Nur anzeigen
☐ ☐	Genehmigende Personen	SharePoint-Gruppe	Genehmigen

Abbildung 11.34: Die SharePoint-Gruppe Genehmigende Personen *muss geöffnet werden, um Personen hinzuzufügen.*

5. Klicken Sie in der Symbolleiste auf die Schaltfläche **Neu**, um einen oder mehrere Benutzer der Gruppe hinzuzufügen.

6. Geben Sie die Namen der Personen ein, die Sie hinzufügen möchten. Wählen Sie gegebenenfalls eine AD-Gruppe aus. Für das Beispiel sollten Sie Ihren Namen wählen.

7. Schreiben Sie einen kurzen E-Mail-Nachrichtentext.

8. Bestätigen Sie Ihre Auswahl mit einem Klick auf die Schaltfläche **Freigeben**.

9. Zum Testen der Genehmigung laden Sie ein neues Dokument hoch oder erstellen ein neues Element.

10. Checken Sie das Dokument ein und prüfen Sie Ihren Posteingang.

Ein Dokument oder Element in der Bibliothek oder Liste genehmigen oder ablehnen

Nach dem Aktivieren der Inhaltsgenehmigung wird Ihnen die Spalte *Genehmigungsstatus* (siehe Abbildung 11.35) in der Bibliothek angezeigt. Dateien, die Sie bereits hochgeladen haben, erhalten den Status *Entwurf*, wenn die Datei ausgecheckt und nicht genehmigt ist. Der Status *Ausstehend* bedeutet, dass das Dokument eingecheckt, aber noch nicht genehmigt ist.

SharePoint stellt Ihnen Ansichten für die Inhaltsgenehmigung zur Verfügung.

Abbildung 11.35: Die Spalte Genehmigungsstatus *mit dem jeweiligen Status der genehmigten, nicht eingecheckten und ausstehenden Genehmigungen*

1. Wählen Sie das hochgeladene Dokument aus und klicken Sie im Menü auf **Weitere Optionen**, dargestellt durch die drei Punkte. Wählen Sie die Option **Genehmigen/Ablehnen** (siehe Abbildung 11.36).

Abbildung 11.36: Das Dokument muss eingecheckt und ausgewählt sein, damit die Option Genehmigen/Ablehnen *angezeigt wird.*

2. Im darauffolgenden Formular können Sie das Dokument/Element genehmigen oder die Genehmigung ablehnen. Schreiben Sie immer auch einen Kommentar für Ihre Entscheidung (siehe Abbildung 11.37).

Falls Sie die Inhaltsgenehmigung wieder deaktivieren möchten, genehmigen Sie zunächst alle offenen Dokumente oder Elemente, da diese sonst in der Bibliothek oder Liste weiterhin nur vom Ersteller gesehen werden können.

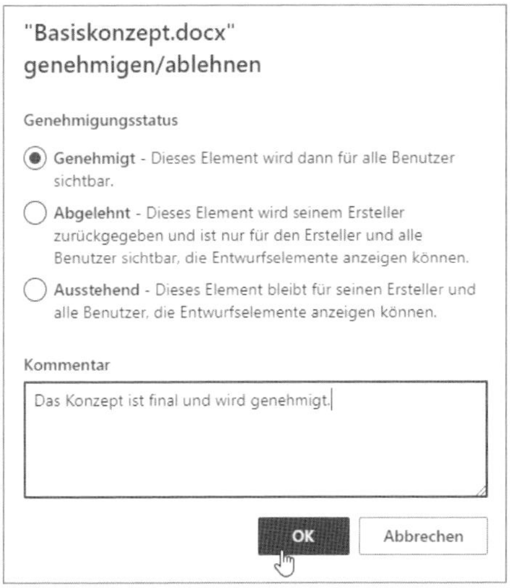

"Basiskonzept.docx"
genehmigen/ablehnen

Genehmigungsstatus

◉ **Genehmigt** - Dieses Element wird dann für alle Benutzer
sichtbar.

○ **Abgelehnt** - Dieses Element wird seinem Ersteller
zurückgegeben und ist nur für den Ersteller und alle
Benutzer sichtbar, die Entwurfselemente anzeigen können.

○ **Ausstehend** - Dieses Element bleibt für seinen Ersteller und
alle Benutzer, die Entwurfselemente anzeigen können.

Kommentar

Das Konzept ist final und wird genehmigt.

[OK] [Abbrechen]

Abbildung 11.37: Das Formular zur Genehmigung oder Ablehnung des Dokuments

Hinweis	Stellen Sie für die Bibliothek oder Liste unbedingt eine Benachrichtigung ein, damit Sie informiert werden, wenn es ein neues Dokument gibt. Sie werden nicht automatisch durch die Inhaltsgenehmigung per E-Mail informiert. Auch die Personen, die die Dokumente oder Elemente erstellt haben, sollten sich eine Benachrichtigung einstellen, damit sie über Änderungen informiert werden. In Kapitel 5 im Abschnitt »Benachrichtigungen hinzufügen« auf Seite 119 können Sie nachlesen, wie Sie Benachrichtigungen festlegen.

Verwaltete Metadaten

Mit verwalteten Metadaten können Sie Begrifflichkeiten an einer zentralen Stelle auf der Websiteebene oder in einer Website-, Bibliotheks- oder Listenspalte erstellen und verwalten. Sie können so eine hierarchische Gliederung von Begriffen festlegen, die Ihnen und Ihren Teammitgliedern später innerhalb von Bibliotheken und Websites zur Verfügung steht. Jeder Information, wie Dokumenten oder Elementen, können diese Metadaten zugewiesen und angehängt werden. Damit entsteht eine Auswahlfunktion für Sie und die Teammitglieder, die das Einordnen von Informationen erleichtert. Zunächst müssen Sie jedoch bestimmte Voraussetzungen schaffen, um verwaltete Metadaten nutzen zu können. Sprechen Sie gegebenenfalls mit Ihrem IT-Verantwortlichen darüber. Des Weiteren müssen Sie eine Struktur für den Aufbau der verwalteten Metadaten festlegen, gegebenenfalls erst einmal innerhalb einer Excel-Tabelle.

Achtung	Verwaltete Metadaten sollten nicht nur von der IT-Abteilung für alle Bereiche des Unternehmens festgelegt werden. Nur die Abteilung selbst weiß, welche Begriffe benötigt werden.

Wichtige Voraussetzungen für das Verwalten von Metadaten

Holen Sie sich Ihren SharePoint-Administrator dazu, um die Voraussetzungen zu schaffen.

Die Voraussetzung für das Metadatenmanagement ist, dass zusätzlich zu den technischen Einstellungen, wie der Bereitstellung der verwalteten Metadatendienstanwendungen, nur beim SharePoint Server das Websitesammlungsfeature *SharePoint-Server-Veröffentlichungsinfrastruktur* auf der Website der obersten Ebene aktiviert sein muss. Diese Einstellungen sollte immer Ihr SharePoint-Administrator prüfen. Bei SharePoint Online ist diese Einstellung nicht notwendig und sollte nicht aktiviert werden. Zum Verwalten der Metadaten muss Ihnen beim SharePoint Server im Terminologiespeicher-Verwaltungstool die Rolle eines *Terminologiespeicheradministrators*, *Gruppenleiters* oder *Mitwirkenden* – nicht mit der SharePoint-Gruppe *Mitwirkender* zu verwechseln – und in der SharePoint-Online-Administration die Rolle *Administrator* zugeordnet werden. Es geht hierbei nur um die Verwaltung der Metadaten, wozu Sie berechtigt sein müssen. Sie können sich jedoch auch eine Taxonomie-Gruppe anlegen lassen, die Sie selbstständig bearbeiten können. Fragen Sie hierzu Ihren SharePoint- bzw. Microsoft-365-Administrator.

Es gibt für die Bereitstellung einer Metadatenstruktur, auch Taxonomiebaum genannt, bestimmte Begriffe, die Sie kennen müssen. Es besteht ein Zusammenhang zwischen *Gruppen*, *Ausdruckssätzen* sowie den *Ausdrücken* selbst.

In diesem Beispiel möchte ich eine Gruppe für den gesamten *Einkauf* abbilden. Innerhalb des Einkaufs kann mit unterschiedlichen Begriffen wie dem *Produktkatalog*, *Ersatzteilkatalog* oder dem *Zubehörkatalog* als Ausdruckssatz gearbeitet werden. Innerhalb des jeweiligen Katalogs wiederum gibt es unterschiedliche Kriterien, nach denen gesucht oder gefiltert wird. Die zu filternden Kriterien bilden die Ausdrücke. Damit eine strukturierte Filterung entstehen kann, sind Überlegungen für den Aufbau eines Taxonomiebaums sehr hilfreich, beispielsweise, nach welchen Kriterien Informationen von Mitarbeitenden abgefragt werden. Der Produktkatalog im nachfolgenden Beispiel besteht aus den verschiedenen Ausdrücken wie *Gebrauchsanleitung*, *Technisches Datenblatt*, *Prospekt* und *Preisliste* der verschiedenen Lieferanten. Die Produktinformationen selbst sind jedoch auf *Hersteller* und *Produktgruppen* bezogen. Den Mitarbeitenden sollen folgende Filtermöglichkeiten zur Verfügung gestellt und in der Einkaufsabteilung die zugehörigen Metadatenausdrücke dem jeweiligen Dokument zugewiesen werden können:

- Gruppe: Einkauf
  - Ausdruckssatz: Produktkatalog
    - Ausdruck: Hersteller
      - Hersteller A
      - Hersteller B
      - Hersteller C
      - Hersteller D
      - etc.
    - Ausdruck: Produktgruppe
      - Gruppe A
      - Gruppe B
      - Gruppe C
      - Gruppe D
      - etc.

- ◆ Ausdruck: Produktinformationen
  - – Gebrauchsanleitung
  - – Preisliste
  - – Prospekt
  - – Technisches Datenblatt
  - – etc.
- ◆ Ausdruckssatz: Ersatzteilkatalog
  - ◆ Ausdruck: Maschinentyp
    - – Typ A
    - – Typ B
    - – etc.
  - ◆ Ausdruck: Modellreihe
    - – Modell A
    - – Modell B
    - – etc.

Metadaten über das Terminologiespeicher-Verwaltungstool hinzufügen

Sobald alle Voraussetzungen geschaffen sind, können Sie über die Websiteeinstellungen der Website die Metadaten verwalten. Je nachdem, welche Rolle Ihnen zum Verwalten zugeordnet wurde, können Sie entweder eine Gruppe namens *Einkauf* anlegen, oder aber Ihr Administrator hat diese Gruppe bereits für Sie angelegt und Sie können direkt in der Gruppe die Ausdrucksätze und Ausdrücke hinzufügen.

1. Wechseln Sie auf Ihre Team- oder Kommunikationswebsite.
2. Wählen Sie die **Websiteeinstellungen** über das Zahnradsymbol oben rechts im Fenster.
3. Klicken Sie auf die Einstellung **Websiteinformation** und dann auf **Alle Websiteeinstellungen anzeigen**.
4. Klicken Sie in der Kategorie *Websiteverwaltung* auf den Link **Terminologiespeicherverwaltung** (siehe Abbildung 11.38).

Websiteverwaltung
Landes-/Regionaleinstellungen
Spracheinstellungen
Übersetzungen exportieren
Übersetzungen importieren
Websitebibliotheken und -listen
Benutzerbenachrichtigungen
RSS
Websites und Arbeitsbereiche
Workfloweinstellungen
Terminologiespeicherverwaltung

Abbildung 11.38: Die Kategorie Websiteverwaltung *und die Terminologiespeicherverwaltung*

5. Im linken Bereich des nachfolgenden Fensters sehen Sie den bereits vorhandenen Taxonomiebaum Ihres Unternehmens. Zeigen Sie zunächst auf den Eintrag **Managed Metadaten Service**. Ihnen wird ein Drop-down-Pfeil angezeigt. Klicken Sie auf den Pfeil (siehe Abbildung 11.39). Falls Ihr Administrator bereits die Gruppe *Einkauf* erstellt hat, überspringen Sie ihn und die nächsten drei Schritte.

6. Klicken Sie auf den Befehl **Neue Gruppe**.

Abbildung 11.39: Es können weitere Gruppen angelegt werden.

7. Vergeben Sie den Namen »Einkauf« und bestätigen Sie mit der ⏎-Taste.

8. Im rechten Fensterbereich können Sie die Gruppe nun mit Eigenschaften, etwa mit einer Beschreibung, versehen und zusätzlich Personen oder Gruppen berechtigen, die Verwaltung der Metadaten zu übernehmen (siehe Abbildung 11.40).

Abbildung 11.40: Weitere Benutzer können als Gruppenbesitzer oder Mitwirkende hinzugefügt werden.

9. Speichern Sie Ihre Einstellungen mit einem Klick auf **Speichern**.

10. Zeigen Sie auf die Gruppe **Einkauf**. Ihnen wird ein Drop-down-Pfeil angezeigt. Klicken Sie auf den Pfeil und wählen Sie im Kontextmenü den Befehl **Neuer Ausdruckssatz** (siehe Abbildung 11.41).

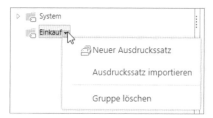

Abbildung 11.41: Nach dem Anlegen einer Gruppe folgen Ausdruckssätze.

11. Schreiben Sie als Ausdruckssatz »Produktkatalog« und bestätigen Sie Ihre Eingabe mit der ⏎-Taste.

12. Im rechten Fensterbereich vergeben Sie die Eigenschaften für den Ausdruckssatz (siehe Abbildung 11.42). Klicken Sie im Bereich *Beschreibung* in das Eingabefeld und tippen Sie Folgendes ein: »Dieser Ausdruckssatz wird für das Zuordnen von Dokumenten mit bestimmten Eigenschaften im Produktkatalog benötigt.«

13. Tauschen Sie gegebenenfalls Ihren Namen im Bereich *Besitzer* mit einer SharePoint-Gruppe aus. So ist gegeben, dass auch Kollegen die verwalteten Metadaten und Eigenschaften im Ausdruckssatz *Produktkatalog* bearbeiten dürfen. Wenn Sie alleiniger Besitzer dieses Ausdruckssatzes bleiben, können nur Sie die Änderungen vornehmen.

14. Im Bereich *Kontakt* geben Sie die E-Mail-Adresse ein, die gültig sein soll, wenn Ihre Kollegen Ausdruckssätze vorschlagen. Die Vorschläge werden an die von Ihnen eingegebene E-Mail-Adresse gesandt.

15. Möchten Sie oder eine SharePoint-Gruppe mit bestimmten Personen informiert werden, wenn Mitarbeitende größere Änderungen am Ausdruckssatz vornehmen, können Sie im Bereich *Beteiligte* eine Person oder eine SharePoint-Gruppe hinzufügen, die informiert wird. Es erfolgt dann bei größeren Änderungen am Ausdruckssatz eine Benachrichtigung per E-Mail an die Person oder die SharePoint-Gruppe, die Sie festgelegt haben.

16. Im Bereich *Übermittlungsrichtlinie* legen Sie fest, ob Mitarbeitende bei fehlenden Ausdrücken weitere Ausdrücke eingeben dürfen. Aktivieren Sie in diesem Beispiel die Option **Öffnen**. Damit können später weitere Ausdrücke hinzugefügt werden.

17. Haben Sie alle Einstellungen vorgenommen, bestätigen Sie diese mit einem Klick auf die Schaltfläche **OK**.

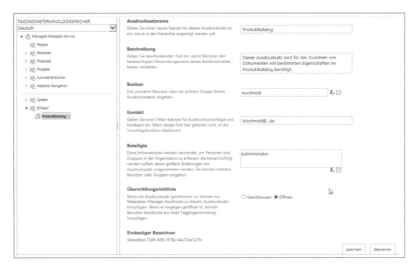

Abbildung 11.42: Die Eigenschaften des Ausdruckssatzes Produktkatalog

18. Zeigen Sie auf den Ausdruckssatz *Produktkatalog*, bis Ihnen ein Drop-down-Pfeil angezeigt wird (siehe Abbildung 11.43). Klicken Sie auf den Pfeil.

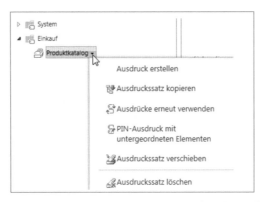

Abbildung 11.43: Nach dem Ausdruckssatz folgt der Ausdruck.

19. Wählen Sie im Kontextmenü den Befehl ***Ausdruck erstellen***.
20. Schreiben Sie »Hersteller« und bestätigen Sie mit der ⏎-Taste.
21. Zeigen Sie auf den Ausdruck *Hersteller* und wählen Sie über den Drop-down-Pfeil erneut den Befehl ***Ausdruck erstellen*** (siehe Abbildung 11.44).
22. Schreiben Sie »Hersteller A« und bestätigen Sie mit der ⏎-Taste.
23. Schreiben Sie »Hersteller B« und bestätigen Sie erneut mit der ⏎-Taste.
24. Wiederholen Sie den letzten Schritt für »Hersteller C« und »Hersteller D«.
25. Zeigen Sie nun auf den Ausdruckssatz *Produktkatalog* und öffnen Sie über das Kontextmenü den Befehl ***Ausdruck erstellen***.
26. Tippen Sie »Produktgruppe« ein und bestätigen Sie mit der ⏎-Taste.
27. Zeigen Sie auf den Ausdruck *Produktgruppe* und klicken Sie im Kontextmenü auf ***Ausdruck erstellen***.

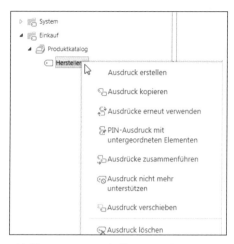

Abbildung 11.44: Unterhalb von Ausdrücken können weitere Ausdrücke erstellt werden.

28. Schreiben Sie »Gruppe A« und bestätigen Sie mit der [↵]-Taste.

29. Schreiben Sie »Gruppe B« und bestätigen Sie erneut mit der [↵]-Taste.

30. Wiederholen Sie den letzten Schritt für die Gruppen C und D.

31. Fügen Sie nun den Ausdruck *Produktinformation* über den Ausdruckssatz *Produktkatalog* hinzu.

32. Fügen Sie dem Ausdruck *Produktinformation* die Ausdrücke *Gebrauchsanleitung, Preisliste, Prospekt* und *Technisches Datenblatt* hinzu. Die fertige Struktur sehen Sie in Abbildung 11.45.

Abbildung 11.45: Der Ausdruckssatz Produktkatalog *mit den Ausdrücken, dargestellt als Struktur*

Eine Websitespalte für die verwalteten Metadaten anlegen

Verwaltete Metadaten lassen sich auch auf Website- und Bibliotheksebene erstellen.

Damit wir später auf die erstellten Metadaten zugreifen können, muss jetzt eine Websitespalte für die Verwendung der verwalteten Metadaten erstellt werden. Diese Spalte kann dann einer neuen oder allen vorhandenen Bibliotheken hinzugefügt werden.

1. Navigieren Sie über die Breadcrumb-Navigation in die *Websiteeinstellungen* zurück.

2. Klicken Sie in der Kategorie *Web-Designer-Kataloge* auf den Link *Websitespalten*.

3. Klicken Sie auf den Link *Erstellen*. Sie finden ihn oberhalb der Auflistung der Websitespalten.

4. Im Bereich *Name und Typ* klicken Sie in das Eingabefeld *Name* und schreiben »Produktkatalog«.

5. Wählen Sie unterhalb von *Der Informationstyp in dieser Spalte ist* den Informationstyp *Verwaltete Metadaten* aus. Damit erzeugen Sie eine Websitespalte, die zum Festlegen der Metadaten und der Auswahl in der Navigation dient.

6. Wählen Sie im Bereich *Gruppe* die vorhandene Gruppe *Beispielspalten zum Buch* aus.

7. Im Bereich *Zusätzliche Spalteneinstellung* klicken Sie in das Eingabefeld bei *Beschreibung* und geben folgenden Text ein: »Fügen Sie dem Dokument eindeutige Informationen zum Hersteller, zur Gruppe und zur Dokumentart hinzu.« Damit fordern Sie die Anwender auf, die wichtigen Eigenschaften auszuwählen, wonach auch gefiltert wird.

8. Aktivieren Sie die Option *Ja* bei *Diese Spalte muss Informationen enthalten*. Damit erstellen Sie ein Pflichtfeld, das die Anwender ausfüllen müssen. Wird dieses Feld später nicht ausgefüllt, kann das Dokument nicht gespeichert werden.

9. Im Bereich *Mehrwertiges Feld* setzen Sie das Häkchen bei *Mehrere Werte zulassen*. Damit können die Benutzer später den Hersteller, die Gruppe und die Produktinformation auswählen. Wenn Sie das Häkchen nicht setzen, kann nur ein Ausdruck ausgewählt werden.

10. Klicken Sie im Bereich *Ausdruckssatzeinstellungen* in das Suchfeld bei *Nach Ausdruckssätzen suchen, die die folgenden Ausdrücke enthalten* und geben Sie dort »Produktkatalog« ein. Ihnen werden die Gruppe *Einkauf* und der Ausdruckssatz *Produktkatalog* angezeigt.

11. Klicken Sie auf *Produktkatalog*, um diesen Ausdruckssatz auszuwählen (siehe Abbildung 11.46).

12. Übernehmen Sie alle weiteren Einstellungen und bestätigen Sie Ihre Eingaben mit einem Klick auf die Schaltfläche *OK*.

13. Die Spalte ist erstellt und kann nun einer Bibliothek hinzugefügt werden.

Abbildung 11.46: Die Auswahl des Ausdruckssatzes Produktkatalog *in den Spalteneinstellungen*

Eine Bibliothek für Produktdokumente erstellen und die Websitespalte hinzufügen

Damit Sie die erstellten Metadaten ausprobieren können, erstellen Sie in diesem Abschnitt eine neue Dokumentenbibliothek.

Websitespalten können in allen Bibliotheken und Listen hinzugefügt werden.

1. Wechseln Sie auf die Startseite Ihrer Team- oder Kommunikationswebsite, auf der Sie die verwalteten Metadaten und die Websitespalte *Produktkatalog* erstellt haben.

2. Klicken Sie auf der Startseite auf die Schaltfläche **Neu** (siehe Abbildung 11.47).

3. Wählen Sie **Dokumentenbibliothek** aus.

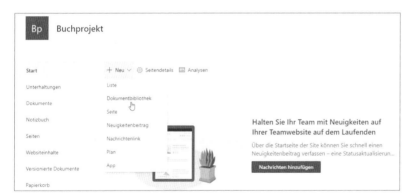

Abbildung 11.47: Auf der Startseite Ihrer Team- oder Kommunikationswebsite können Sie eine neue Dokumentenbibliothek hinzufügen.

4. Vergeben Sie für die neue Bibliothek den Namen »Produktkatalog« und fügen Sie eine Beschreibung für die Bibliothek hinzu.

5. Bestätigen Sie mit einem Klick auf die Schaltfläche **Erstellen**. Sie werden in die Bibliothek weitergeleitet.

6. Öffnen Sie die **Einstellungen**, indem Sie auf das Zahnradsymbol oben rechts im Fenster klicken.

7. Klicken Sie auf **Bibliothekseinstellungen**.

8. Navigieren Sie in den Einstellungen weiter nach unten zu dem Bereich **Spalten** (siehe Abbildung 11.48).

9. Klicken Sie unterhalb der aufgelisteten Spalten auf den Link *Aus vorhandenen Websitespalten hinzufügen*.

Abbildung 11.48: Der Link Aus vorhandenen Websitespalten hinzufügen *im Bereich* Spalten

10. Wählen Sie die Gruppe, der Sie die Spalte hinzugefügt haben. Für die Beispiele hatten wir die Gruppe *Beispielspalten zum Buch* verwendet. Falls Ihnen die Spalte in der Gruppe nicht angezeigt wird, prüfen Sie die Gruppe *Benutzerdefinierte Spalten*.

11. Klicken Sie doppelt auf die Spalte *Produktkatalog*, um die Spalte der Bibliothek hinzuzufügen.

12. Übernehmen Sie alle weiteren Einstellungen und bestätigen Sie mit einem Klick auf *OK*.

13. Wechseln Sie links in der Schnell- bzw. Seitennavigation in die Bibliothek *Produktkatalog*.

14. Laden Sie ein oder mehrere Dokumente in die Bibliothek hoch. Durch das Pflichtfeld in der Spalte werden die Dokumente im ausgecheckten Modus gespeichert.

Verwaltete Metadaten einem Dokument hinzufügen

Die Auswahl von verwalteten Metadaten unterscheidet sich in der Anwendung von Auswahlspalten.

Es gibt unterschiedliche Wege, einem Dokument die Metadaten hinzuzufügen. Jedoch müssen Sie beachten, dass beim Hochladen von Dateien keine Metadaten eingegeben werden können. Wenn ein Dokument keine Metadaten besitzt, obwohl es ein oder mehrere Pflichtfelder enthält, werden die Dateien im ausgecheckten Modus gespeichert. Sie können über die Rasteransicht bzw. die Ansicht *Schnell bearbeiten* (ehemals *QuickEdit*) die Datenblattansicht öffnen und schnell die Metadaten hinzufügen, dennoch müssen Sie die Dokumente dann zusätzlich einchecken.

1. Klicken Sie im Menü der Bibliothek auf die Schaltfläche *In Rasteransicht bearbeiten* bzw. *Schnell bearbeiten*. Ihnen wird die Bibliothek als Tabelle angezeigt.

2. In der Spalte *Produktkatalog* können Sie nun in die leeren Zellen klicken und die festgelegten Begriffe eintippen (siehe Abbildung 11.49) oder über das Tag-Symbol aus dem Taxonomiebaum auswählen.

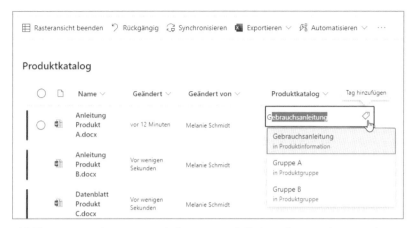

Abbildung 11.49: In der Rasteransicht können innerhalb der Zellen Eingaben gemacht werden oder der Taxonomiebaum für die Tags ausgewählt werden.

3. Klicken Sie in die Zelle, geben Sie nacheinander jeweils die ersten Buchstaben von *Hersteller A*, *Gruppe B* und *Preisliste* ein und wählen Sie aus den Vorschlägen die Begriffe aus.

4. Bestätigen Sie Ihre Auswahl mit der ⏎-Taste.

5. Beenden Sie die *Rasteransicht* bzw. *Schnelle Bearbeitung*.

6. Wählen Sie zwei Dokumente aus, indem Sie vor die Dokumente klicken und die Häkchen setzen.

7. Klicken Sie in der Menüliste auf die Schaltfläche **Detailbereich öffnen** (siehe Abbildung 11.50).

8. Klicken Sie in das Eingabefeld **Zu markierende Begriffe eingeben** und geben Sie die ersten Buchstaben der gewünschten Begriffe ein.

9. Klicken Sie auf das Symbol **Tag hinzufügen**, um den Taxonomiebaum zu öffnen und dort Begriffe auszuwählen.

Abbildung 11.50: Auch mehreren Dokumenten können in einem Vorgang mehrere Metadaten über den Detailbereich zugewiesen werden.

10. Speichern Sie Ihre Auswahl, indem Sie auf die Schaltfläche **Speichern** klicken.

11. Auch in diesem Fall bleiben die Dateien ausgecheckt. Sie müssen nun die ausgecheckten Dokumente auswählen und in der Menüleiste auf die **Weiteren Optionen**, dargestellt durch die drei Punkte, klicken, um die Dateien einzuchecken.

Tipp
Wenn Sie eine neue Bibliothek angelegt haben und mehrere Dokumente gleichzeitig hochladen und über die *Rasteransicht* bzw. die Ansicht *Schnell bearbeiten* die Metadaten vergeben möchten, stellen Sie zunächst sicher, dass die zu vergebenden Metadaten keine Pflichtspalten sind. Die Dokumente werden hochgeladen, Sie können die Metadaten festlegen und danach können Sie über die Websiteeinstellungen in den Websitespalten die jeweilige Websitespalte zum Pflichtfeld generieren.

Kapitel 12
Websiteinhaltstypen

Mit Websiteinhaltstypen – oder auch nur Inhaltstypen genannt – können Sie das Verhalten von Dokumenten und Elementen innerhalb von Bibliotheken und Listen steuern. Einem Inhaltstyp können bestimmte Vorlagen oder Formulare zugeordnet werden, sodass die Bereitstellung und das Verwalten der Vorlagen und Formulare zentral erfolgen können. Mithilfe eines Websiteinhaltstyps können Metadaten an Dokumente und Elemente angeheftet werden, damit lassen sich unterschiedliche Typen von Inhalten in einer Bibliothek oder Liste speichern. In einem Inhaltstyp wird beispielsweise festgelegt, welches Dokument oder Element geöffnet werden soll, wenn ein Benutzer ein neues Dokument oder Element in einer Bibliothek oder Liste öffnet.

Um Ihnen das zu verdeutlichen, klicken Sie in einer Dokumentenbibliothek auf die Schaltfläche *Neu*. Ihnen werden hier ein neues, leeres Word-, Excel- oder Power-Point-Dokument und ein neues OneNote-Notizbuch zum Erstellen angeboten.

Wenn Sie in einer Office-Anwendung im Register *Datei* auf *Neu* klicken, greifen Sie auf Vorlagen und somit auf Inhaltstypen zu.

Durch die Verwendung von Websiteinhaltstypen können Sie über die Schaltfläche *Neu* weitere, für Sie wichtige Vorlagen oder von der IT bereitgestellten Vorlagen einbringen (siehe Abbildung 12.1).

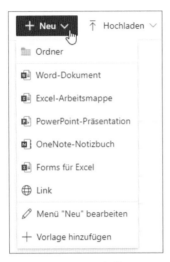

Abbildung 12.1: Innerhalb einer neu angelegten Bibliothek können neue, leere Dokumente erstellt werden.

Zusätzlich werden dem Inhaltstyp Metadaten zugewiesen, die beim Speichern eines Dokuments oder Elements vom Benutzer ausgewählt oder eingegeben werden. Damit ist in einem Unternehmen sichergestellt, dass immer die richtige Vorlage oder das richtige Formular für die Geschäftsprozesse verwendet und mit den gewünschten Eigenschaften, Metadaten, versehen wird. Zusätzlich lassen sich Websiteinhaltstypen dazu einsetzen, bestimmte Regeln für die Aufbewahrung von Dokumenten festzulegen.

Hinweis	Sobald Sie mehrere SharePoint-Server-Websitesammlungen in Ihrem Unternehmen einsetzen, sollten Sie sich mit den Funktionalitäten des Inhaltstyp-Veröffentlichungshubs befassen. Dadurch können Websiteinhaltstypen zentral im gesamten SharePoint-Server-Portal für alle Websitesammlungen bereitgestellt, gewartet und gelöscht werden. Die Verwendung des Inhaltstyp-Veröffentlichungshubs setzt jedoch immer eine genaue Planung und Bereitstellung durch die IT und die SharePoint-Administratoren voraus. In SharePoint Online mit Microsoft 365 können Administratoren ebenfalls für das gesamte SharePoint-Portal Websiteinhaltstypen mithilfe der Inhaltsdienste im Admin-Center bereitstellen. Geschäftsvorlagen sollten grundsätzlich immer an einem zentralen Ort organisiert und gepflegt werden.

Microsoft liefert in den SharePoint-Server- und SharePoint-Online-Versionen bestimmte Websiteinhaltstypen, die in Bibliotheken eingesetzt werden können. Dabei handelt es sich nicht um Geschäftsbriefe oder Berichte, sondern um Inhaltstypen, die bereits über bestimmte Websitespalten oder Einstellungsmöglichkeiten verfügen. Unter bestimmten Voraussetzungen können Sie die mitgelieferten Websiteinhaltstypen für Ihre Anforderungen verwenden.

Der Websiteinhaltstyp »Dokumentenmappe«

Eine Dokumentenmappe, auch Document-Set genannt, kann man sich vorstellen wie eine elektronische Akte zum Ablegen von Dateien. Die Ablage mehrerer Dateien erfolgt gebündelt in einer Akte. Die Dokumentenmappe unterscheidet sich jedoch von Ordnern, denn einer Dokumentenmappe lassen sich mehrere Metadaten zuweisen, anders als bei einem Ordner, dem nur ein Ordnername vergeben werden kann. Die jeweilige Dokumentenmappe und alle Dateien, die diesem Websiteinhaltstyp zugewiesen werden, erhalten automatisch die Metadaten. Auch weitere Websiteinhaltstypen wie beispielsweise eigene Geschäftsvorlagen, lassen sich dem Inhaltstyp *Dokumentenmappe* zuweisen und damit wird gleichzeitig erreicht, dass alle Mitarbeitenden mit den aktuellen und richtigen Geschäftsvorlagen arbeiten.

Hinweis	Die Verwendung des Websiteinhaltstyps *Dokumentenmappe* muss auf der obersten Ebene der Websitesammlung innerhalb der Websitesammlungsfeatures aktiviert sein, sonst steht er Ihnen nicht zur Verfügung. Sie müssen beim SharePoint Server die Berechtigungen des Websitesammlungsadministrators besitzen, um das Feature zu aktivieren. Sprechen Sie in dem Fall mit Ihrem SharePoint-Administrator oder dem Websitesammlungsadministrator, damit das Feature aktiviert wird.

Das Websitesammlungsfeature »Dokumentenmappen« aktivieren

Wenn Sie berechtigt sind, Websitesammlungsfeatures zu aktivieren, können Sie folgende Schritte vornehmen, um die Dokumentenmappen zu aktivieren:

1. Wechseln Sie in den Startbereich Ihrer Team- oder Kommunikationswebsite.
2. Öffnen Sie die **Einstellungen** über das Zahnradsymbol oben rechts im Fenster.
3. Klicken Sie auf **Websiteinformationen** und anschließend auf den Link **Alle Websiteeinstellungen anzeigen**.
4. In der Kategorie *Websitesammlungsverwaltung* klicken Sie auf den Link **Websitesammlungsfeatures**.
5. Suchen Sie das Feature *Dokumentenmappen* und klicken Sie auf die Schaltfläche **Aktivieren** (siehe Abbildung 12.2).

Lassen Sie das Feature gegebenenfalls von Ihrem Administrator aktivieren.

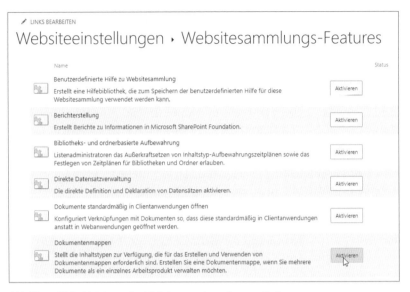

Abbildung 12.2: Aktivieren des Websitesammlungsfeatures Dokumentenmappen

6. Wenn das Feature aktiviert ist, wechseln Sie zurück in den Startbereich Ihrer Team- oder Kommunikationswebsite.

Eine Bibliothek für die Verwendung der Dokumentenmappen erstellen

Verwenden Sie für die Dokumentenmappen eine eigene Bibliothek.

Für dieses Beispiel benötigen wir eine Bibliothek, in der wir den Inhaltstyp Dokumentenmappen aktivieren. Für dieses Beispiel eignet sich die Bibliotheksvorlage *Dokumentbibliothek*.

1. Navigieren Sie auf die Startseite Ihrer Team- oder Kommunikationswebsite.
2. Öffnen Sie die **Einstellungen** mithilfe des Zahnradsymbols oben rechts im Fenster.
3. Klicken Sie auf den Eintrag **App hinzufügen**.
4. Wählen Sie die Bibliotheksvorlage **Dokumentbibliothek** aus.
5. Im darauffolgenden Dialogfeld klicken Sie rechts unten auf den Link **Erweiterte Optionen**, damit Sie nicht nur den Namen für die Bibliothek festlegen, sondern auch eine Beschreibung eingeben können, wozu sie verwendet wird.
6. Im Bereich *Name und Beschreibung* klicken Sie in das Feld **Namen** und tippen dort »Dokumentenmappen« ein. Im Eingabefeld *Beschreibung* geben Sie ein: »In dieser Bibliothek werden Dokumente gebündelt in Dokumentenmappen abgelegt.«
7. Klicken Sie auf die Schaltfläche **Erstellen**. Sie werden in den Bereich der *Websiteinhalte* weitergeleitet.
8. Öffnen Sie die Bibliothek **Dokumentenmappen** und bleiben Sie in der Bibliothek.

Eine Bibliothek dauerhaft in der Seiten- bzw. Schnellstartnavigation einblenden

Da die Bibliothek nicht über den Startbereich Ihrer Team- oder Kommunikationswebsite erstellt wurde, kann es sein, dass die Bibliothek *Dokumentenmappen* nicht in der Seiten- bzw. Schnellstartnavigation angezeigt wird. Um sie dauerhaft in der Navigation einzublenden, gehen Sie folgendermaßen vor:

Fehlt eine Bibliothek in der Navigation, wechseln Sie in die Websiteinhalte.

1. Sie befinden sich in der Bibliothek.
2. Öffnen Sie die **Einstellungen**, klicken Sie dafür auf das Zahnradsymbol oben rechts im Fenster.
3. Wählen Sie die **Bibliothekseinstellungen** aus.
4. Klicken Sie in den *Bibliothekseinstellungen* in der Kategorie *Allgemeine Einstellungen* auf den Link **Listenname, -beschreibung und -navigation**.
5. Aktivieren Sie das Optionsfeld **Ja** bei **Dokumentbibliothek in der Schnellstartleiste anzeigen?**.
6. Speichern Sie Ihre Einstellungen.
7. Klicken Sie in der Seiten- bzw. Schnellstartnavigation auf den Link **Start**, um in den Startbereich Ihrer Website zu navigieren. Ihnen wird die Bibliothek *Dokumentenmappen* in der Seiten- bzw. Schnellstartnavigation angezeigt.

Den Inhaltstyp »Dokumentenmappe« einer Bibliothek zuweisen

Der Inhaltstyp *Dokumentenmappe* lässt sich in beliebigen Bibliotheken einbinden. Jedoch bestünde dann die Gefahr, dass durch das unstrukturierte Ablegen sämtlicher Dateien und Dokumentenmappen große Unordnung in dieser Bibliothek entsteht. In unserem Beispiel jedoch umfasst ein Vorhaben immer mehrere Dokumente. Verwenden wir innerhalb dieser Bibliothek jeweils eine Dokumentenmappe für jedes einzelne Vorhaben, können die Unterlagen gebündelt und strukturierter abgelegt und schneller wiedergefunden werden.

Inhaltstypen, die von Ihrer IT-Abteilung bereitgestellt werden, können Sie zuweisen.

1. Öffnen Sie die Bibliothek **Dokumentenmappen** auf Ihrer Team- oder Kommunikationswebsite.
2. Sobald Sie sich innerhalb der Bibliothek befinden, klicken Sie auf das **Zahnradsymbol** oben rechts im Fenster, um die Einstellungen zu öffnen.
3. Öffnen Sie die **Bibliothekseinstellungen**.
4. Klicken Sie in der Kategorie *Allgemeine Einstellungen* auf den Link **Erweiterte Einstellungen** (siehe Abbildung 12.3).

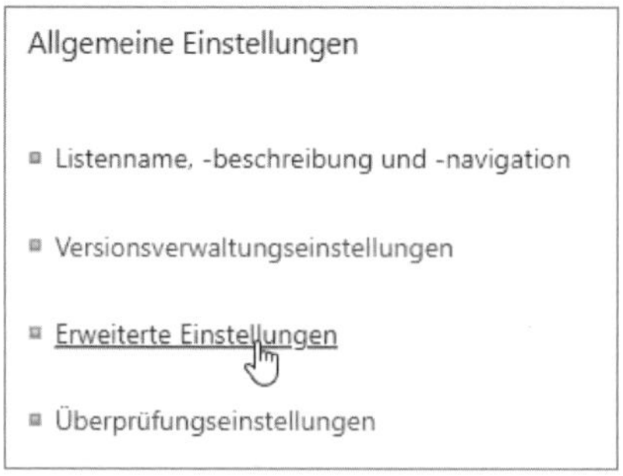

Allgemeine Einstellungen

▫ Listenname, -beschreibung und -navigation

▫ Versionsverwaltungseinstellungen

▫ Erweiterte Einstellungen

▫ Überprüfungseinstellungen

Abbildung 12.3: In der Kategorie Allgemeine Einstellungen *finden Sie den Link* Erweiterte Einstellungen.

5. Damit wir in dieser Bibliothek auch andere Inhaltstypen außer *Neues Dokument* auswählen können, muss die Option *Verwalten von Inhaltstypen zulassen* auf **Ja** gesetzt werden. Diese befindet sich im oberen Fensterbereich (siehe Abbildung 12.4).

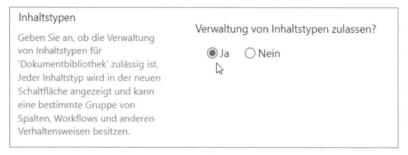

Abbildung 12.4: Das Verwalten von Inhaltstypen muss zugelassen werden, damit die Dokumentenmappe hinzugefügt werden kann.

6. Übernehmen Sie alle weiteren Einstellungen und bestätigen Sie sie mit einem Klick auf die Schaltfläche **OK** ganz unten im Fenster. Sie werden zurück in die Einstellungen der Bibliothek geleitet.

7. Jetzt werden Ihnen im mittleren Fensterbereich die verwendeten Inhaltstypen angezeigt. Klicken Sie im Bereich *Inhaltstypen* auf den Link ***Aus vorhandenen Websiteinhaltstypen hinzufügen*** (siehe Abbildung 12.5). Die Dokumentenmappe wird von SharePoint mitgeliefert und steht in den vorhandenen Websiteinhaltstypen bereit.

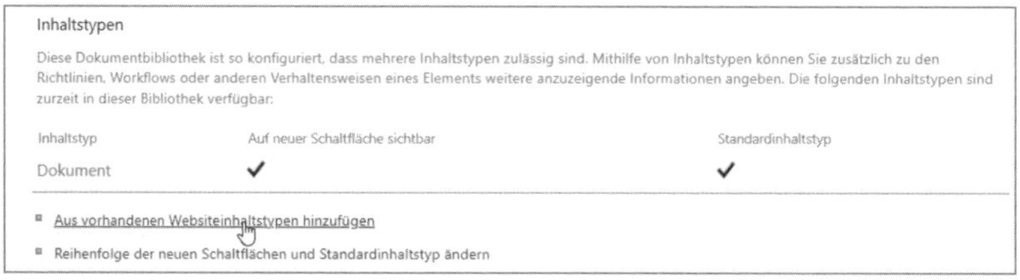

Inhaltstypen

Diese Dokumentbibliothek ist so konfiguriert, dass mehrere Inhaltstypen zulässig sind. Mithilfe von Inhaltstypen können Sie zusätzlich zu den Richtlinien, Workflows oder anderen Verhaltensweisen eines Elements weitere anzuzeigende Informationen angeben. Die folgenden Inhaltstypen sind zurzeit in dieser Bibliothek verfügbar:

Inhaltstyp	Auf neuer Schaltfläche sichtbar	Standardinhaltstyp
Dokument	✓	✓

▫ Aus vorhandenen Websiteinhaltstypen hinzufügen

▫ Reihenfolge der neuen Schaltflächen und Standardinhaltstyp ändern

Abbildung 12.5: Die Dokumentenmappe aus vorhandenen Websiteinhaltstypen hinzufügen

8. Auf der folgenden Dialogseite wählen Sie im Bereich *Websiteinhaltstypen auswählen* die Gruppe **Inhaltstypen der Dokumentenmappe**.

9. Darunter wird Ihnen der Inhaltstyp **Dokumentenmappe** im Bereich *Verfügbare Websiteinhaltstypen* aufgelistet.

10. Doppelklicken Sie auf den Inhaltstyp **Dokumentenmappe**. Der Inhaltstyp wird der Bibliothek hinzugefügt (siehe Abbildung 12.6).

Hinweis   Durch das Doppelklicken auf einen Inhaltstyp im Bereich *Verfügbare Websiteinhaltstypen* wird er in den gewünschten Bereich verschoben.

Abbildung 12.6: Das Hinzufügen des Inhaltstyps Dokumentenmappe

11. Bestätigen Sie Ihre Auswahl mit einem Klick auf die Schaltfläche **OK**. Sie werden in die Bibliothekseinstellungen weitergeleitet und sehen im Bereich *Inhaltstypen* die von uns hinzugefügte Dokumentenmappe. Bleiben Sie im Fenster.

Dokumentenmappen in der Bibliothek hinzufügen

In diesem Beispiel zeige ich Ihnen, wie Sie die Dokumentenmappe in der Bibliothek erstellen können.

Der Kunde Blumen AG hat sein Interesse an unserem Unternehmen ausgedrückt. Er wird uns in den kommenden Tagen eine schriftliche Anfrage zukommen lassen. Für diesen Kunden werden wir eine Dokumentenmappe anlegen.

Informieren Sie auch Ihre Kollegen über den Umgang mit Dokumentenmappen.

1. In der Bibliothek *Dokumentenmappen* klicken Sie auf die Schaltfläche **Neu**.

2. Klicken Sie im Menü auf den Eintrag **Dokumentenmappe**.

3. Erstellen Sie eine neue Dokumentenmappe mit dem Namen »Blumen AG«.

4. Fügen Sie im Bereich *Beschreibung* den Text »Hier finden Sie alle Unterlagen zum Kunden Blumen AG« ein. Im Bereich *Beschreibung* können wichtige Informationen oder der Verwendungszweck der Dokumentenmappe hinterlegt werden (siehe Abbildung 12.7).

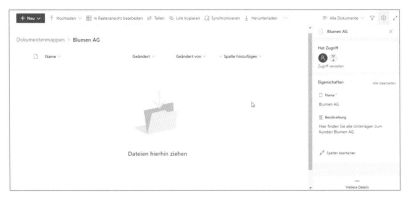

Abbildung 12.7: Das Anlegen einer neuen Dokumentenmappe

5. Bestätigen Sie Ihre Eingaben mit einem Klick auf die Schaltfläche **Speichern**. Sie werden direkt in die neue Dokumentenmappe weitergeleitet (siehe Abbildung 12.8).

Abbildung 12.8: Die neu angelegte Dokumentenmappe und der geöffnete Detailbereich auf der rechten Seite

Die Dokumentenmappe wird mit dem geöffneten *Detailbereich* dargestellt. Über diesen Bereich können Sie die Eigenschaften der geöffneten Dokumentenmappe schnell bearbeiten und Änderungen vornehmen. Unterhalb der Menüleiste finden Sie die Breadcrumb-Navigation (siehe Abbildung 12.9), mit deren Hilfe Sie schnell in die Bibliothek *Dokumentenmappen* navigieren können.

Abbildung 12.9: Die Breadcrumb-Navigation

Sie können direkt in der Dokumentenmappe neue Dokumente über die Schaltfläche *Neu* erstellen, hochladen oder per Drag-and-drop hinzufügen.

Zusätzliche Metadaten in der Bibliothek bereitstellen

Metadaten können über Websitespalten der Bibliothek hinzugefügt werden. In der Dokumentenmappe befinden sich vordefinierte Websitespalten. Diese sind zum Beispiel *Typ*, *Name*, *Geändert* und *Geändert von*. Diese Websitespalten helfen beim Suchen von Informationen. Auch die Beschreibung, die beim Anlegen einer Dokumentenmappe ausgefüllt werden kann, ist eine Websitespalte. Über die Beschreibung beispielsweise lässt sich schnell der Verwendungszweck einer Dokumentenmappe erkennen. Bei der Arbeit mit den Dokumentenmappen reichen jedoch manchmal die vorhandenen Websitespalten nicht aus oder sie werden nicht benötigt. In diesem Beispiel wäre es sehr hilfreich, wenn beim Aufrufen einer Dokumentenmappe im Detailbereich die Kundennummer und der Ansprechpartner zusätzlich als Information angezeigt würden.

Innerhalb von Dokumentenmappen können weitere Metadaten verwendet werden,

Zusätzliche Websitespalten lassen sich jeder Bibliothek oder Liste hinzufügen. SharePoint liefert bereits eine große Anzahl von zusätzlichen Websitespalten, die wir in Bibliotheken oder Listen auswählen können. Jedoch sind die von Share-Point mitgelieferten Websitespalten nicht immer die Spalten, die wir gerade benötigen. Deshalb können wir unabhängig von den vordefinierten Spalten eigene Websitespalten erstellen und beliebig verwenden.

Welche Eigenschaften sollen Ihre Dokumentenmappen beim Anlegen erhalten?

In diesem Beispiel möchten wir die Information über die Kundennummer sowie den Ansprechpartner beim Kunden in die Dokumentenmappen einbringen. Websitespalten wie *Kundennummer* und *Ansprechpartner* sollten immer auf der Administrationsebene angelegt werden, denn diese Information benötigen mehrere Fachbereiche eines Unternehmens. In unserem Beispiel werden wir diese Websitespalte auf der Team- oder Kommunikationswebsite erstellen. Falls diese Websitespalten bereits in Ihrem Unternehmen angelegt wurden, verwenden Sie andere Namen für die Websitespalten in diesem Beispiel.

1. Navigieren Sie auf Ihre Website.
2. Klicken Sie auf das Zahnradsymbol, um das Menü **Einstellungen** zu öffnen.
3. Wählen Sie im Menü den Befehl **Websiteinformationen** und klicken Sie auf den Link **Alle Websiteeinstellungen anzeigen**. Sie gelangen direkt in den Bereich *Websiteeinstellungen*.
4. In der Kategorie *Web-Designer-Kataloge* klicken Sie auf den Link **Websitespalten**.
5. Klicken Sie zum Anlegen der Websitespalte auf den Link **Erstellen**. Er befindet sich oberhalb der Auflistung der Websitespalten.
6. Im Bereich *Name und Typ* klicken Sie in das Eingabefeld **Name** und tippen »Kundennummer« ein.
7. Wählen Sie unterhalb von *Der Informationstyp in dieser Spalte ist* den Informationstyp **Eine Textzeile** aus.
8. Im Bereich *Gruppe* wählen Sie die Gruppe **Beispielspalten zum Buch**. Diese Gruppe wurde bereits in Kapitel 11 im Abschnitt »Websitespalten anlegen« auf Seite 194 erstellt.
9. Im Bereich *Zusätzliche Spalteneinstellung* klicken Sie in das Eingabefeld bei **Beschreibung** und geben folgenden Text ein: »Bitte geben Sie die Kundennummer ein.«

10. Aktivieren Sie die Option *Ja* bei *Diese Spalte muss Informationen enthalten*. Damit erstellen Sie ein Pflichtfeld, das die Anwender ausfüllen müssen.

11. Überprüfen Sie noch einmal Ihre Eingaben und bestätigen Sie sie danach mit einem Klick auf die Schaltfläche **OK**. Sie werden direkt in die *Websiteeinstellungen*, *Websitespalten* weitergeleitet. In der Gruppe *Beispielspalten zum Buch* sehen Sie die erstellte Spalte.

12. Klicken Sie zum Anlegen einer weiteren Websitespalte erneut auf den Link **Erstellen**.

13. Im Bereich *Name und Typ* klicken Sie in das Eingabefeld **Name** und tippen »Ansprechpartner« ein.

14. Wählen Sie unterhalb von *Der Informationstyp in dieser Spalte ist* den Informationstyp **Eine Textzeile** aus.

15. Im Bereich *Gruppe* wählen Sie die Gruppe **Beispielspalten zum Buch**.

16. Im Bereich *Zusätzliche Spalteneinstellung* klicken Sie in das Eingabefeld bei **Beschreibung** und geben folgenden Text ein: »Bitte geben Sie den Ansprechpartner ein.«

17. Aktivieren Sie die Option **Ja** bei *Diese Spalte muss Informationen enthalten*. Damit erstellen Sie ein Pflichtfeld, das die Anwender ausfüllen müssen.

18. Überprüfen Sie noch einmal Ihre Eingaben und bestätigen Sie danach mit einem Klick auf die Schaltfläche **OK**. Die zusätzlichen Websitespalten sind nun angelegt. Jetzt werden sie als Detailinformationen der Dokumentenmappe hinzugefügt.

19. Navigieren Sie in die Bibliothek **Dokumentenmappen**.

20. In der Bibliothek klicken Sie auf das **Zahnradsymbol** und wählen in den Einstellungen die **Bibliothekseinstellungen** aus.

21. Im mittleren Bereich bei *Inhaltstypen* klicken Sie auf den Inhaltstyp **Dokumentenmappe**. Diesen hatten wir im Abschnitt »Den Inhaltstyp »Dokumentenmappe« einer Bibliothek zuweisen« auf Seite 237 hinzugefügt.

22. Im Bereich *Spalten* klicken Sie auf den Link **Aus vorhandenen Website- oder Listenspalten hinzufügen** (siehe Abbildung 12.10).

Abbildung 12.10: Der Link Aus vorhandenen Website- oder Listenspalten hinzufügen

23. Wählen Sie die Gruppe **Beispielspalten zum Buch** aus.

24. Wählen Sie die Spalte **Ansprechpartner** im Bereich *Verfügbare Spalten* durch einmaliges Anklicken aus und klicken Sie auf die Schaltfläche **Hinzufügen**.

25. Klicken Sie im Bereich *Verfügbare Spalte* doppelt auf die Spalte **Kundennummer**. Die Spalte wird ebenfalls in den Bereich *Hinzuzufügende Spalte* verschoben.

Auch vorhandene Websitespalten können ausgewählt werden. Für dieses Beispiel soll kurzfristig noch die Telefonnummer des Ansprechpartners in die Dokumentenmappe mit aufgenommen werden.

1. Wählen Sie dafür im Bereich *Spalten auswählen aus* die Gruppe **Hauptkontakt- und Kalenderspalten** (siehe Abbildung 12.11).

2. Blättern Sie im Bereich *Verfügbare Spalten* nach unten und wählen Sie dort die Spalte **Telefon (geschäftlich)** aus.

3. Bestätigen Sie Ihre Auswahl mit einem Klick auf die Schaltfläche **OK**. Sie werden in die Einstellungen der Dokumentenmappe weitergeleitet.

Abbildung 12.11: Die ausgewählten Spalten

4. Damit die Eigenschaften in der jeweiligen Dokumentenmappe angezeigt werden, müssen die Spalten der Dokumentenmappe hinzugefügt werden. Klicken Sie im Bereich *Einstellungen* auf den Link **Einstellungen für Dokumentenmappe** (siehe Abbildung 12.12).

Abbildung 12.12: Einstellungen für Dokumentenmappe

5. Im Bereich *Freigeben* aktivieren Sie die Kontrollkästchen bei **Beschreibung** und bei **Kundennummer**. Diese Informationen werden auch den jeweiligen Dokumenten innerhalb der Dokumentenmappe automatisch zugeordnet (siehe Abbildung 12.13).

6. Im Bereich *Spalten auf der Homepage* fügen Sie die Spalten **Kundennummer**, **Ansprechpartner** und **Telefon (geschäftlich)** hinzu.

Diese Eigenschaften können beim Erstellen einer Dokumentenmappe festgelegt und beim späteren Aufrufen der Dokumentenmappe angezeigt werden.

Abbildung 12.13: Diese Eigenschaften sollen in der Dokumentenmappe angezeigt werden.

7. Bestätigen Sie Ihre Eingaben mit einem Klick auf die Schaltfläche **OK**.
8. Navigieren Sie zurück in die Bibliothek **Dokumentenmappen**.
9. Öffnen Sie die Dokumentenmappe der Firma **Blumen AG** (Abbildung 12.14).

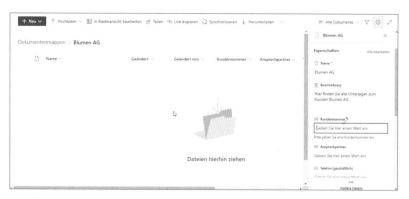

Abbildung 12.14: Die Websitespalten stehen nun im Detailbereich der Dokumentenmappe zur Verfügung.

Unsere bereits angelegte Dokumentenmappe der Firma Blumen AG besitzt noch nicht die neuen Eigenschaften, diese können wir im Nachhinein im Detailbereich hinzufügen. Sowohl beim Erstellen einer Dokumentenmappe als auch nachträglich lassen sich Eigenschaften festlegen.

1. Klicken Sie im Detailbereich bei *Eigenschaften* auf den Link ***Alle bearbeiten***.

2. Ihnen werden jetzt zusätzlich die Eigenschaftsfelder für die Kundennummer, Ansprechpartner und Telefonnummer im Formular (siehe Abbildung 12.15) angezeigt.

3. Geben Sie im Eingabefeld ***Kundennummer*** »0815« ein.

4. Geben Sie im Eingabefeld ***Ansprechpartner*** »Frau Susi Fröhlich« ein.

5. Geben Sie eine ausgedachte Telefonnummer im Eingabefeld ***Telefon (geschäftlich)*** ein.

6. Bestätigen Sie Ihre Eingabe mit einem Klick auf die Schaltfläche ***Speichern***.

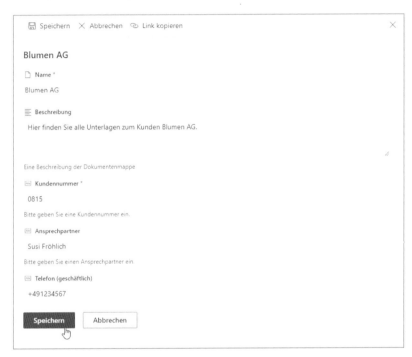

Abbildung 12.15: Die nachgetragenen Eigenschaften für Ansprechpartner, Kundennummer *und* Telefon

7. Erstellen Sie eine weitere Dokumentenmappe. Navigieren Sie dafür in die Bibliothek ***Dokumentenmappen*** und klicken Sie auf die Schaltfläche ***Neu***.

Die Ansicht der Bibliothek erstellen und ändern

Wurden einer Bibliothek zusätzliche Spalten hinzugefügt, werden diese angezeigt, jedoch immer am Ende der Bibliotheksansicht. Einige Eigenschaften, die automatisch vom System angelegt werden, werden auch gar nicht angezeigt und müssen bei Bedarf vom Benutzer eingeblendet werden. In unserem Beispiel wird in der Bibliothek die Beschreibung zu der jeweiligen Dokumentenmappe nicht angezeigt, obwohl sie jeder Dokumentenmappe beim Erstellen zugewiesen wird. Um dies zu ändern, erstellen wir eine Ansicht für die Bibliothek *Dokumentenmappen*.

1. Navigieren Sie über die Seiten- bzw. Schnellstartnavigation in die Bibliothek **Dokumentenmappen**.

2. Klicken Sie in der Menüleiste auf die Schaltfläche **Alle Dokumente** (siehe Abbildung 12.16).

Abbildung 12.16: Die Schaltfläche Alle Dokumente *zum Erstellen weiterer eigener Ansichten*

3. Klicken Sie im Menü auf den Befehl **Neue Ansicht erstellen**.

4. Im nächsten Dialog (siehe Abbildung 12.17) vergeben Sie einen Namen für die neue Ansicht: »Ansicht mit Beschreibung«.

5. Belassen Sie im Bereich *Anzeigen als* den Typ **Liste** bestehen.

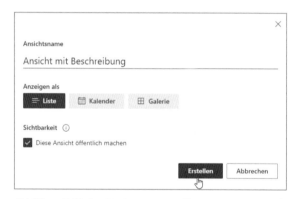

Abbildung 12.17: Der Dialog zum Erstellen einer neuen Ansicht

6. Im Bereich *Sichtbarkeit* übernehmen Sie die Option **Diese Ansicht öffentlich machen**. So stellen Sie diese Ansicht automatisch auch Ihren Kollegen zur Verfügung. Andere Personen können diese Ansicht in der Bibliothek auswählen.

Hinweis   Wenn Sie im Bereich *Sichtbarkeit* das Häkchen entfernen, erstellen Sie eine persönliche Ansicht, die dann nur Ihnen zur Verfügung steht. Andere Personen, die Zugriff auf diese Bibliothek besitzen, können nicht auf Ihre persönlichen Ansichten zugreifen.

---

7. Klicken Sie auf die Schaltfläche **Erstellen**. Sie werden in die Ansicht weitergeleitet.

8. Klicken Sie auf die Spaltenüberschrift **Geändert** (siehe Abbildung 12.18).

Abbildung 12.18: Zum Ein- oder Ausblenden von Spalten verwenden Sie eine beliebige Spaltenüberschrift.

9. Wählen Sie im Menü den Eintrag **Spalteneinstellungen** und dann **Spalten ein-/ausblenden**. Ihnen wird rechts im Fenster der Bearbeitungsbereich (siehe Abbildung 12.19) eingeblendet.

10. Aktivieren Sie nur die Anzeigen der Spalten *Typ*, *Name*, *Beschreibung* und *Geändert von*, indem Sie die Haken in die Kontrollkästchen setzen und alle anderen Haken entfernen.

Abbildung 12.19: Festlegen der Spalten für die neue Ansicht

11. Ziehen Sie die Spalten per Drag-and-drop in die Reihenfolge *Typ*, *Name*, *Beschreibung* und *Geändert von*.

12. Um die Auswahl zu speichern, klicken Sie oben im Bearbeitungsbereich auf die Schaltfläche **Übernehmen**.

13. Sie werden in die Bibliothek weitergeleitet und Ihnen wird die neue Ansicht angezeigt (siehe Abbildung 12.20).

14. Zum Vergrößern der Spaltenbreite zeigen Sie zwischen die Spaltenüberschriften *Beschreibung* und *Geändert von*, bis Sie das Spaltentrennzeichen sehen. Zeigen Sie auf das Trennzeichen, bis Ihnen ein Doppelpfeil angezeigt wird. Ziehen Sie die Spalte in die gewünschte Breite nach rechts.

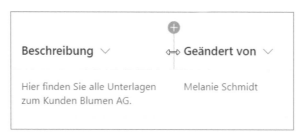

Abbildung 12.20: Spaltenbreiten können direkt in der Bibliothek verändert werden.

15. In der Menüleiste können Sie über die Schaltfläche **Ansichtsoptionen wechseln** (siehe Abbildung 12.21) zwischen den Ansichten *Alle Dokumente* und *Ansicht mit Beschreibung* wechseln.

16. Wählen Sie die Ansicht **Alle Dokumente**. Schauen Sie in die Bibliothek. Ihnen wird die Standardansicht *Alle Dokumente* angezeigt.

17. Wählen Sie erneut die Ansicht **Ansicht mit Beschreibung** aus.

Abbildung 12.21: Die Schaltfläche Ansichtsoptionen wechseln *in der Bibliothek* Dokumentenmappen

---

Tipp　Wenn Sie in einer Bibliothek mehrere Ansichten erstellt haben, können Sie sie auch dem Inhaltstyp *Dokumentenmappe* zuweisen. Gehen Sie bei Bedarf über die *Bibliothekseinstellungen* in den Inhaltstyp *Dokumentenmappe*. Dort können Sie über *Einstellungen der Dokumentenmappe* eine von Ihnen erstellte Ansicht auswählen und als Standard festlegen.

Das Erstellen von eigenen Websiteinhaltstypen ist in allen SharePoint-Versionen möglich, das Erstellen und Hinzufügen unterscheidet sich jedoch in den Versionen. Beachten Sie unbedingt, dass Geschäftsvorlagen immer zentral von der IT-Abteilung oder vom Administrator bereitgestellt und veröffentlicht werden sollten, damit Sie immer mit den aktuellen und richtigen Vorlagen arbeiten. Haben Sie jedoch in Ihrem Arbeitsbereich eigene Vorlagen erstellt und sind Sie für diese eigenverantwortlich zuständig, ist es möglich, diese Vorlagen in Bibliotheken zu integrieren.

Eigene Dokumentvorlagen mit SharePoint Server verwenden

Das Erstellen von Websiteinhaltstypen kann auf verschiedenen Ebenen im SharePoint-Server-Portal vorgenommen werden. Falls Sie über Unterwebsites verfügen, achten Sie beim Erstellen des Websiteinhaltstyps darauf, dass Sie sich auf der obersten Ebene Ihrer Websitesammlung befinden. Dann können Websiteinhaltstypen auf der jeweiligen Team- und Kommunikationswebsite individuell angelegt werden, sie stehen dann auf der Website, auf der sie erstellt wurden, und auf deren Unterwebsites zur Verfügung. In diesem Beispiel gehe ich kurz auf das Erstellen und Hinzufügen von Websiteinhaltstypen ein.

Websiteinhaltstypen werden nicht auf Unterwebsites erstellt.

1. Prüfen Sie, wo Ihre gewünschte Datei abgelegt ist, die Sie als Vorlage verwenden möchten. Die Datei sollte keine Office-Vorlage mit den Endungen *.dotx*, *.xltx* oder *.potx* sein. Die Datei laden Sie in den nächsten Schritten hoch.

2. Öffnen Sie Ihre Team- oder Kommunikationswebsite.

3. Wechseln Sie über das Zahnradsymbol in das Menü **Einstellungen** und wählen Sie den Befehl **Websiteinformationen**. Klicken dann auf den Link **Alle Websiteeinstellungen anzeigen**.

4. In der Kategorie *Web-Designer-Kataloge* klicken Sie auf den Link **Websiteinhaltstypen**. Es werden Ihnen alle von SharePoint mitgelieferten und gegebenenfalls bereits in Ihrem Unternehmen erstellten Websiteinhaltstypen aufgelistet.

5. Oberhalb der Auflistung der Websiteinhaltstypen klicken Sie auf den Link **Erstellen**.

6. Im Bereich *Name und Beschreibung* klicken Sie in das jeweilige Eingabefeld und tippen dort den Namen und die Beschreibung für Ihre Vorlage ein.

7. Wenn es sich um ein Word- oder Excel-Dokument handelt, wählen Sie im Bereich *Übergeordneter Inhaltstyp* über den Drop-down-Pfeil bei *Übergeordneten Inhaltstyp auswählen aus* **Dokumentinhaltstypen** aus.

8. Direkt darunter wählen Sie über den Drop-down-Pfeil im Bereich *Übergeordneter Inhaltstyp:* **Dokument** aus.

9. Wenn es sich um eine PowerPoint-Präsentation oder Visio-Vorlage handelt, wählen Sie im Bereich *Übergeordneter Inhaltstyp* über den Drop-down-Pfeil bei *Übergeordneten Inhaltstyp auswählen aus* **Spezielle Inhaltstypen** aus. Darunter wird automatisch als *Übergeordneter Inhaltstyp* **Unbekannter Dokumenttyp** ausgewählt.

10. Im Bereich *Gruppe* aktivieren Sie die Option **Neue Gruppe**. Durch das Anlegen einer neuen Gruppe können Sie die Websiteinhaltstypen dieser Gruppe zuordnen und somit schneller wiederfinden.

11. Vergeben Sie für die Gruppe den Namen »Beispielinhaltstypen zum Buch«.

12. Überprüfen Sie Ihre Eingaben und bestätigen Sie diese mit einem Klick auf die Schaltfläche **OK**.

13. Damit haben Sie den Rahmen geschaffen, um die Dokumentvorlage und die gewünschten Websitespalten als Metadaten jetzt hinzuzufügen.

14. Klicken Sie im Bereich *Einstellungen* auf den Link **Erweiterte Einstellungen** (siehe Abbildung 12.22).

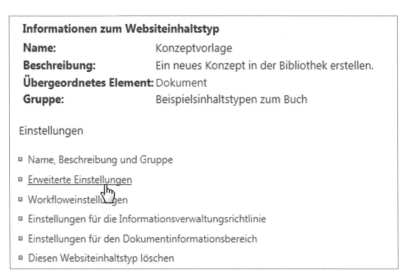

Abbildung 12.22: Die erweiterten Einstellungen des Inhaltstyps

15. Im Bereich *Dokumentvorlage* wählen Sie die Option **Neue Dokumentvorlage hochladen** und klicken auf die Schaltfläche **Datei auswählen** (siehe Abbildung 12.23).

Abbildung 12.23: Über die Schaltfläche Datei auswählen *können Sie auf Ihr System zugreifen und eine Datei auswählen.*

16. Wählen Sie Ihre Datei aus und klicken Sie auf **Öffnen**.

17. Der Bereich *Schreibschutz* sagt aus, ob der Inhaltstyp von anderen Personen auf untergeordneten Websites geändert werden darf. In diesem Fall übernehmen wir die gesetzte Einstellung.

18. Im Bereich *Websites und Listen aktualisieren* legen Sie fest, wie sich Änderungen an diesem Inhaltstyp auf allen Websites und Bibliotheken auswirken. Das bedeutet, wenn in der Vorlage oder an diesem Inhaltstyp etwas geändert wird, werden diese Änderungen standardmäßig auf alle Bibliotheken Ihrer Website, die diesen Inhaltstyp verwenden, vererbt, was in unserem Fall genau die richtige Einstellung ist.

19. Übernehmen Sie die Einstellungen und bestätigen Sie Ihre Eingabe mit einem Klick auf die Schaltfläche **OK**. Bleiben Sie im Fenster.

Im nächsten Schritt weisen wir die bereits erstellten Websitespalten den Websiteinhaltstypen zu.

Websitespalten können Bibliotheken, Listen und auch Websiteinhaltstypen zugewiesen werden. Damit jedoch immer die richtigen Eigenschaften in den jeweiligen Vorlagen ausgewählt werden, weisen wir in diesem Beispiel die Websitespalten dem Websiteinhaltstyp zu.

1. Lassen Sie sich die Gruppe *Beispielinhaltstypen zum Buch* anzeigen. Klicken Sie dafür rechts oben auf den Drop-down-Pfeil bei **Gruppe anzeigen:**.

2. Klicken Sie auf den Namen Ihres eben erstellten Websiteinhaltstyps, um in die Einstellungen zu gelangen.

3. Klicken Sie im Bereich *Spalten* auf den Link **Aus vorhandenen Websitespalten hinzufügen**, damit Sie die Websitespalten hinzufügen können.

4. Im Bereich *Spalten auswählen* klicken Sie auf den Drop-down-Pfeil bei *Spalten auswählen aus* und wählen die Gruppe **Beispielspalten zum Buch**. Ihnen werden alle Spalten, die wir in den vorangegangenen Schritten erstellt haben, angezeigt.

5. Klicken Sie jeweils doppelt auf die Einträge **Dokumentart** und **Bearbeitungsstatus**. Die Websitespalten werden dem Inhaltstyp hinzugefügt.

6. Bestätigen Sie Ihre Auswahl mit einem Klick auf die Schaltfläche **OK**.

7. Klicken Sie in der Breadcrumb-Navigation auf den Link **Websiteinhaltstypen**, damit Sie zurück zu der Auflistung der Websiteinhaltstypen gelangen.

Nachdem Sie den Websiteinhaltstyp erstellt und die Spalten zugewiesen haben, können die Websiteinhaltstypen allen Bibliotheken der Websitesammlung hinzugefügt werden. Sie können die Vorlage über die Websiteeinstellungen/Websiteinhaltstypen ändern und erneut speichern. Ihre Änderungen werden sofort in der Websitesammlung übernommen, sodass alle Mitarbeitenden immer mit der richtigen und aktuellen Version dieser Vorlage arbeiten. Sie erfahren im nächsten Schritt, wie Sie die Vorlage einer Bibliothek hinzufügen und anwenden können. Zunächst benötigen wir für dieses Beispiel eine weitere neue Bibliothek.

1. Navigieren Sie in den Startbereich Ihrer Team- oder Kommunikationswebsite.

2. Klicken Sie auf das Menü **Neu**.

3. Wählen Sie den Eintrag **Dokumentenbibliothek** aus.

4. Fügen Sie einen Namen und eine Beschreibung für die Bibliothek hinzu, zum Beispiel »Bibliothek mit eigenen Vorlagen« und »In dieser Bibliothek werden über die Schaltfläche *Neu* Vorlagen angeboten«.

5. Klicken Sie auf die Schaltfläche **Erstellen**. Sie werden in die Bibliothek weitergeleitet.

Websiteinhaltstypen einer Bibliothek hinzufügen

Inhaltstypen können auch über die Administration erstellt werden.

Der zuvor erstellte Inhaltstyp lässt sich jeder Bibliothek innerhalb der Websitesammlung, in der Sie den Inhaltstyp erstellt haben, zuordnen und verwenden. Zum Hinzufügen des Inhaltstyps in der Bibliothek führen Sie folgende Schritte durch:

1. Wechseln Sie in die Bibliothek **Bibliothek mit eigenen Vorlagen**.

2. Öffnen Sie die **Einstellungen**, indem Sie auf das Zahnradsymbol klicken.

3. Klicken Sie auf den Link **Bibliothekseinstellungen**.

4. Klicken Sie in der Kategorie *Allgemeine Einstellungen* auf den Link **Erweiterte Einstellungen**.

5. Damit wir in dieser Bibliothek eigene Vorlagen als Inhaltstypen auswählen können, muss die Option *Verwalten von Inhaltstypen zulassen* auf **Ja** gesetzt werden. Diese befindet sich im oberen Fensterbereich.

6. Übernehmen Sie alle weiteren Einstellungen und bestätigen Sie sie ganz unten im Fenster mit einem Klick auf die Schaltfläche **OK**. Sie werden zurück in die Einstellungen der Bibliothek geleitet.

7. Erst jetzt werden Ihnen im mittleren Fensterbereich die verwendeten Inhaltstypen angezeigt. Klicken Sie im Bereich *Inhaltstypen* auf den Link **Aus vorhandenen Websiteinhaltstypen hinzufügen** (siehe Abbildung 12.24).

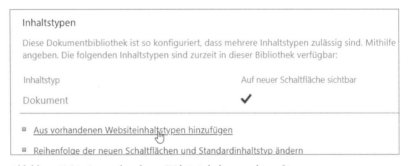

Abbildung 12.24: Aus vorhandenen Websiteinhaltstypen hinzufügen

8. Im folgenden Dialogfenster haben Sie nun die Möglichkeit, auf vorhandene Websiteinhaltstypen zuzugreifen und sie der Bibliothek hinzuzufügen. Wählen Sie die Gruppe **Beispielinhaltstypen zum Buch** aus (siehe Abbildung 12.25). Der von Ihnen erstellte Inhaltstyp wird nun aufgelistet.

9. Klicken Sie doppelt auf Ihren Inhaltstyp. Der Inhaltstyp wird der Bibliothek hinzugefügt.

Abbildung 12.25: Der Inhaltstyp wird der Bibliothek hinzugefügt.

10. Bestätigen Sie Ihre Eingaben mit einem Klick auf die Schaltfläche **OK**. Sie werden in die Bibliothekseinstellungen weitergeleitet und sehen im Bereich *Inhaltstypen* den hinzugefügten Inhaltstyp. Bleiben Sie im Fenster.

Den Inhaltstyp »Dokument« aus einer Bibliothek entfernen

Damit die Kollegen nicht die Möglichkeit haben, ein neues, leeres Dokument über die Schaltfläche *Neu* in der Bibliothek zu erstellen, löschen wir in dieser Bibliothek den Inhaltstyp *Dokument*. Der Inhaltstyp wird nur in dieser Bibliothek entfernt, steht jedoch in allen anderen Bibliotheken weiterhin zur Verfügung.

Inhaltstypen, die nicht verwendet werden, können aus der Bibliothek gelöscht werden.

Hinweis	Wenn Sie bereits Dokumente in die Bibliothek hochgeladen oder dort erstellt haben, kann der Websiteinhaltstyp *Dokument* nicht gelöscht werden. Sie können diesen Inhaltstyp innerhalb der Bibliothek nur löschen, wenn sich keine Dateien in der Bibliothek befinden.

1. Sie befinden sich in den Einstellungen der Bibliothek.
2. Im Bereich *Inhaltstypen* klicken Sie direkt auf den Inhaltstyp **Dokument**. Sie gelangen in seine Einstellungen.
3. Hier klicken Sie auf den Link **Diesen Inhaltstyp löschen** (siehe Abbildung 12.26).

Abbildung 12.26: Löschen des Inhaltstyps aus dieser einen Bibliothek

4. Bestätigen Sie im Fenster *Meldung von Website*, dass Sie den Inhaltstyp löschen möchten, mit einem Klick auf die Schaltfläche **OK**.

Vorlagen auf Basis-Websiteinhaltstypen verwenden

Haben Sie Inhaltstypen einer Bibliothek zugewiesen, so stehen sie sofort für Sie bereit.

1. Wechseln Sie über die Breadcrumb-Navigation in die Bibliothek **Bibliothek mit Vorlagen** zurück.
2. Klicken Sie in der Menüleiste auf die Schaltfläche **Neu**. Ihnen werden nun die Vorlagen als neue Dokumentvorlagen angeboten (siehe Abbildung 12.27).

Abbildung 12.27: In der Bibliothek stehen die Vorlagen über die Schaltfläche Neu zur Verfügung.

3. Klicken Sie zur Kontrolle auf eine Vorlage und testen Sie sie. Sie werden entweder in die Online- oder in die Desktop-App der Office-Anwendung weitergeleitet.

Hinweis	Es kann vorkommen, dass trotz der installierten Online-Apps, die dafür sorgen, dass Dateien im Browser sichtbar sind, die Dateien im Programm geöffnet werden. Dies kann an den Einstellungen der Bibliothek liegen. Möglicherweise ist in den Einstellungen der *Bibliothek/Erweiterte Einstellungen* die Option gesetzt, dass Dateien in der Clientanwendung geöffnet werden. Ändern Sie hier gegebenenfalls die Einstellungen.

Eigene Dokumentenvorlagen mit SharePoint Online verwenden

In Ihrem Unternehmen wird es Geschäftsvorlagen geben, die zentral von einem Organisationsbereich bereitgestellt werden. Diese Vorlagen sollten auch nur von der IT-Abteilung bereitgestellt werden, damit Sie immer mit den richtigen Vorlagen arbeiten. Verwenden Sie auf Ihrer Website bzw. in Ihrer Bibliothek nur die Vorlagen, die Sie mit Ihrem Team erstellt haben.

Verwenden Sie nur persönliche Vorlagen.

Die Vorgehensweisen beim Erstellen bzw. Hinzufügen von Inhaltstypen unterscheiden sich bei SharePoint Online und SharePoint Server.

1. Prüfen Sie, wo Ihre gewünschte Datei abgelegt ist, die Sie als Vorlage verwenden möchten. Die Datei sollte keine Office-Vorlage mit den Endungen *.dotx*, *.xltx* oder *.potx* sein. Die Datei laden Sie in den nächsten Schritten hoch.
2. Öffnen Sie Ihre Team- oder Kommunikationswebsite. Zunächst benötigen wir für dieses Beispiel eine weitere neue Bibliothek.
3. Klicken Sie im Startbereich auf das Menü **Neu**.
4. Wählen Sie den Eintrag **Dokumentenbibliothek** aus.
5. Fügen Sie einen Namen und eine Beschreibung für die Bibliothek hinzu, zum Beispiel »Bibliothek mit eigenen Vorlagen« und »In dieser Bibliothek werden über die Schaltfläche *Neu* Vorlagen angeboten«.
6. Klicken Sie auf die Schaltfläche **Erstellen**. Sie werden in die Bibliothek weitergeleitet.

Eigene Websiteinhaltstypen einer Bibliothek hinzufügen

In einer SharePoint-Online-Bibliothek können Sie die Inhaltstypen direkt in die Bibliothek aufnehmen.

1. Wechseln Sie in die Bibliothek **Bibliothek mit eigenen Vorlagen**.
2. Klicken Sie im Menü auf die Schaltfläche **Neu**.
3. Wählen Sie den Eintrag + **Vorlage hinzufügen** (siehe Abbildung 12.28).

Abbildung 12.28: Hinzufügen einer benutzerdefinierten Vorlage in die Bibliothek

4. Wählen Sie die gewünschte Datei aus und klicken Sie auf **Öffnen**. Die Datei wird direkt als Inhaltstyp zur Schaltfläche *Neu* hinzugefügt.

5. Klicken Sie auf die Schaltfläche **Neu**, wählen Sie die von Ihnen hinzugefügte Vorlage durch einen Klick aus und testen Sie die Vorlage.

Websiteinhaltstypen bearbeiten und aus dem Menü ausblenden oder entfernen

Blenden Sie nur die Vorlagen ein, die Sie benötigen.

Möchten Sie vermeiden, dass Kollegen in der Bibliothek keine neuen, leeren Office-Dokumente über die Schaltfläche *Neu* in der Bibliothek erstellen, blenden wir in dieser Bibliothek die Office-Vorlagen aus, die nicht benötigt werden. Zusätzlich können Sie Ihre hinzugefügten Websiteinhaltstypen bearbeiten und löschen.

1. Wechseln Sie in die Bibliothek **Bibliothek mit Vorlagen**.

2. Klicken Sie auf die Schaltfläche **Neu** und wählen Sie **Menü "Neu" bearbeiten**. Der Bearbeitungsbereich öffnet sich im rechten Fensterbereich (siehe Abbildung 12.29).

3. Heben Sie die Auswahl bei den Office-Anwendungen auf, die Sie nicht im Menü *Neu* anzeigen lassen möchten.

4. Möchten Sie Ihre eigene Vorlage bearbeiten, klicken Sie hinter dem Namen der Vorlage auf die drei Punkte und wählen Sie den Befehl *Bearbeiten*.

5. Zum Löschen eines eigenen Inhaltstyps aus der Bibliothek klicken Sie auf die drei Punkte und wählen Sie den Befehl *Löschen*.

6. Bestätigen Sie Ihre Auswahl mit einem Klick auf die Schaltfläche **Speichern** oben im Bearbeitungsbereich.

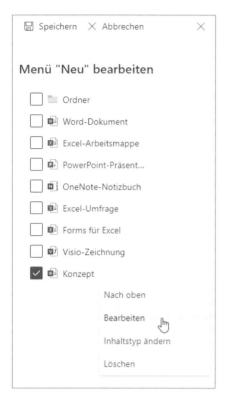

Abbildung 12.29: Inhaltstypen können im Nachgang bearbeitet oder gelöscht werden.

Von der IT bereitgestellte Websiteinhaltstypen der Bibliothek hinzufügen

Wenn Ihre IT- Abteilung oder Ihr Dienstleister der SharePoint-Online-Umgebung Geschäftsvorlagen zentral bereitgestellt hat, können Sie diese als Websiteinhaltstypen in den Bibliotheken verwenden. Zuerst müssen Sie einmalig die Verwendung von Inhaltstypen zulassen.

Beauftragen Sie Ihre IT-Abteilung auch, Ihre Vorlagen zentral bereitzustellen.

1. Wechseln Sie in die Bibliothek, in der Sie bereitgestellte Inhaltstypen verwenden möchten.
2. Öffnen Sie die **Bibliothekseinstellungen** durch einen Klick auf das Zahnradsymbol.
3. In den Einstellungen klicken Sie in der Kategorie *Allgemeine Einstellungen* auf den Link **Erweiterte Einstellungen**.
4. Aktivieren Sie oben die Option **Ja** bei *Verwaltung von Inhaltstypen zulassen?*.
5. Scrollen Sie ganz nach unten und bestätigen Sie Ihre Auswahl mit **OK**.
6. Navigieren Sie zurück in die Bibliothek.

7. Klicken Sie auf eine beliebige Spaltenüberschrift und wählen Sie die **Spalten-einstellungen** (siehe Abbildung 12.30).

Abbildung 12.30: Wenn die Verwendung von Inhaltstypen zugelassen ist, können über die Spaltenüberschriften die bereitgestellten Inhaltstypen ausgewählt werden.

8. Klicken Sie auf **Inhaltstyp** und wählen Sie im Formular *Inhaltstyp hinzufügen* die von Ihnen gewünschten Vorlagen aus, die Sie in dieser Bibliothek verwenden möchten.

9. Bestätigen Sie Ihre Auswahl mit einem Klick auf **Übernehmen**.

Teil C
Team- und Kommunikationswebsites

Bevor Sie eine eigene SharePoint-Website anlegen, sollten Sie Vorüberlegungen und Entscheidungen treffen, die mit der Verantwortung der jeweiligen Website in Verbindung steht. Sie erhalten in diesem Teil des Buchs einige Hinweise, bevor Sie eine Website erstellen. Ich gebe Ihnen für einen eventuellen Datenumzug vom File-Server zu SharePoint einige Hinweise, die Sie dabei unterstützen. Zusätzlich möchte ich Ihnen den Einsatz der Kommunikationswebsite anhand eines kleinen Projekts näherbringen. Sie erfahren abschließend in diesem Teil des Buchs, wie Sie Ihre Team- und Kommunikationswebsite vom Aussehen ändern und wie Sie den Startbereich Ihrer Teamwebsite mit sogenannten Webparts anpassen können.

Kapitel 13
Die Teamwebsite

Einzel- oder Großraumbüros sind unterschiedlich ausgestattet. So besitzen wir Wandkalender, um unsere Urlaubstage einzutragen, damit die Teamkollegen informiert sind. Wir verwenden Whiteboard-Wände, um dort die nächsten Aufgaben in unserem Team oder unserer Abteilung zu notieren und abzuarbeiten. Wir besitzen Aktenschränke, in denen wir die Unterlagen zu den verschiedenen Vorgängen unserer Arbeit ablegen und auf die alle Mitarbeitenden der Abteilung, des Bereichs oder des Projektteams jederzeit zugreifen können, wenn Sie im Büro sind.

Doch dadurch können Mitarbeitende anderer Standorte oder anderer Abteilungen vergessen werden, wenn es darum geht, wichtige und richtige Informationen von uns zu erhalten, obwohl wir dazu verpflichtet sind, diese mit ihnen zu teilen. Um dies zu verhindern, speichern wir Dateien im Netzlaufwerk und beauftragen die IT-Abteilung damit, allen beteiligten Personen auf das Laufwerk oder den Netzlaufwerksordner Zugriff zu gewähren. Zusätzlich senden und empfangen wir Unterlagen oder Nachrichtentexte per E-Mail, um im ständigen Informations-

»Ich wusste nicht, dass es diese Information gibt«.

austausch mit unseren Kunden und Partnern zu bleiben, damit auch diese Personengruppen über die Vorgänge und Vorhaben informiert sind. Die Bearbeitung und Bereitstellung von Informationen finden am jeweiligen Arbeitsplatz statt.

Der Einsatz von Teamwebsites

Eine Teamwebsite ist das virtuelle Büro für die Zusammenarbeit.

Für die gemeinsame Bearbeitung und Bereitstellung von Informationen können Sie die Websitevorlage *Teamwebsite* verwenden. Die Teamwebsite wird unter anderem für Abteilungen, Arbeitsgruppen und Projektteams verwendet, um einen zentralen Arbeitsbereich für alle beteiligten Personen webbasiert zu schaffen. So ist gewährleistet, dass alle beteiligten Personen jederzeit diesen zentralen Ort aufsuchen können, und dort alle Informationen finden und für andere bereitstellen können.

Eine Teamwebsite ist je nach eingesetzter SharePoint-Technologie bereits mit verschiedenen Werkzeugen für die Zusammenarbeit ausgestattet. So finden Sie auf allen SharePoint-Teamwebsites immer eine Bibliothek für die Dateiablage oder ein Notizbuch für die gemeinsamen Notizen mit Ihren Kollegen vor. Die Teamwebsite können Sie zusätzlich nach dem jeweiligen Bedarf oder Anwendungsfall der Abteilung, der Arbeitsgruppe oder des Projektteams mit weiteren Apps und mit wenigen Mausklicks ausstatten, ohne dass diese Apps von der IT-Abteilung bereitgestellt werden müssen.

Besitzer sind für die Teamwebsite verantwortlich.

Dabei entscheiden Besitzer einer Teamwebsite, wer den Zugriff erhalten soll, und laden die Personen eigenverantwortlich zur Zusammenarbeit ein. Besitzer sollten auch für die Inhalte, die auf der Website ausgetauscht werden, die Verantwortung übernehmen.

Es sollten mindestens zwei Personen für die Teamwebsite verantwortlich sein.

Besitzer einer Teamwebsite können weitere Besitzer bestimmen, damit sich auch während ihrer Abwesenheit eine weitere Person um die Belange der Teamwebsite kümmern kann. Für den Zugang unternehmensexterner Personen müssen in der Microsoft-365-Administration oder von der IT-Abteilung entsprechende Freigaben erteilt werden.

Bevor Sie loslegen

Ein Vorhaben sollte nicht auf mehreren Teamwebsites organisiert und bearbeitet werden.

Um einen Wildwuchs von zu vielen Teamwebsites zu vermeiden, prüfen Sie, ob es bereits Abteilungen, Arbeitsgruppen oder Projektteams gibt, die an denselben Inhalten, Vorgängen oder Vorhaben wie Sie zusammenarbeiten. Werden dieselben Informationen in verschiedenen Teamwebsites abgelegt und bearbeitet, entstehen automatisch redundante Informationen, die uns die Arbeit erschweren. Auch das Auffinden von Informationen, die doppelt oder dreifach existieren, macht unsere Arbeit nicht leichter und führt zu Frust.

Welches Ziel möchten Sie mit der Teamwebsite erreichen?

Wenn Sie festgestellt haben, dass es für Ihr Vorhaben noch keinen geeigneten Bereich gibt, klären Sie gemeinsam mit Ihren beteiligten Kollegen, auch aus den anderen Abteilungen und den Standorten, welches Ziel Sie mit der SharePoint-Teamwebsite in der Zusammenarbeit erreichen möchten. Klären Sie dabei auch, was in der Vergangenheit nicht so gut im Informationsaustausch funktioniert hat oder was besonders gut lief und weiterhin beibehalten werden sollte.

Eine Teamwebsite dient der Zusammenarbeit.

Welche Inhalte sollen bereitgestellt werden?

Nachdem Sie das Ziel für die Teamwebsite festgelegt haben, werden Sie bestimmt schon über Inhalte, die Sie dort bereitstellen oder abrufen möchten, nachgedacht oder diskutiert haben. Hinterfragen Sie jedoch noch einmal, welche Informationen es genau sind, auf die Sie und Ihre Kollegen zugreifen werden. Welche Informationen tauschen Sie aktuell per E-Mail aus? Sind es die Nachrichtentexte selbst oder die angefügten Dateien, die wichtig sind? Wo erstellen Sie zurzeit Gesprächsprotokolle und wie werden diese ausgetauscht? Gibt es Aufgaben, die im Team anfallen? Wo und wie werden die Aufgaben den Personen zugewiesen?

Welche Informationen sind es genau, die für alle Beteiligten wichtig sind?

Vorgegebene File-Server-Umstellung

Vielleicht hat Ihre Geschäftsleitung oder Ihre IT-Abteilung angekündigt, dass die File-Server abgestellt werden und Ihre Daten ab einem bestimmten Zeitpunkt in SharePoint abgelegt werden sollen. Dann hinterfragen Sie unbedingt die unternehmensinternen Sicherheitsbestimmungen. Fragen Sie, welche Daten in SharePoint abgelegt werden dürfen und welche nicht. Prüfen Sie, wie Sie mit Daten umgehen sollen, die nicht in SharePoint gespeichert werden dürfen. Nehmen Sie die Serverumstellung als Chance, Ihre vorhandenen Ordnerstrukturen im Netzlaufwerk zu prüfen, ob diese noch zeitgemäß sind, und räumen Sie das Laufwerk mit Ihren Kollegen auf. Bei großen Datenmengen, die umziehen sollen, fragen Sie Ihre IT-Abteilung oder Ihren Microsoft-365-Dienstleister, ob Sie Unterstützung bei der Datenmigration erhalten können.

Welche Informationen dürfen in den Teamwebsites gespeichert werden?

Hinweise für einen möglichen Datenumzug

Nachfolgend möchte ich Ihnen ein paar Tipps für einen möglichen Datenumzug vom File-Server zu SharePoint geben, damit Sie einen möglichst reibungslosen Umzug vornehmen können:

- Legen Sie mit Ihren Teamkollegen einen genauen Termin fest, bis wann Sie Ihre Laufwerks- und Ordnerstrukturen aufräumen werden.

- Stellen Sie sicher, dass nach dem Umzug der Daten vom Netzlaufwerk in SharePoint die Daten von Ihnen und Ihren Kollegen nur noch in SharePoint bearbeitet werden. Fragen Sie Ihren Administrator, ob die Daten im Netzlaufwerk nach dem Umzug archiviert und nur noch lesend geöffnet werden können.

- Prüfen Sie Ihre Ordnerstrukturen und Dateien. Gibt es Ordner, die gar nicht verwendet werden? Sind Dateien vorhanden, die doppelt abgelegt sind?

- Prüfen Sie, ob es Dateien gibt, die mit anderen Dateien verknüpft sind. Behandeln Sie diese Dateien gesondert, da es sein kann, dass die Verknüpfungen nicht mehr funktionieren und nach dem Umzug neu gesetzt werden müssen.

- Vermeiden Sie Sonderzeichen wie " „: < > ? / \ # in Ordner- und Dateinamen.

- Vermeiden Sie Leerzeichen am Anfang und am Ende von Ordner- und Dateinamen.

- Unterscheiden Sie zwischen persönlichen Ordnern und Dateien und solchen, die für Ihr Arbeitsteam relevant sind.

- Persönliche Ordner und Dateien sollten Sie in OneDrive for Business speichern.

- Nur teamrelevante Ordner und Dateien werden zur Teamwebsite umgezogen.

- Wenn Sie Dateien vom Netzlaufwerk in die SharePoint-Bibliotheken kopieren, sollten Sie dies, wenn möglich, im Firmennetzwerk und nicht über eine WLAN- oder VPN-Verbindung aus dem Homeoffice tun.

- Laden Sie nicht zu große Datenmengen in einem Kopiervorgang in Bibliotheken oder Ihrem OneDrive for Business hoch.

- Prüfen Sie nach dem Kopiervorgang, ob alle Daten vorhanden sind und ob vorhandene Verknüpfungen funktionieren oder neu gesetzt werden müssen.

- Verwenden Sie flache Ordnerstrukturen und, wenn möglich, wählen Sie kurze Ordner- und Dateinamen. Erstellen Sie bei Bedarf neue Bibliotheken mit kurzen Namen.

- Prüfen Sie, ob alle beteiligten Personen berechtigt sind und Zugriff auf die Daten haben.

- Beachten Sie zukünftig, dass die Pfadlänge der Ordner, Unterordner und des Dateinamens zusammen nicht mehr als 400 Zeichen besitzen darf. Befragen Sie hier Ihren Administrator, ob es bei Ihnen bestimmte Richtlinien gibt.

- Beachten Sie auch für die Zukunft, wenn Sie SharePoint- oder OneDrive Bibliotheken mit Ihrem Mac oder PC synchronisieren, dürfen aufgrund der Betriebssystemeinschränkungen die Pfadlängen nicht mehr als 250 bzw. 255 Zeichen lang sein. Befragen Sie auch hierzu Ihren Administrator, welche Einschränkungen bei Ihrem System möglich sind.

Achtung	Beim Hochladen von Dateien vom File-Server in die Teamwebsite werden der Zeitpunkt des Hochladens als Erstelldatum und der Benutzer, der das Dokument hochgeladen hat, als Ersteller des Dokuments festgelegt und in der Bibliothek angezeigt. Die ursprünglichen Eigenschaften bleiben nur im Hintergrund des Dokuments erhalten. Auch Versionsnummern, die durch ein Fremdsystem erzeugt und automatisch dem Dokument hinzugefügt wurden, werden beim Hochladen durch die SharePoint-eigene Versionierung überschrieben. Wenn die Eigenschaften des Erstelldatums, des ursprünglichen Erstellers oder die ursprüngliche Version wichtige Informationen für Sie sind und diese erhalten bleiben müssen, informieren Sie Ihren Administrator. Es gibt Migrationstools, die beim Umzug in SharePoint unterstützen können.

Mit wem möchten Sie zusammenarbeiten?

Nachdem Sie das Ziel und die Inhalte für Ihre Teamwebsite hinterfragt und geprüft haben, können Sie nun auch einschätzen, wer genau auf die einzelnen Informationen zugreifen muss.

Wenn sich jetzt herausstellen sollte, dass es Informationen gibt, die nicht von allen Personen Ihrer Abteilung, Arbeitsgruppe oder des Projektteams gesehen werden dürfen, prüfen Sie, ob diese Informationen wirklich zu dieser Teamwebsite gehören und nicht einer anderen, für einen kleineren oder anderen Personenkreis zugängliche Teamwebsite zugeordnet werden können, auf die Sie ebenfalls Zugriffsrechte erhalten. Versuchen Sie, mit Ihrer Teamwebsite einen Zusammenarbeitsbereich zu schaffen, der für Sie und alle beteiligten Personen ohne komplizierte Berechtigungsfreigaben zugänglich ist. Gibt es Informationen, die nur von wenigen Personen Ihrer Abteilung, Arbeitsgruppe oder dem Projektteam einsehbar und zu bearbeiten sind, ist das ein weiterer Anwendungsfall, der separat behandelt werden sollte und für den es wiederum einer eigenen Teamwebsite bedarf. Prüfen Sie, ob es bereits Bereiche gibt, denen diese Informationen hinzugefügt werden können. Wenn es keinen geeigneten Bereich gibt, erstellen oder beantragen Sie eine weitere Teamwebsite und legen Sie auch hier das Ziel, die Inhalte und die Personengruppe neu fest.

> Informationen, die nicht das ganze Team betreffen, gehören nicht auf diese Teamwebsite.

Wer ist während Ihrer Abwesenheit für die Teamwebsite zuständig?

Wer kann Benutzer berechtigen, wenn Sie verhindert sind? Als Besitzer der Teamwebsite übernehmen Sie die Verantwortung für die Inhalte und die Zugriffsrechte anderer Personen. Nur Besitzer haben die Möglichkeit, weitere Benutzer zur Teamwebsite hinzuzufügen und somit zur Zusammenarbeit einzuladen. Es sollten immer zwei Personen für die Teamwebsite verantwortlich sein, um gemeinsam Zugriffsrechte oder auch die Gestaltung der Teamwebsite fortlaufend zu gewährleisten. Wie Sie Berechtigungen vergeben, lesen Sie in Kapitel 4.

Beginnen Sie in kleinen Schritten

Entscheiden Sie gemeinsam mit dem Team, womit Sie starten möchten.

Legen Sie Ihre Prioritäten für die Zusammenarbeit auf die Inhalte fest, die gerade für Sie und Ihr Team sehr wichtig sind. Sie können die Teamwebsite später mit weiteren Werkzeugen wie Bibliotheken und Listen ausstatten. Ist der Datenumzug gerade wichtig, dann beginnen Sie damit. Im Abschnitt »Welche Inhalte sollen bereitgestellt werden?« auf Seite 263 bin ich bereits auf den Datenumzug näher eingegangen.

Die Teamwebsite in Verbindung mit einer Microsoft-365-Gruppe und Microsoft Teams

Wenn Sie Microsoft Teams verwenden, wurde für Sie bereits eine Teamwebsite automatisch im Hintergrund bereitgestellt. Die Teamwebsite in Teams ist immer für die Dateispeicherung vorgesehen. Bevor Sie nun also eine neue Teamwebsite erstellen, können Sie auch die Teamwebsite Ihres Teams erkunden. Beachten Sie dabei, dass die Dateiablage für die einzelnen Teams-Kanäle in der SharePoint-Dokumentenbibliothek *Dokumente* stattfindet und dass Sie für die im Buch verwendeten Beispiele nicht die vorhandene Dokumentenbibliothek verwenden, sondern eine neue Bibliothek erstellen.

Eine Teamwebsite erstellen

Eine Teamwebsite muss nicht programmiert werden.

Auf der SharePoint-Startseite wird Ihnen gegebenenfalls angeboten, neue Websites zu erstellen. Dann ist es Ihnen als Anwender gestattet, selbst eigene Websites zu erstellen.

Vermeiden Sie das Anlegen vieler Websites für gleiche Anwendungsfälle.

Diese Vorgehensweise hat zwar für den Moment den Vorteil, dass wir schnell Zusammenarbeitsbereiche schaffen können, auf längere Sicht ist das jedoch eher kritisch zu betrachten, da es schnell zu einem Wildwuchs von vielen Websites führen wird. Aus diesem Grund ist es in den meisten Unternehmen untersagt, über die SharePoint-Startseite eigene Websites zu erstellen. Zum Prüfen, ob Sie Websites erstellen dürfen, gehen Sie folgendermaßen vor:

1. Öffnen Sie Ihren Webbrowser und navigieren Sie zu Ihrem Microsoft-365-Portal oder Ihrer SharePoint-Intranet-Website.
2. Verwenden Sie das App-Startfeld (siehe Abbildung 13.1), um in das App-Menü (siehe Abbildung 13.2) zu gelangen.

Abbildung 13.1: Das App-Startfeld zum Öffnen des App-Menüs

3. Wählen Sie im App-Menü den Eintrag **SharePoint** aus.

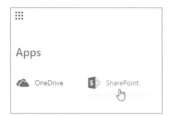

Abbildung 13.2: Das App-Menü mit dem SharePoint Server. In der Microsoft-365-Umgebung können bei Ihnen weitere Apps angezeigt werden.

4. Prüfen Sie im oberen Fensterbereich, ob Ihnen der Link **Website erstellen** (siehe Abbildung 13.3) zur Verfügung steht.

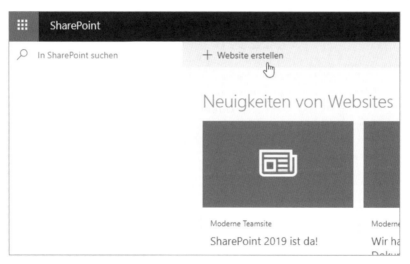

Abbildung 13.3: Der Link Website erstellen *wird nur angezeigt, wenn Sie berechtigt sind, Websites zu erstellen.*

Wenn Ihnen auf der SharePoint-Startseite der Link für das Erstellen einer Website nicht angeboten wird, sind Sie nicht berechtigt, Websites zu erstellen, und es gibt bei Ihnen einen Beantragungsprozess, den Ihre IT-Abteilung steuert. Verwenden Sie in diesem Fall die Suche auf der SharePoint-Startseite oder in Ihrem Intranet und suchen Sie dort nach »SharePoint beantragen« oder »SharePoint Teamwebsite erstellen«. Falls es dazu keine Informationen gibt, sprechen Sie mit Ihrer IT-Abteilung oder Ihrem IT-Dienstleister, wenn Sie eine Teamwebsite für die Zusammenarbeit benötigen.

Verwenden Sie die Suche, um Informationen zur Beantragung einer SharePoint-Website zu finden.

Wenn Sie berechtigt sind, eine Website zu erstellen, nehmen Sie folgende Schritte vor, um eine Teamwebsite zu erstellen.

1. Klicken Sie auf den Link **Website Erstellen**.
2. Wählen Sie im nachfolgenden Dialog den Websitetyp **Teamwebsite** aus (siehe Abbildung 13.4).

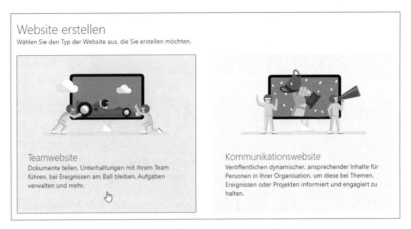

Abbildung 13.4: Auswahl der Team- oder Kommunikationswebsite

3. Vergeben Sie einen Websitenamen (siehe Abbildung 13.5). Die Verfügbarkeit des Websitenamens und der E-Mail-Adresse wird Ihnen in den Bereichen *Websitename* und *Gruppen-E-Mail-Adresse* angezeigt. Falls der Name oder die E-Mail-Adresse bereits vergeben ist, wählen Sie einen anderen Namen beziehungsweise eine andere E-Mail-Adresse für Ihre Website aus.

4. Im Eingabefeld ***Websitebeschreibung*** beschreiben Sie kurz den Verwendungszweck Ihrer Teamwebsite. Die Beschreibung wird auch von der Suche verwendet, sodass Ihre Teamwebsite von anderen Benutzern gefunden werden kann.

Abbildung 13.5: Das Erstellen einer Teamwebsite in SharePoint Online mit Microsoft 365

5. Im Bereich **Privatsphäre-Einstellungen** wählen Sie aus, ob die Teamwebsite öffentlich für alle Benutzer des gesamten Unternehmens zugänglich sein soll oder ob es sich um eine private Teamwebsite handelt, auf der Sie die Rolle des Besitzers, also die Verantwortung für die Teamwebsite, übernehmen und zu der Sie bestimmten Personen aus Ihrem Unternehmen den Zugang gewähren. Beachten Sie an dieser Stelle, dass die Liste der Benutzer Ihres Unternehmens aus dem Benutzerverzeichnis gezogen wird. Darunter fallen gegebenenfalls auch externe Dienstleister oder Schulungs-Accounts, die im Verzeichnis geführt werden.

6. Wurde durch Ihre IT-Abteilung die Websiteklassifizierung konfiguriert, können Sie festlegen, ob es sich um vertrauliche Informationen handelt, die Sie mit den Kollegen austauschen möchten, oder für welchen Zeitraum die Website zukünftig bestehen soll.

7. Mit SharePoint Online können Sie weitere Einstellungen in Schritt 8 vornehmen. Mit SharePoint Server klicken Sie auf die Schaltfläche **Fertig stellen**.

8. Mit SharePoint Online wählen Sie eine Sprache aus, in der die Website dargestellt werden soll. Beachten Sie, dass nur die Standardbeschriftungen der Benutzeroberfläche in der ausgewählten Sprache dargestellt werden und keine Übersetzungen auf der Website stattfinden. Sie können die hier festgelegte Sprache nach dem Erstellen der Website nicht mehr ändern.

9. Bestätigen Sie mit einem Klick auf die Schaltfläche **Weiter**.

10. Sie können im nächsten Schritt Benutzer hinzufügen, welche ebenfalls als *Besitzer* oder *Mitglied* Zugriff auf Ihre Teamwebsite erhalten sollen (siehe Abbildung 13.6). Sie können auch zu einem späteren Zeitpunkt Personen berechtigen. Zum Hinzufügen klicken Sie dafür in das jeweilige Feld **Einen Namen oder eine E-Mail-Adresse eingeben**. Schreiben Sie die Vor- oder Nachnamen der gewünschten Personen und wählen Sie die jeweilige aus der Auswahl aus. Wiederholen Sie diesen Schritt für alle Ihre Teammitglieder. Ihre Kollegen erhalten wenige Minuten nach dem Erstellen der Website eine Willkommensnachricht per E-Mail und können über einen beigefügten Link sofort zur Teamwebsite navigieren und mit der Zusammenarbeit beginnen.

Solange Sie keine Benutzer zur Teamwebsite hinzufügen, haben nur Sie alleine Zugriff auf die Site.

Abbildung 13.6: Die Auswahl einer weiteren Person als Besitzer

11. Prüfen Sie Ihre Auswahl und bestätigen Sie Ihre Eingaben mit einem Klick auf die Schaltfläche **Fertig stellen**. Sie werden direkt auf die Startseite Ihrer Teamwebsite weitergeleitet (siehe Abbildung 13.7 und Abbildung 13.8).

Abbildung 13.7: Die Teamwebsite, erstellt mit dem SharePoint Server

Abbildung 13.8: Die SharePoint-Online-Teamwebsite

Neuigkeitenbeiträge auf einer Teamwebsite

Erstellen Sie Beiträge, um sich aktiv in Ihrem Team einzubringen.

Auf SharePoint-Team- und Kommunikationswebsites können Sie und Ihre Kollegen Neuigkeitenbeiträge verfassen und veröffentlichen. Damit fördern Sie die interne Kommunikation Ihres Teams. Sie und Ihre Teammitglieder können sich mit Beiträgen aktiv im Team einbringen, indem Sie interessante und wichtige Informationen zu einem Vorhaben oder Nachrichten über die Projektentwicklung zentral auf der Teamwebsite teilen und auf die Nachrichten anderer reagieren und sie kommentieren. Die Neuigkeitenbeiträge werden auf der Team- oder Kommunikationswebsite angezeigt, auf der der Beitrag verfasst und veröffentlicht wurde. Zusätzlich werden die Beiträge auch auf der SharePoint-Startseite für die jeweiligen Benutzer angezeigt, die Zugriffsrechte für die Website besitzen. Falls Ihre SharePoint-Online-Teamwebsite einer SharePoint-Hub-Site zugeordnet wurde, werden die Beiträge auch dort angezeigt. Kollegen, die SharePoint auf mobilen Geräten verwenden, werden über die SharePoint-App ebenfalls darüber benachrichtigt, dass ein neuer Beitrag auf der Teamwebsite veröffentlicht wurde.

Einen Neuigkeitenbeitrag erstellen

Um einen Neuigkeitenbeitrag zu posten, gehen Sie folgendermaßen vor:

1. Wechseln Sie auf Ihre Teamwebsite.
2. Klicken Sie auf der Teamwebsite im Bereich *Nachrichten* auf die Schaltfläche **Neu**.
3. Wählen Sie im Menü den Eintrag **Neuigkeitenbeitrag** aus.
4. Wählen Sie mit SharePoint Online eine Seitenvorlage aus, die Sie für den Beitrag verwenden möchten, und klicken Sie auf die Schaltfläche **Seite erstellen**.
5. Sie werden in die Seite weitergeleitet.
6. Vergeben Sie einen Titel für Ihren Beitrag. Klicken Sie dafür in den Titelbereich und schreiben Sie beispielsweise »Mein erster Post«.
7. Möchten Sie das Hintergrundbild des Titelbereichs ändern, klicken Sie in der Symbolleiste links im Titelbereich auf die Schaltfläche **Bild ändern** (siehe Abbildung 13.9).

Abbildung 13.9: Die Symbolleiste des Titelbereichs

8. Wählen Sie den Speicherort des Bilds aus, das Sie als Hintergrundbild verwenden möchten. Suchen Sie dafür im Internet, Ihren Online-Speichern SharePoint oder OneDrive oder im Netzlaufwerk. Beachten Sie jedoch, dass Bilder aus dem Internet urheberrechtlich geschützt sein können. Lesen Sie bei der Verwendung von Bildern aus dem Internet immer die Lizenzbestimmungen oder verwenden Sie lieber ein eigenes Bild oder eines, das Ihnen Ihr Unternehmen bereitstellt.
9. Bestätigen Sie Ihre Auswahl mit einem Klick auf die Schaltfläche **Öffnen**.
10. Legen Sie den Fokus des Bilds fest, indem Sie den Fokuspunkt, der im Bild erscheint, mit der linken Maustaste festhalten und in der Kopfzeile verschieben.
11. Möchten Sie Ihren Beitrag in mehrere Abschnitte aufteilen, klicken Sie unterhalb des Titelbereichs links auf das Pluszeichen (siehe Abbildung 13.10) der Schaltfläche **Neuen Abschnitt hinzufügen**. Hier stehen Ihnen weitere Abschnittslayouts mit Spalten zur Verfügung.

Abbildung 13.10: Abschnitte können links im Fenster über das Pluszeichen hinzugefügt werden.

12. Sobald Sie sich für ein anderes Abschnittslayout entschieden haben, wird Ihnen links im Abschnitt eine Symbolleiste angezeigt. Über die Schaltfläche **Abschnitt bearbeiten** können Sie das Abschnittslayout jederzeit ändern und in SharePoint Online können Sie zusätzlich die Hintergrundfarben für den Abschnitt festlegen.

13. Ganz oben im jeweiligen Abschnitt wird Ihnen das Pluszeichen für die Schaltfläche **Neues Webpart hinzufügen** (siehe Abbildung 13.11) angezeigt, über das Sie Webparts hinzufügen können. Wählen Sie für dieses Beispiel das Webpart **Text** aus. Es öffnet sich ein Text-Editor, in dem Sie Text eingeben und formatieren können.

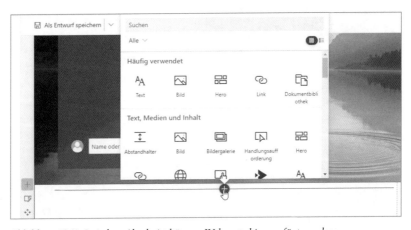

Abbildung 13.11: In jedem Abschnitt können Webparts hinzugefügt werden.

14. Über die Symbolleiste des Webparts können Sie den Text formatieren oder Links zum Text hinzufügen. Über das Menü **Mehr**, dargestellt durch die drei Punkte, können Sie weitere Formatierungen vornehmen oder eine Tabelle hinzufügen.

15. Schreiben und formatieren Sie Ihren Text im Text-Editor des Webparts.

16. Speichern Sie Ihren Beitrag als Entwurf. Klicken Sie dafür auf die Schaltfläche **Als Entwurf speichern** in der Menüleiste oberhalb des Titelbereichs Ihres Beitrags. Solange Sie den Beitrag nicht veröffentlichen und bereitstellen, ist er nur für Sie sichtbar.

17. Erst durch das Klicken auf die Schaltfläche **Beitrag bereitstellen** wird Ihr Beitrag auf der Teamwebsite, der SharePoint-Startseite und gegebenenfalls auf einer zugeordneten SharePoint-Online-Hub-Site veröffentlicht und angezeigt. Klicken Sie auf die Schaltfläche.

18. Navigieren Sie auf die Startseite Ihrer Teamwebsite, indem Sie in der aktuellen Seitennavigation auf **Start** klicken.

Auf einen Beitrag reagieren

Sie und Ihre Teamkollegen haben die Möglichkeit, auf einen Neuigkeitenbeitrag zu reagieren (siehe Abbildung 13.12). Sie können einen Beitrag kommentieren und in SharePoint Online können Sie einen Beitrag liken oder für einen späteren Zeitpunkt speichern, falls Ihnen die Zeit fehlt, ihn zu lesen.

Reaktionen sind Antworten und Likes.

Abbildung 13.12· Reaktionsmöglichkeiten auf einen Neuigkeitenbeitrag

1. Navigieren Sie zum Startbereich Ihrer Teamwebsite.
2. Klicken Sie auf den Titel des Beitrags. Sie werden zur Seite weitergeleitet.
    - ◆ Möchten Sie auf einen Beitrag mit einem Kommentar reagieren, klicken Sie in das Kommentarfeld und geben Sie dort Ihren Kommentar ein. Neben einem gesendeten Kommentar oder einer Antwort, die Sie verfasst haben, werden Ihnen die drei Punkte für das Menü **Weitere Optionen** angezeigt. Über dieses Menü können Sie Ihre eigenen Kommentare und Antworten löschen.
    - ◆ Möchten Sie Personen oder Gruppen aus Ihrer SharePoint-Online-Umgebung im Kommentarfeld erwähnen, geben Sie das @-Zeichen gefolgt vom Namen der Person ein (siehe Abbildung 13.13). Sie können Personen oder Microsoft-365-Gruppen aus dem Adressverzeichnis auswählen. Beachten Sie jedoch, dass die Personen und Gruppen auf Ihrer Teamwebsite berechtigt sein müssen, um sie auszuwählen. Sobald Sie Ihren Kommentar posten, können wiederum andere aus Ihrem Team auf Ihren Kommentar antworten.

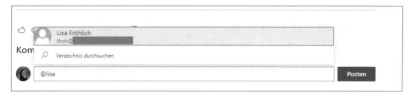

Abbildung 13.13: Sie können mit SharePoint Online Personen erwähnen und ansprechen.

- Mit SharePoint Online können Sie und Ihre Teammitglieder Kommentare und Antworten mit **Gefällt mir** markieren.

- Über die Schaltfläche **Für später speichern** in SharePoint Online können Sie den Beitrag markieren beziehungsweise speichern und zu einem späteren Zeitpunkt aufrufen. Auf der Teamwebsite muss das Webpart *Für später gespeichert* hinzugefügt werden, damit die Beiträge aufgerufen werden können. In Kapitel 16 im Abschnitt »Den Startbereich der Teamwebsite anpassen« auf Seite 330 lesen Sie, wie Sie Webparts zur Website hinzufügen.

Einen Neuigkeitenbeitrag ändern oder löschen

Alle Neuigkeitenbeiträge, die Sie oder Ihre Teammitglieder erstellt haben, finden Sie auf der Teamwebsite in der Bibliothek *Seiten* wieder. Sie können die Beiträge jederzeit bearbeiten, erneut veröffentlichen oder löschen.

1. Wechseln Sie auf die Teamwebsite, auf der sich der Beitrag befindet, den Sie ändern oder löschen möchten.

2. Klicken Sie in der aktuellen Navigation auf den Link **Seiten**. Sie werden in die Bibliothek *Websiteseiten* weitergeleitet.

3. Klicken Sie vor die Seiten-Datei, um sie auszuwählen.

4. Klicken Sie in der Menüleiste auf den Befehl **Löschen**, um den Beitrag zu entfernen, und bestätigen Sie den Löschvorgang.

5. Möchten Sie den Beitrag bearbeiten, klicken Sie ebenfalls vor die Seiten-Datei, um sie auszuwählen.

6. Klicken Sie auf den Dateinamen, um in den Seitenbeitrag zu gelangen.

7. Oben rechts im Fenster klicken Sie in der Menüleiste auf die Schaltfläche **Bearbeiten**. Nehmen Sie die gewünschten Änderungen vor.

8. Zum erneuten Veröffentlichen klicken Sie oben rechts auf die Schaltfläche **Neuigkeiten aktualisieren**.

Kapitel 14
Die Kommunikationswebsite

Informationen und Meldungen, die die ganze Belegschaft des Unternehmens er-reichen sollen, müssen zentral und für alle Mitarbeitenden einfach zugänglich be-reitgestellt werden. Für diesen Anwendungsfall kommen sogenannte Intranet-Websites zum Einsatz, die nur von bestimmten Fach- und Organisationseinheiten und ihren redaktionellen Teams betreut und aktuell gehalten werden. Mitarbei-tende erreichen diese Intranet-Website auf den unternehmenseigenen Compu-tern, sobald sie den Webbrowser öffnen.

Der Einsatz von Kommunikationswebsites

Inhalte auf den Kommunikationswebsites werden nur von bestimmten Teams bereitgestellt, während alle Mitarbeitenden die Inhalte lesen können.

Die SharePoint-Technologien bieten mit der Websitevorlage *Kommunikationswebsite* die Möglichkeit, eine Intranet-Website bereitzustellen. Aber auch fach- und themenspezifische Informationen für alle oder bestimmte Personengruppen eines Unternehmens können mithilfe weiterer Kommunikationswebsites bereitgestellt werden. Da die Kommunikationswebsites nicht in Verbindung zu einer Microsoft-365-Gruppe stehen, können die Zugriffsrechte so gesteuert werden, dass nur bestimmte Personen des Unternehmens Inhalte erstellen und bearbeiten dürfen und die Belegschaft diese Inhalte nur lesen kann. Hier greifen die SharePoint-Gruppen- und -Berechtigungsstufen bei den Zugriffsrechten (siehe Kapitel 4). In SharePoint Online mit Microsoft 365 können Kommunikationswebsites als Hub-Websites zum Einsatz kommen. Dann besteht die Möglichkeit, dass Neuigkeiten von anderen Team- und Kommunikationswebsites automatisiert auf der Hub-Website angezeigt werden. Die Steuerung und Verbindung von Websites zu den Hub-Websites werden über die Administration gesteuert.

Bevor Sie loslegen

Informationen sollten nicht gestreut an verschiedenen Orten bereitgestellt werden.

Informationen sollten für alle Beteiligten schnell und vor allem einfach zugänglich sein. Wenn die Informationen in Bibliotheken mit tiefen und verschachtelten Ordnern und zusätzlich auf anderen Seiten abgelegt und bereitgestellt werden, ist das Auffinden von Informationen sehr anstrengend und mühsam. Gerade bei der Bereitstellung von themenspezifischen Informationen kommt es vor, dass die Informationen aus Dateien, Texten, Bildern etc. bestehen. Mithilfe von Websiteseiten, auch Wiki-Seiten genannt, könnten Sie alle Informationen, wie Texte, Bilder und Links, auch zu Dokumenten bereitstellen. Damit werden dem Benutzer auf nur einer Websiteseite alle Informationen zu einem Thema angeboten.

Wer ist während Ihrer Abwesenheit für die Kommunikationswebsite zuständig?

Wer kann Inhalte neu bereitstellen oder vorhanden Inhalte ändern und löschen?

Als Besitzer der Kommunikationswebsite übernehmen Sie die Verantwortung für die Inhalte und die Zugriffsrechte anderer Personen. Es sollten immer zwei Personen für die Website verantwortlich sein, um gemeinsam die Zugriffsrechte und Inhalte zu steuern. Wie Sie weitere Besitzer festlegen können, lesen Sie im Kapitel 4.

Eine Kommunikationswebsite erstellen

Wenn Sie nicht berechtigt sind, eigenständig Websites zu erstellen, beantragen Sie eine neue Kommunikationswebsite. Nachfolgende Schritte zeigen, wie Sie eine Kommunikationswebsite erstellen können.

1. Öffnen Sie die SharePoint-Startseite.
2. Klicken Sie im oberen Bereich auf den Link ***Website erstellen***.

3. Wählen Sie als Websitetyp die **Kommunikationswebsite**.

4. Für die Bereitstellung einer Kommunikationswebsite können Sie aus drei Designvorlagen auswählen.

    ◆ **Thema:** Diese Vorlage bietet bereits Webparts (siehe Abbildung 14.1) für Bilder, Links, Nachrichten (siehe Abbildung 14.2), Ereignisse und Dateien (siehe Abbildung 14.3), die Sie im Startbereich der Website nutzen können. Die Startseite lässt sich auch mit weiteren oder anderen Inhalten ausstatten.

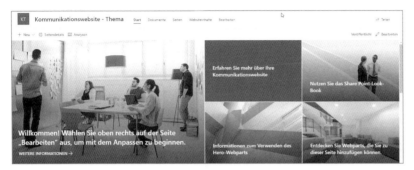

Abbildung 14.1: Mit dem Hero-Webpart können Bilder und Links bereitgestellt werden.

Abbildung 14.2: Der Bereich für Nachrichten und Ereignisse

Abbildung 14.3: Dokumente, die in der Dokumentenbibliothek hinzugefügt oder bearbeitet werden, werden in diesem Bereich angezeigt.

    ◆ **Präsentation:** Diese Vorlage (siehe Abbildung 14.4 und Abbildung 14.5) eignet sich dafür, wenn Sie Informationen mit vielen Bildern präsentieren möchten. Sie lässt sich auch mit weiteren oder anderen Inhalten bestücken.

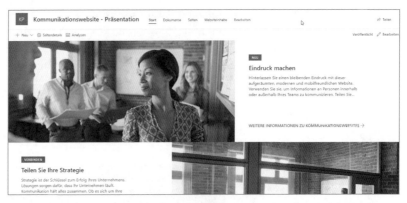

Abbildung 14.4: Die Vorlage Präsentation *bietet Bereiche für Texte und Bilder.*

Abbildung 14.5: Sie können eine Bildergalerie verwenden, um Fotos zu präsentieren.

❖ **Leer:** Die Website (siehe Abbildung 14.6) besitzt nach dem Erstellen noch keine Bereiche. Auf dieser Website fügen Sie Ihre eigenen Inhalte mit Webparts ein.

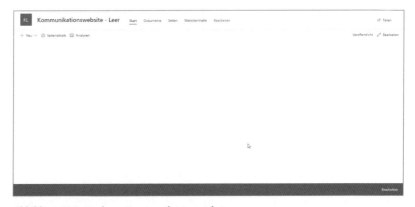

Abbildung 14.6: Die leere Kommunikationswebsite

5. Wählen Sie im linken Bereich des Fensters das gewünschte Design aus. Ich verwende in diesem Beispiel das Design *Leer.*

6. Vergeben Sie auf der rechten Seite einen aussagekräftigen Namen und beschreiben Sie kurz den Zweck der Kommunikationswebsite.

7. Wählen Sie eine Sprache aus, die Sie für die Benutzeroberfläche der Website verwenden möchten. Beachten Sie, dass Sie die Sprache nach dem Erstellen der Website nicht mehr ändern können.

Aufbau der Kommunikationswebsite

Die Teamwebsite dient der Zusammenarbeit eines Personenkreises, bestehend aus bestimmten Abteilungs- oder Teammitgliedern, während die Kommunikationswebsite dazu verwendet wird, Informationen für alle Benutzer aus dem gesamten Unternehmen oder für viele Benutzer aus bestimmten Fachbereichen durch ein redaktionelles Team bereitzustellen. Anders als bei der Teamwebsite werden der Kommunikationswebsite keine Zusammenarbeits-Ressourcen wie das One-Note-Notizbuch oder bei SharePoint Online das Gruppenpostfach, der Gruppenkalender oder der Planner bereitgestellt. Die Kommunikationswebsite besitzt nach dem Erstellen lediglich eine Dokumenten- und eine Websiteseitenbibliothek für die Ablage von Dateien und Websiteseiten. Zusätzlich können bei Bedarf weitere Listen und Bibliotheken der Website hinzugefügt werden.

> Die Kommunikationswebsite dient der Informationsbereitstellung.

Titelleiste, Einstellungen, Suche

Der grundlegende Aufbau der Kommunikationswebsite ist mit der Teamwebsite identisch. Über die *Titelleiste* können Sie auf die SharePoint-Startseite zurücknavigieren. Mithilfe des Zahnradsymbols gelangen Sie in die *Einstellungen* der Website. Die Suchleiste wird Ihnen ebenfalls auf der Kommunikationswebsite bereitgestellt, sodass Sie die Suchfunktionen für die Kommunikationswebsite nutzen können.

> Die Suche bezieht sich auf die Inhalte der aufgesuchten Kommunikationswebsite.

Die »Leiste für häufig verwendete Links«

Anders als bei der Teamwebsite wird Ihnen auf der Kommunikationswebsite keine *Seitennavigation* im linken Fensterbereich angeboten. Die Kommunikationswebsites verwenden für die Navigation die *Leiste für häufig verwendete Links* (siehe Abbildung 14.7), unterhalb der Titelleiste. In der Leiste werden der Websitename und das Websitelogo sowie die häufig verwendeten Links angezeigt und sie dient als Navigation auf der Website. Diese Navigation beinhaltet die Links zum Startbereich Ihrer Website und zur Dokumenten- und Websiteseitenbibliothek.

> Als Besitzer der Website können Sie die Navigation anpassen.

Abbildung 14.7: Die Navigation Leiste für häufig verwendete Links

Über den Link *Websiteinhalte* gelangen Sie in den Bereich, in dem Ihnen alle Bibliotheken und Listen der Website angezeigt werden. Da in der Leiste für häufig verwendete Links der Papierkorb nicht angeboten wird, ist es für Sie wichtig zu wissen, dass Sie den Papierkorb immer über den Link *Websiteinhalte* (siehe Abbildung 14.8) finden, um beispielsweise gelöschte Dateien ausfindig zu machen oder diese wiederherzustellen.

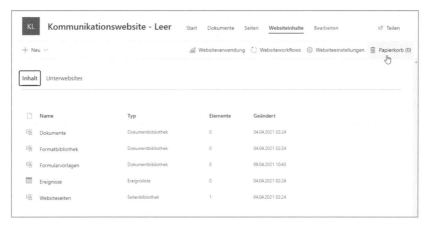

Abbildung 14.8: In den Websiteinhalten befindet sich der Papierkorb oben rechts im Fenster.

Über den Link *Bearbeiten* gelangen Sie in den Bearbeitungsmodus der *Leiste für häufig verwendete Links*, um die Navigation individuell anzupassen. Am Ende der Leiste können Sie die Schaltfläche *Teilen* verwenden, um die Website für andere Personen freizugeben. Hinweise zu den Berechtigungen finden Sie in Kapitel 4.

Die Menüleiste

Die Menüleiste unterhalb der *Leiste für häufig verwendete Links* besteht aus der Schaltfläche *Neu*, die Ihnen die Möglichkeit bietet, weitere Apps hinzuzufügen und neue Seiten, Neuigkeitenbeiträge und Nachrichtenlinks zu veröffentlichen. Die Schaltfläche *Seitendetails* zeigt die Informationen zur Website an.

Analysen zeigen nur allgemeine Daten und keine personenbezogenen Daten von Benutzern an.

Über die Schaltfläche *Analysen* können Sie die Seitenanalysen der Website einsehen, um festzustellen, ob Ihre Website von Benutzern aufgesucht wird. Ganz rechts in der Menüleiste finden Sie die Schaltfläche *Bearbeiten*, um in den Bearbeitungsmodus der Website zu gelangen. Wenn Sie die Kommunikationswebsite im Entwurfsmodus über die Schaltfläche *Bearbeiten* geöffnet und geändert haben, können Sie die Website als Entwurf speichern und zu einem späteren Zeitpunkt weiterbearbeiten. Besucher und Mitglieder Ihrer Website sehen den gespeicherten Entwurf dann noch nicht. Erst wenn Sie die Website veröffentlichen, werden die Änderungen für andere Benutzer sichtbar. Sie sehen anhand des Status *Entwurf* oder *Veröffentlicht,* in welchem Status sich Ihre Kommunikationswebsite befindet.

Die Seiteninhalte und Webparts

Im mittleren Bereich der Kommunikationswebsite sehen Sie die Seiteninhalte, die Sie für Ihre Besucher bereitstellen. Je nachdem, welches Design Sie für Ihre Kommunikationswebsite beim Erstellen gewählt haben, werden Ihnen bereits eingefügte Inhalte mit Bildern und Texten angezeigt. Die Darstellung wird wie bei der Teamwebsite über Webparts gesteuert und es lassen sich die Inhalte präsentieren, die Sie für die Belegschaft bereitstellen möchten.

Die Kommunikationswebsite soll Besuchern direkt die für sie wichtigen Informationen liefern.

Die Fußleiste

Die Fußleiste der Kommunikationswebsite kann als weitere Navigation dienen. Sie können mithilfe der Schaltfläche *Bearbeiten* in der Fußleiste Bezeichnungen hinzufügen und Navigationslinks zu webbasierten Inhalten erstellen.

Kapitel 15

Projekt: Eine Kommunikationswebsite für ein gemeinsames Abteilungs-Wiki aufbauen

Da in vielen Organisationsbereichen der Unternehmen das Wissen qualifizierter Mitarbeiter auch heute, im Zeitalter von Teamwork und Digitalisierung, oft nur in den Köpfen und lokal auf den Festplatten der Mitarbeitenden schlummert und wenig bis gar nicht gemeinsam genutzt werden kann, werden Wünsche geäußert, dieses Wissen aufzugreifen und festzuhalten.

Teamwork bedeutet, Wissen zu teilen.

In diesem Kapitel möchte ich deshalb aufzeigen, wie Sie mit der Kommunikationswebsite ein eigenes Wiki für Ihren Bereich aufbauen und Ihre Informationen bereitstellen können. Als Abteilungs-Wiki bezeichnet man eine Website innerhalb des Firmenintranets, die von der Abteilung gemeinsam genutzt werden kann, um dort Informationen für die Belegschaft bereitzustellen, um selbst Informationen zu lesen oder die Informationen jederzeit zu bearbeiten und anzupassen. Für dieses Beispiel verwende ich die SharePoint-Websitevorlage *Kommunikationswebsite*. Erstellen oder beantragen Sie bei Ihrem SharePoint-Administrator eine Kommunikationswebsite, um die einzelnen Schritte in diesem Kapitel durchzuführen.

Lassen Sie Ihre Mitarbeiter bei dem Aufbau des Wikis mitentscheiden.

Diese Kommunikationswebsite eignet sich hervorragend für das Vorhaben, da sie für die Informationsbereitstellung gedacht ist und die optische Darstellung der einzelnen Informationen unterstützt. Auch die Zugriffsberechtigungen innerhalb der Kommunikationswebsite bieten sich an, da die Zulassung von Besuchern, die nur lesend Informationen abrufen, möglich ist.

Vorüberlegungen für den Aufbau eines gemeinsamen Wikis

Beginnen Sie in kleineren Schritten und informieren Sie Ihr Team über Ihr Vorhaben.

Bevor Sie mit Ihrer Idee für ein gemeinsames Wiki starten, prüfen Sie, welche Mitarbeitenden Ihres Teams unterstützend zur Seite stehen könnten, um auch anderen Kollegen, die ihr Wissen teilen, aber nicht erfassen möchten, zu helfen. Geben Sie den Mitarbeitenden genügend Zeit, ihr Wissen auszutauschen und in SharePoint einzubringen.

Welche Informationen gibt es zu dem Thema?

Prüfen Sie, ob und wo es in Ihrem Intranet bereits Informationen zu Ihrem Thema gibt.

Wenn Sie auf einer Website viele Informationen zu bestimmten Themen bereitstellen möchten und beginnen, zu recherchieren, welche Kollegen ihr Wissen einbringen sollten oder wo es noch überall Informationen zu den Themen gibt, werden Sie feststellen, dass die Informationen zum jeweiligen Thema entweder noch nicht vorhanden sind oder auf verschiedene Arten als Dateien oder Links existieren.

Holen Sie sich qualifizierte Kollegen dazu, die sich mit dem Thema auskennen.

Sie finden PDF- und Office-Dateien, die von Kollegen über Jahre hinweg erarbeitet wurden, die ein Thema beschreiben oder tiefgehende Informationen liefern, die alle sehr wichtig sind. Sicherlich stellt sich bei dieser Recherche und bei den Gesprächen mit den Kollegen heraus, dass es auch Informationen gibt, die nicht schriftlich oder als Datei erfasst wurden. Sie finden eventuell Internetwebsites von Herstellern, Lieferanten oder Drittanbietern, die noch weitere Hinweise zum jeweiligen Thema liefern und die von der Belegschaft benötigt werden. Vielleicht gibt es auch Videodateien, die die Mitarbeitenden bei der Einarbeitung oder bei der Arbeit mit dem Thema unterstützen. Auch Diagramme und Organigramme könnten vorhanden sein. Es gibt also unterschiedliche Informationsquellen, die in verschiedenen Köpfen, als Dateien oder in externen Quellen zur Verfügung stehen.

Informationen sammeln

Wie wird Ihr Wiki kategorisiert? Nach Themen? Nach Produkten? Nach Dienstleistungen?

Wenn Sie ermittelt haben, wo es überall Informationen zum Thema gibt, fangen Sie nicht sofort an, neue Dokumente zu erstellen und die Inhalte als Texte einzubringen. Prüfen Sie, ob es Texte oder Inhalte gibt, die sich gegebenenfalls oft ändern könnten und schnelle Anpassungen erforderlich machen. Unterteilen Sie zunächst die Informationen zu einem Thema wie folgt:

- Texte, wie zum Beispiel Beschreibungen oder Einführungen in ein Thema, Produkt oder eine Dienstleistung, die jederzeit angepasst werden können, wenn sich etwas ändert
- Tabellen mit Werten, die jederzeit angepasst werden können, wenn sich etwas ändert
- Dateien, die final erstellt und nicht mehr geändert werden sollten
- Bilder
- Videoclips

Informationen bereitstellen

Die Texte und Tabellen, die Sie zu einem Thema auf der Kommunikationswebsite bereitstellen möchten, lassen sich auf der Wiki-Seite, direkt erfassen und jederzeit bearbeiten. Je nach Umfang der gesammelten Dateien benötigen Sie für die Dateiablage auf der Kommunikationswebsite die vorhandene Dokumentenbibliothek. Sie können hier Dateien wie PDFs, Office-Dokumente, Bilder und Videoclips ablegen, die Sie zu einem Thema bereitstellen möchten. Wenn es jedoch sehr viele Dateien sind, die Sie verwenden möchten, können Sie auch weitere Bibliotheken anlegen oder mithilfe von Website- oder Bibliotheksspalten die Dateien nach Themen strukturieren. In Kapitel 11 gehe ich auf das Thema Metadaten ein. Die Dateien lassen sich zusätzlich zu den freien Texten und Tabellen auf der Wiki-Seite als Links integrieren, sodass auf einer Wiki-Seite alle Informationen zu einem Thema bereitgestellt werden und von den Mitarbeitenden gelesen und abgerufen werden können. Auf Wiki-Seiten lassen sich viele unterschiedliche Inhalte einbringen und anzeigen. Auch Informationen, die im Internet zu finden sind, können Sie auf der Wiki-Seite verlinken. Für die Darstellung der Inhalte sorgen bereitgestellte Webparts, die es Ihnen erlauben, auch andere Inhalte wie Listen- und Bibliotheksinhalte, YouTube- und Stream-Videodateien, externe Feeds und viele andere Informationen darstellen zu lassen.

> Informationen können hinzugefügt oder aus anderen Quellen auf Wiki-Seiten verlinkt werden.

Sorgen Sie dafür, dass alle Benutzer, für die die Informationen bereitgestellt werden, auf Ihrer Kommunikationswebsite berechtigt sind, auf die Inhalte zuzugreifen.

| Achtung | Beachten Sie immer die Zugriffsberechtigungen auf Inhalte aus anderen Quellen. Wenn Sie auf Inhalte wie Websites, Dokumente, Listen und Bibliotheken anderer Bereiche Ihres SharePoint- oder Microsoft-365-Portals verlinken, müssen Ihre Benutzer die Zugriffsrechte auf die verlinkten Inhalte besitzen, sonst können die Inhalte nicht geöffnet werden und der Zugriff wird verweigert. |

Die Bibliothek »Dokumente«

Für Dateien, die Sie auf einer Wiki-Seite anzeigen oder als Link hinzufügen möchten, verwenden Sie die Bibliothek *Dokumente*. Laden Sie hier die Dateien hoch, die Sie für Ihre Wiki-Seiten benötigen und Ihren Kollegen bereitstellen möchten. Sie können auch weitere Bibliotheken auf der Website erstellen, wenn es sich um sehr viele Dateien handelt. Wenn Sie später auf der Wiki-Seite einen Link

> Auf jeder SharePoint-Website können Sie weitere Bibliotheken erstellen.

zur Datei hinzufügen möchten, können Sie mit wenigen Mausklicks auf alle Bibliotheken der Website und ihre Inhalte zugreifen und den jeweiligen Link setzen. Laden Sie eine Datei in die Bibliothek *Dokumente* hoch. Wir werden sie später auf einer Wiki-Seite verlinken.

Reicht Ihnen die Bibliothek nicht aus und möchten Sie weitere Bibliotheken erstellen, wechseln Sie in den Startbereich Ihrer Kommunikationswebsite. Klicken Sie in der Menüleiste auf *Neu* und erstellen Sie dort eine weitere *Dokumentenbibliothek*.

Die Bibliothek »Websiteseiten«

Alle Wiki-Seiten werden immer nur in der Bibliothek *Websiteseiten* gespeichert.

Die Startseite einer Website, die als Homepage bezeichnet wird, basiert wie die Neuigkeitenbeiträge, die Sie auf der Team- oder Kommunikationswebsite erstellen und veröffentlichen, auf den Vorlagen der SharePoint-Websiteseiten bzw. Wiki-Seiten. Jede dieser Wiki-Seiten wird auf der zugehörigen Website in der Bibliothek *Websiteseiten* abgelegt. Somit befindet sich in dieser Bibliothek mindestens die Homepage der ausgewählten Team- oder Kommunikationswebsite. Sobald Sie also einen Neuigkeitenbeitrag erfassen, speichern oder veröffentlichen, wird dieser Beitrag als eigenständige Wiki-Seite in der Bibliothek *Websiteseiten* abgelegt.

Die Bibliothek »Websiteseiten« öffnen

Zum Öffnen der Bibliothek *Websiteseiten* (siehe Abbildung 15.1) klicken Sie auf der Team- oder Kommunikationswebsite jeweils in der Navigation auf den Link **Seiten**. Alternativ klicken Sie zum Öffnen der Bibliothek auf das Zahnradsymbol und dann auf den Eintrag **Websiteinhalte**. Öffnen Sie die Bibliothek **Websiteseiten** durch einen Klick.

Abbildung 15.1: Die Bibliothek Websiteseiten *mit der Homepage der Website*

Eine Spalte in der Bibliothek »Websiteseiten« erstellen

Sämtliche Neuigkeitenbeiträge, Neuigkeitenlinks und alle weiteren Seiten, die auf der Website erstellt werden, werden in der Bibliothek *Websiteseiten* gespeichert. Damit Sie zukünftig Ihre Wiki-Seiten von den anderen Seiten filtern oder alle Ihre Wiki-Seiten in einem Webpart darstellen können, benötigen Sie eine Spalte mit der Eigenschaft Wiki-Seite, um danach filtern zu können. Diese Eigenschaft wird einer Vorlage für Ihre Wiki-Seiten zugeordnet, sodass beim neuen Anlegen einer Wiki-Seite basierend auf Ihren Vorlagen automatisch die Eigenschaft vergeben wird.

Mit Spalten können Sie die für Sie relevanten Dateien filtern.

1. Öffnen Sie die Bibliothek **Websiteseiten** und klicken Sie in der Navigation *Leiste für häufig verwendete Links* auf den Link **Seiten**.
2. Klicken Sie auf die Spaltenüberschrift + **Spalte hinzufügen**.
3. Wählen Sie den *Spalteninformationstyp* **Auswahl** aus (siehe Abbildung 15.2).

   Durch die Auswahlspalte können Sie bei der Verwendung von mehreren Wiki-Seiten-Vorlagen die jeweilige Auswahl festlegen und später in der Bibliothek nach den verschiedenen Eigenschaften filtern.

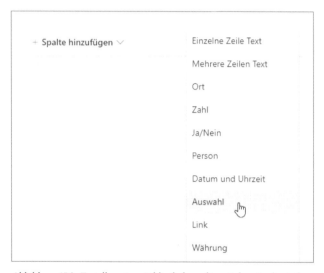

Abbildung 15.2: Erstellen einer Bibliotheksspalte mit dem Spalteninformationstyp Auswahl

4. Geben Sie der Spalte den Namen »Wiki-Seitenvorlagen« (siehe Abbildung 15.3).
5. Schreiben Sie ins Feld **Beschreibung** »Diese Spalte dient der Zuweisung der Seitenvorlage und wird automatisch gesetzt. Bitte nehmen Sie keine Änderungen vor«.
6. Scrollen Sie zu dem Bereich *Auswahlmöglichkeiten* und überschreiben Sie den Wert **Auswahl 1** mit »Info-Seite« und den Wert **Auswahl 2** mit »Produkt-Seite«.
7. Entfernen Sie hinter den Einträgen über das Symbol **Mischpalette** die Füllfarben.
8. Entfernen Sie den Wert **Auswahl 3**.
9. Übernehmen Sie alle weiteren Einstellungen und bestätigen Sie unten Ihre Eingaben mit einem Klick auf die Schaltfläche **Speichern**. Ihnen wird die neue Spalte in der Bibliothek angezeigt.

10. Arbeiten Sie mit SharePoint Server, gehen Sie zum Abschnitt »Eine neue Wiki-Seite erstellen« auf Seite 294.

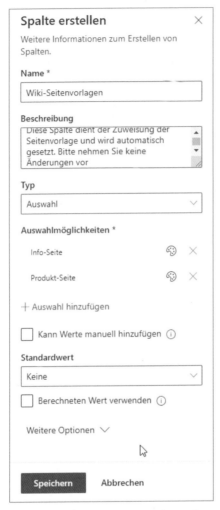

Abbildung 15.3: Die Bibliotheksspalte mit den Werten zum Filtern der Wiki-Seiten

Eine Wiki-Seitenvorlage erstellen

Fragen Sie Ihre Kollegen nach Vorschlägen und Ideen.

Für Wiki-Seiten gibt es bereits Vorlagen, die SharePoint mitliefert. Sie können diese öffnen, anpassen und als neue Vorlage speichern. In einigen Unternehmen gibt es Vorgaben, wie eine Wiki-Seite aufgebaut werden muss. Prüfen Sie, ob es in Ihrem Unternehmen bestimmte Regeln gibt, bevor Sie beginnen, eigene Vorlagen zu erstellen. In diesem Beispiel soll eine Vorlage für Informationen erstellt werden.

Eine vorhandene Seitenvorlage öffnen

Die Seitenvorlagen von SharePoint Online und SharePoint Server unterscheiden sich voneinander.

1. Wechseln Sie in den Startbereich Ihrer Kommunikationswebsite.
2. Klicken Sie auf die Schaltfläche **Neu** (siehe Abbildung 15.4) und wählen Sie dort den Eintrag **Seite**.

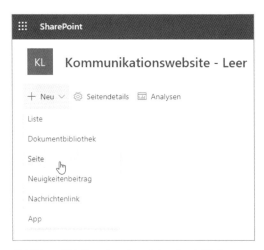

Abbildung 15.4: Erstellen einer Seite, die als Vorlage verwendet werden soll

3. Ihnen werden drei Seitenvorlagen in SharePoint Online (siehe Abbildung 15.5) angeboten, von denen Sie eine Vorlage auswählen können.
   - **Leer:** Mit dieser Vorlage beginnen Sie eine leere Seite, die Sie individuell gestalten können.
   - **Visuell** in SharePoint Online: Diese Vorlage besitzt einen Farbblock für den Seitentitel. Die Seite ist bereits mit Bildern und Texten versehen, die Sie nach Ihren Wünschen austauschen können. Auch diese Seite lässt sich individuell gestalten.
   - **Standardtext**, **eine** oder **zwei Spalten** in SharePoint Online und Share-Point Server: Auf dieser Seite werden Ihnen bereits eine oder zwei Spalten für Ihre Inhalte bereitgestellt. Außerdem sind Beispieltexte vorhanden. Auch diese Seite können Sie zusätzlich individuell gestalten.
4. Klicken Sie für dieses Beispiel auf die Vorlage **Leer**.
5. Um die Seite zu erstellen, klicken Sie unten rechts auf dem Bildschirm auf die Schaltfläche **Seite erstellen**. Sie werden in den Entwurfsmodus der Seite weitergeleitet (siehe Abbildung 15.6).

Abbildung 15.5: Die Auswahl der vorhandenen Seitenvorlagen, die SharePoint mitliefert

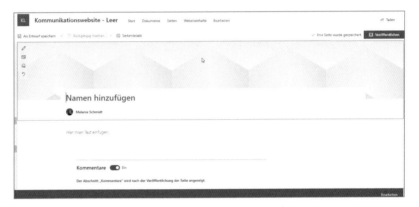

Abbildung 15.6: Die neue SharePoint-Online-Seite im Entwurfsmodus

Den Titelbereich anpassen

Der Titelbereich lässt sich mit SharePoint Online gestalten.

Der Titelbereich einer Wiki-Seite besteht aus dem Namen der Seite, dem Autor, der die Seite erstellt hat, und aus einem Hintergrundbild. Sie können diesen Bereich für jede Seite neu anpassen oder in der Vorlage für zukünftige Seiten festlegen.

1. Falls Sie sich nicht im Bearbeitungsmodus der Seite befinden, öffnen Sie eine Wiki-Seite oder die Seitenvorlage im Bearbeitungsmodus.
2. Zeigen Sie mit der Maus in den Titelbereich Ihrer Seite. Ihnen wird eine Symbolleiste (siehe Abbildung 15.7) angezeigt.
3. Klicken Sie auf das Stift-Symbol, um das Design des Titelbereichs anzupassen.

Abbildung 15.7: Durch das Zeigen in den Titelbereich wird die Symbolleiste angezeigt.

4. Rechts im Fenster wird Ihnen der Bearbeitungsbereich für den Titelbereich (siehe Abbildung 15.8) angezeigt. Sie können hier folgende Einstellungen vornehmen:

  ◆ **Layout:** Legen Sie fest, ob der Titelbereich ein Bild, einen Farbblock mit Bild oder nur den Titel enthalten soll. Klicken Sie das jeweilige Layout an, um es direkt in der Seite anzeigen zu lassen.

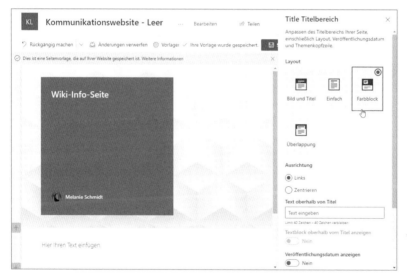

Abbildung 15.8: Die Vorschau auf den Titelbereich durch die Auswahl eines Layouts

  ◆ **Ausrichtung:** Legen Sie fest, ob der gesamte Titelbereich linksbündig oder zentriert dargestellt werden soll.

  ◆ **Text oberhalb des Titels:** Durch diesen zusätzlichen Textblock (siehe Abbildung 15.9) oberhalb des Titels können Sie Ihre Seiten kategorisieren oder zusätzliche Informationen zum Thema festlegen.

  ◆ **Veröffentlichungsdatum anzeigen:** Aktivieren Sie diese Option, wenn Sie das Datum der Veröffentlichung im Titelbereich einblenden möchten.

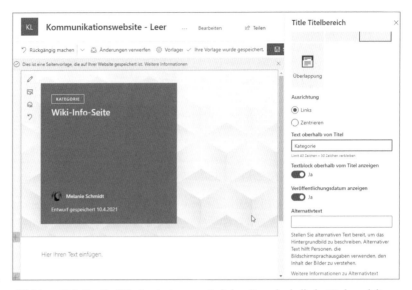

Abbildung 15.9: Der Farbblock mit einem zusätzlichen Text oberhalb des Titels und die Anzeige des Veröffentlichungsdatums

5. Klicken Sie in das Textfeld unter **Text oberhalb von Titel** und schreiben Sie »Kategorie«.

6. Lassen Sie das Veröffentlichungsdatum anzeigen.

7. Schließen Sie den Bearbeitungsbereich über die Schaltfläche **X**. Ihre Einstellungen werden auf der Seite übernommen.

8. Da Sie die Seite angelegt haben, werden Sie als Autor für die Seitenvorlage festgelegt. Löschen Sie Ihren Namen aus dem Titelbereich. Zeigen Sie auf Ihren Namen und klicken Sie auf das **X**.

9. Speichern Sie Ihre Einstellungen über die Schaltfläche **Seitenvorlage speichern** oben rechts in der Menüleiste.

Seiteneigenschaften in SharePoint Online festlegen

Im Abschnitt »Eine Spalte in der Bibliothek »Websiteseiten« erstellen« auf Seite 287 haben wir die Spalte *Wiki-Seitenvorlagen* mit den Eigenschaften *Info-Seite* und *Produkt-Seite* erstellt, damit diese als Eigenschaft für die eigenen Vorlagen verwendet werden können. Im nächsten Schritt weisen wir sie der neuen Vorlage zu.

1. Klicken Sie in der Menüleiste der Seite auf die Schaltfläche **Seitendetails** (siehe Abbildung 15.10). Die Seitendetails werden im rechten Fensterbereich angezeigt.

Abbildung 15.10: Die Schaltfläche Seitendetails

2. Scrollen Sie zu dem Bereich *Eigenschaften* (siehe Abbildung 15.11). Hier werden die zuvor erstellten Spalteneigenschaften angeboten.

3. Klicken Sie in das Feld unterhalb von *Wiki-Seitenvorlagen*. Ihnen wird ein Dropdown-Menü für die Auswahl Ihrer festgelegten Eigenschaften angeboten.

Abbildung 15.11: Die in der Bibliotheksspalte erstellten Einträge können ausgewählt werden.

4. Wählen Sie die Eigenschaft *Info-Seite* durch einen Klick aus.

5. Navigieren Sie zu dem Bereich **Beschreibung** und fügen Sie eine Beschreibung für die Seite hinzu: »Diese Wiki-Seite wird für die Bereitstellung von Informationen zu einem Thema verwendet.«

6. Schließen Sie die Seitendetails durch einen Klick auf die Schaltfläche **X** oben im Detailbereich.

Die Seite als Vorlage speichern

Damit die Eigenschaften *Info-Seite* und die Beschreibung übernommen werden, speichern Sie die Seite als Vorlage. Wenn Sie zukünftig Seiten auf Basis dieser Vorlage erstellen, werden die Eigenschaften automatisch hinzugefügt. Wir nehmen in den nächsten Schritten weitere Anpassungen vor.

Die Seitenvorlagen können Sie und Ihre Kollegen für neue Wiki-Seiten verwenden.

1. Klicken Sie in der Menüleiste der Scite auf das Drop-down-Menü hinter der Schaltfläche *Als Entwurf speichern* (siehe Abbildung 15.12).

2. Klicken Sie auf den Befehl **Als Vorlage speichern**.

Abbildung 15.12: Die Seite als Vorlage speichern

3. Die Vorlage befindet sich weiterhin im Entwurfsmodus. Sie könnten weitere Anpassungen an der Seite vornehmen. In diesem Schritt geben Sie der Vorlage einen Namen. Geben Sie im Feld *Namen hinzufügen* den Vorlagennamen »Wiki-Info-Seite« (siehe Abbildung 15.13) ein.

4. Klicken Sie in der Menüleiste auf die Schaltfläche ***Seitenvorlage speichern***. Die Seite wird als Vorlage gespeichert und der Entwurfsmodus wird beendet.

Abbildung 15.13: Die Seite kann nur als Seitenvorlage gespeichert werden, wenn Sie einen Namen vergeben haben.

In der Bibliothek *Websiteseiten* wurde automatisch ein Ordner *Vorlagen* erstellt. Möchten Sie Änderungen an der Vorlage vornehmen, können Sie die Vorlage dort öffnen und bearbeiten.

1. Wechseln Sie in der *Leiste für häufig verwendete Links* über den Link ***Seiten*** in die Bibliothek ***Websiteseiten***.

2. Öffnen Sie den Ordner ***Vorlagen***.

3. Klicken Sie auf den Namen Ihrer Vorlage. Die Seite wird geöffnet.

4. Zum Ändern der Vorlage klicken Sie oben rechts in der Menüleiste auf die Schaltfläche ***Seitenvorlage bearbeiten***.

Eine neue Wiki-Seite erstellen

Sie können neue Wiki-Seiten erstellen oder die von Ihnen in SharePoint Online erstellten Vorlagen verwenden. Das Auswählen eigener Vorlagen ist bisher nur dann möglich, wenn Sie eine neue Seite von Ihrem Startbereich der Website aus erstellen.

1. Navigieren Sie auf den Startbereich Ihrer Website, indem Sie oben in der Navigation auf den Link **Start** klicken.
2. Klicken Sie auf die Schaltfläche **Neu**.
3. Klicken Sie auf den Eintrag **Seite**. Der Dialog zum Auswählen der Seitenvorlagen (siehe Abbildung 15.14) wird geöffnet.
4. Wählen Sie eine vom SharePoint integrierte Vorlage aus. Wenn Sie eine eigene Vorlage in SharePoint Online erstellt haben, wählen Sie im Bereich *Auf dieser Seite gespeichert* Ihre Vorlage aus und klicken Sie unten rechts auf die Schaltfläche **Seite erstellen**.

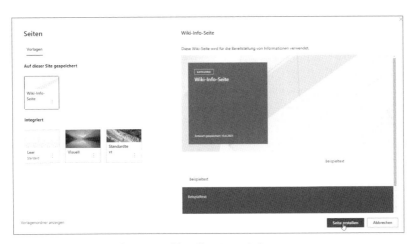

Abbildung 15.14: Die Vorlagenauswahl in SharePoint Online

5. Jede Seite muss einen Namen besitzen, damit sie gespeichert werden kann. Geben Sie Ihrer Seite im Titelbereich einen Namen. Schreiben Sie »Unsere erste Wiki-Seite«.
6. Fügen Sie im Feld **Namen oder E-Mail-Adresse eingeben** Ihren Namen hinzu, falls dieser nicht angezeigt wird.
7. Mit SharePoint Online können Sie den Text oberhalb des Titels ändern. Klicken Sie dafür auf das Stift-Symbol **Webpart bearbeiten** in der Symbolleiste links neben dem Titelbereich und geben Sie im Eingabefeld *Text oberhalb des Titels* einen neuen Text ein.

Das Titelbild ändern

Sie können für jede Wiki-Seite im Titelbereich ein Hintergrundbild festlegen. Hierfür können Sie zum Beispiel eines aus der von Microsoft bereitgestellten Auswahl wählen oder ein Bild hochladen. Beachten Sie dabei, dass Sie nur eigene Bilder verwenden oder solche, die Ihr Unternehmen zur Verfügung stellt. Bilder aus dem Internet sind meistens urheberrechtlich geschützt. Lesen Sie daher immer die Lizenz- bzw. Datenschutzbestimmungen von Drittanbietern.

Verwenden Sie Ihre Produkt- oder Firmenbilder für Ihre Wiki-Seiten.

1. Zeigen Sie mit der Maus in den Titelbereich Ihrer Seite. Ihnen wird eine Symbolleiste angezeigt.

2. Klicken Sie auf das Symbol mit dem Bild und dem Stift, **Bild ändern**, um den Dialog zu öffnen.

3. Sie können im linken Bereich des Dialogs (siehe Abbildung 15.15) auswählen, von welchem Speicherort aus Sie das Bild einfügen möchten.

   ◆ Falls Sie bereits Bilder in eine vorhandene Bibliothek auf der Website hochgeladen haben, wählen Sie **Website**. Sie können dann auf die Bibliothek und das gewünschte Bild zugreifen.

   ◆ Wenn Sie ein Bild vom Computer oder aus Ihrem OneDrive for Business hochladen möchten, wählen Sie entsprechend die Schaltfläche **OneDrive** oder **Hochladen** durch einen Klick aus.

   ◆ Wenn ein Bild sich innerhalb Ihres SharePoint- oder Microsoft-365-Portals befindet und für alle Mitarbeitenden zugänglich ist, können Sie auch den Link zum Bild abrufen und über die Schaltfläche **Von einem Link** einfügen. Wichtig ist hier, dass die anderen Benutzer der Seite Zugriff auf die Bilddatei besitzen, da das Bild sonst nicht für alle angezeigt wird.

Abbildung 15.15: Die Auswahl eines Speicherorts und des Bilds

4. Wählen Sie das gewünschte Bild aus und klicken Sie unten rechts im Fenster auf die Schaltfläche **Bild hinzufügen**.

5. Das Bild wird im Titelbereich angezeigt. In der Mitte des Titelbereichs sehen Sie den Fokuspunkt (siehe Abbildung 15.16). Ziehen Sie ihn mit gedrückter Maustaste an die gewünschte Stelle, um das Bild im Titelbereich auszurichten. Falls der Fokuspunkt nicht angezeigt wird, zeigen Sie auf den Titelbereich, bis die Symbolleiste angezeigt wird, und klicken Sie dann auf die Schaltfläche **Fokuspunkt des Bildes festlegen**.

6. Speichern Sie Ihre Seitenvorlage, indem Sie in der Menüleiste auf die Schaltfläche **Seitenvorlage speichern** klicken.

Abbildung 15.16: Der Fokuspunkt zum Ausrichten des Bilds im Titelbereich

Abschnitte bearbeiten und neue hinzufügen

Um die Anordnung der Platzhalter auf der Seite festzulegen, können Sie vorhandene Bereiche in Spalten aufteilen. Sie können auf der Seite auch neue Abschnitte hinzufügen, falls die vorhandenen Abschnitte nicht ausreichen.

Teilen Sie die Wiki-Seite in mehrere Spalten auf.

Einen vorhandenen Abschnitt bearbeiten

Sie können jederzeit vorhandene Abschnitte im Layout ändern.

1. Klicken Sie mit der Maus in den Abschnitt unterhalb des Titelbereichs (siehe Abbildung 15.17). Ihnen wird die Symbolleiste für den Abschnitt angezeigt.

Abbildung 15.17: Die Symbolleiste für den Abschnitt wird angezeigt, sobald Sie in den Platzhalter klicken.

2. Klicken Sie auf das Symbol mit der Seite und dem Stift, **Abschnitt bearbeiten**. Es öffnet sich der Bearbeitungsbereich im rechten Fenster.

3. Sie können im Bereich *Layoutoptionen* (siehe Abbildung 15.18) festlegen, in wie viele Spaltenabschnitte Sie die Seite aufteilen möchten. Wählen Sie *Eine Drittelspalte rechts* aus. Sie sehen auf der Seite, dass die Abschnitte in eine größere und eine kleinere Spalte aufgeteilt wurden.

4. In SharePoint Online können Sie im Bereich *Abschnittshintergrund* festlegen, ob der Abschnitt, den Sie gerade bearbeiten, mit einer Farbe ausgefüllt werden soll.

Abbildung 15.18: Die Aufteilung der Abschnitte in Spalten

5. Schließen Sie den Bearbeitungsbereich mit der Schaltfläche **X**. Ihre Einstellungen werden übernommen.

Einen neuen Abschnitt hinzufügen und bearbeiten

Sie können weitere Abschnitte auf der Seite einfügen.

1. Am linken Rand der Seite werden Ihnen ober- und unterhalb des vorhandenen Abschnitts die Schaltflächen **Abschnitt hinzufügen**, dargestellt mit einem Plus-Symbol (siehe Abbildung 15.19), angeboten.

Abbildung 15.19: Die Schaltfläche Abschnitt hinzufügen *und die Auswahl eines Abschnittslayouts*

2. Klicken Sie auf die Schaltfläche **Abschnitt hinzufügen** und wählen Sie ein Abschnittslayout aus.

3. In SharePoint Online wählen Sie das Layout **Vertikaler Abschnitt**. Ihnen wird nun ganz rechts auf der Seite ein Abschnitt hinzugefügt, den Sie gegenüber den restlichen Abschnitten farblich hervorheben können.

4. Zeigen Sie auf den vertikalen Abschnitt und wählen Sie die Schaltfläche **Abschnitt bearbeiten** (siehe Abbildung 15.20).

5. Wählen Sie im Bearbeitungsbereich des vertikalen Abschnitts den Abschnittshintergrund **Stark** aus. Wenn Sie auf die Farben zeigen, erhalten Sie eine Quickinformation.

6. Schließen Sie den Bearbeitungsbereich.

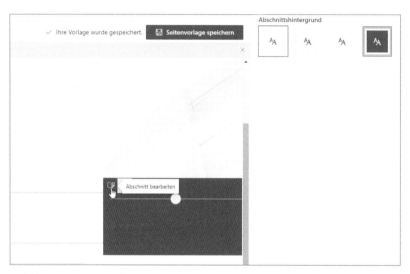

Abbildung 15.20: Durch das Zeigen auf einen Abschnitt wird die Symbolleiste angezeigt, rechts die Abschnittshintergründe.

Dem Abschnitt Webparts hinzufügen

Damit Sie im Abschnitt Inhalte einbringen können, müssen Sie den Abschnitten jeweils ein Webpart zuordnen. Beachten Sie, dass sich die Webparts in den SharePoint-Versionen unterscheiden.

1. Zeigen Sie auf einen Abschnitt, bis Ihnen das Pluszeichen *Neues Webpart hinzufügen* angezeigt wird. Klicken Sie auf das Pluszeichen und wählen Sie das Webpart **Text** aus (siehe Abbildung 15.21). Das Webpart wird dem Abschnitt hinzugefügt.

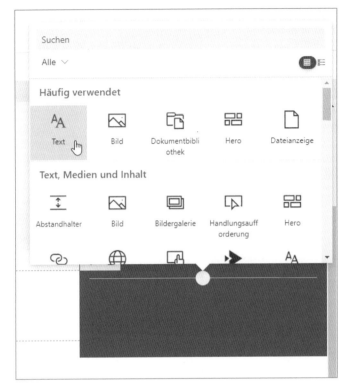

Abbildung 15.21: Hinzufügen eines Text-Webparts zum Abschnitt

2. Zeigen Sie auf den Bereich unterhalb des hinzugefügten Webparts, klicken Sie erneut auf das Pluszeichen und wählen Sie das Webpart **Bild** aus.

3. Laden Sie ein Bild vom Computer hoch und fügen Sie es an dieser Stelle ein.

4. Zeigen Sie erneut in einen Abschnitt und klicken Sie auf das Pluszeichen.

5. Wählen Sie das Webpart **Text** aus.

6. Damit Sie Dateien zu einem Thema auf dieser Wiki-Seite bereitstellen können, fügen Sie das Webpart **Quicklinks** hinzu.

7. Klicken Sie links neben dem Webpart *Quicklinks* in der Symbolleiste auf das Stift-Symbol (siehe Abbildung 15.22), um die Darstellung des Webparts festzulegen.

8. Legen Sie im Bearbeitungsbereich des Webparts die Layoutoptionen fest. Bei einigen Layoutoptionen werden Ihnen weitere Einstellungen angeboten, um die Darstellungen der Links festzulegen. Klicken Sie die Layouts an. Sie erhalten eine Vorschau der Darstellungen.

9. Klicken Sie in die Überschrift **Quicklinks** und schreiben Sie »Weitere Dokumentationen«.

10. Speichern Sie mithilfe der Schaltfläche **Speichern und Schließen** bzw. **Als Entwurf speichern** oben links im Fenster Ihre Vorlage.

Abbildung 15.22: Das Webpart Quicklinks *und der Bearbeitungsbereich*

Eine Tabelle auf der Wiki-Seite hinzufügen

Sie können im Textplatzhalter Texte und Tabellen hinzufügen und formatieren.

1. Öffnen Sie Ihre Wiki-Seite im Bearbeitungsmodus.
2. Zeigen Sie auf einen Abschnitt und fügen Sie das Webpart **Text** hinzu.
3. Klicken Sie in das *Text*-Webpart und klicken Sie in der Bearbeitungsleiste auf das Menü **Mehr**, dargestellt durch die drei Punkte.
4. Im rechten Fensterbereich klicken Sie auf die Schaltfläche **Tabelle einfügen**.
5. Klicken Sie in die Tabelle und navigieren Sie im rechten Bearbeitungsbereich weiter nach unten, um die Tabelle zu formatieren (siehe Abbildung 15.23). Formatierungen sind aktuell nur in SharePoint Online möglich.
6. Fügen Sie gegebenenfalls weitere Spalten und Zeilen hinzu oder löschen Sie Spalten und Zeilen.
7. Speichern Sie Ihre Seite als Entwurf.

Abbildung 15.23: Die Einstellungen der Tabelle werden angezeigt, wenn Sie in die Tabelle klicken.

Auf Inhalte anderer Quellen verlinken

Beachten Sie beim Verlinken, dass auch alle Mitarbeitenden berechtigt sind, darauf zuzugreifen.

Wenn Sie in einer Liste oder Bibliothek Ansichten erstellt haben, die bestimmte Inhalte filtern, können Sie die URL der Ansicht verwenden, um sie als Link in die Wiki-Seite einzubringen. Jedes Element einer Liste und jedes Dokument einer Bibliothek besitzt eine eigene URL, die Sie auf der Wiki-Seite als Link hinzufügen können. Auch das Einbringen von Links zu anderen Wiki-Seiten ist möglich. Sie müssen also nicht unbedingt alle Inhalte, die Sie auf einer Wiki-Seite bereitstellen möchten, auf Ihrer Kommunikationswebsite ablegen oder neu erstellen. Wenn es bereits Informationen in Ihrem Portal gibt, auf die alle Mitarbeitenden zugreifen können, verlinken Sie auf Ihrer Wiki-Seite zu den Inhalten. Es gibt verschiedene Möglichkeiten, auf einer Wiki-Seite Inhalte zu anderen Quellen zu verlinken. Dabei unterscheiden sich die zu verwendenden Webparts von SharePoint Online und SharePoint Server.

Die Verwendung des Webparts »Quicklinks«

Mithilfe des Webpart *Quicklinks* lassen sich Links zu unternehmensinternen Inhalten wie Ansichten, Dokumenten, Elementen, Listen, Bibliotheken, Websites aus SharePoint im Webpart anzeigen. Mit SharePoint Online lassen sich auch externe Inhalte aus dem Web darstellen.

1. Bevor wir nun Links hinzufügen, laden Sie Bilder und Dokumente in die Bibliothek *Dokumente* hoch.
2. Öffnen Sie einen weiteren Tab in Ihrem Webbrowser und öffnen Sie dort die Bibliothek *Dokumente* Ihrer Kommunikationswebsite.
3. Öffnen Sie Ihre Wiki-Seite im Bearbeitungsmodus in einem anderen Tab Ihres Webbrowsers. So können Sie mithilfe der Tabs zwischen der Wiki-Seite und der Bibliothek *Dokumente* wechseln.
4. Im Abschnitt »Dem Abschnitt Webparts hinzufügen« auf Seite 299 hatten wir das Webpart *Quicklinks* hinzugefügt und mit dem Namen *Weitere Dokumentationen* umbenannt. Klicken Sie im Webpart *Weitere Dokumentationen* auf die Schaltfläche **Link hinzufügen** (siehe Abbildung 15.24).

Abbildung 15.24: Hinzufügen eines Links zu einem Dokument

5. Wählen Sie den Speicherort **Website** und die Bibliothek **Dokumente** aus.

6. Wählen Sie das Dokument aus, das Sie als Link hinzufügen möchten. Falls Sie noch kein Dokument hochgeladen haben, können Sie es an dieser Stelle nachholen. Klicken Sie dazu auf die Schaltfläche **Hochladen** oben im Dialog (siehe Abbildung 15.25).

7. Klicken Sie unten im Dialog auf die Schaltfläche **Einfügen**.

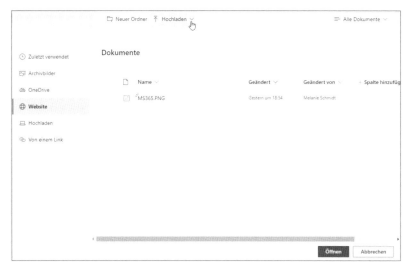

Abbildung 15.25: Dateien können auch kurzfristig in die Bibliothek hochgeladen werden.

8. Im rechten Fensterbereich vergeben Sie bei Bedarf einen anderen Titel für die Datei.

9. Wechseln Sie in den Tab, in dem sich die Bibliothek **Dokumente** befindet. Klicken Sie in die Webadresse und kopieren Sie die URL zur Bibliothek.

10. Wechseln Sie in den Tab, in dem Sie die Wiki-Seite im Bearbeitungsmodus geöffnet haben.

11. Klicken Sie erneut im Platzhalter *Weitere Dokumentationen* auf die Schaltfläche **Link hinzufügen.**

12. Wählen Sie **Von einem Link** aus und fügen Sie die eben kopierte URL in das Eingabefeld ein. Verwenden Sie die Tastenkombination STRG + V bzw. cmd + V.

13. Klicken Sie unten im Dialog auf die Schaltfläche **Einfügen**.

14. Öffnen Sie den Bearbeitungsbereich des Webparts, indem Sie links vor dem Webpart auf das Stift-Symbol in der Symbolleiste klicken.

15. Wählen Sie eine andere Layoutoption (siehe Abbildung 15.26) für die Darstellung der angezeigten Links im Webpart.

16. Schließen Sie den Bearbeitungsbereich rechts im Fenster.

17. Bleiben Sie im Bearbeitungsmodus der Wiki-Seite.

Abbildung 15.26: Die Darstellung der Links im Raster-Modus

Einen Link im »Text«-Webpart hinzufügen

Sie können Links direkt im *Text*-Webpart als Text hinzufügen oder die Linkoptionen nutzen.

1. Klicken Sie in ein *Text*-Webpart, geben Sie dort die Webadresse Ihres Unternehmens ein und bestätigen Sie die Eingabe mit der ⏎-Taste. Wenn Ihr System es zulässt, wird die Eingabe als Link angezeigt. Wenn die externe Website über sogenannte Meta-Tags verfügt, die die Informationen einer Website enthalten und steuern, erhalten Sie eine Vorschau zur Website (siehe Abbildung 15.27). Andernfalls wird Ihnen die URL bzw. nur Text angezeigt.

Abbildung 15.27: Die eingefügte URL zu einer externen Website und die Vorschau im Text-Webpart

Alternativ können Sie in einem *Text*-Webpart auch die Bearbeitungsleiste verwenden, um einen Link anzupassen und einzufügen.

2. Wechseln Sie in den Browser-Tab, in dem die Bibliothek *Dokumente* geöffnet ist.
3. Klicken Sie vor eine Datei, um sie auszuwählen.
4. Klicken Sie in der Bibliothek in der Menüleiste auf die Schaltfläche ***Link kopieren***.

5. Wechseln Sie in den Browser-Tab, in dem sich die Wiki-Seite im Bearbeitungs-modus befindet.

6. Fügen Sie ein weiteres *Text*-Webpart hinzu und klicken Sie in der angezeigten Bearbeitungsleiste (siehe Abbildung 15.28) auf die Schaltfläche **Link**. Es öff-net sich ein Formular.

Abbildung 15.28: Die Bearbeitungsleiste mit der Schaltfläche Link

7. Fügen Sie im Bereich **Adresse** (siehe Abbildung 15.29) die URL ein, die Sie ge-rade kopiert haben.

8. Im Bereich **Anzuzeigender Text** geben Sie den Text ein, der später im Textfeld als klickbarer Link angezeigt werden soll.

9. Im **Suchfeld** können Sie auf der aktuellen SharePoint-Website nach Begriffen suchen, um darauf zu verlinken.

10. Ganz unten im Formular können Sie festlegen, dass beim Klicken auf den Link ein neuer Tab bzw. ein neues Register im Webbrowser geöffnet wird. Ak-tivieren Sie dafür das Kontrollkästchen bei **Link in einer neuen Registerkarte öffnen**.

Link einfügen

Adresse

https://www.dpunkt.de

Anzuzeigender Text

dpunkt.verlag

Suchen

Schlüsselwörter eingeben, um auf dieser Website nach Seiten zu suchen.

Jüngste Seiten auf dieser Website

Titel	Geändert
Unsere neue Wiki-Seitenvorlage *(aktuelle Seite)*	11. Apr. 2021
Homepage	10. Apr. 2021
Inhalt	10. Apr. 2021
Unsere	10. Apr. 2021

☑ Link in einer neuen Registerkarte öffnen

Speichern   Abbrechen

Abbildung 15.29: Das Formular Link einfügen

11. Klicken Sie auf die Schaltfläche **Speichern**, um den Link im Textfeld einzufügen.

12. Speichern Sie die Wiki-Seite im Entwurf.

Das Webpart »Link« in SharePoint Online

Eine schnelle Möglichkeit, um Links zu externen Websites hinzuzufügen, ist die Verwendung des Webparts *Link*.

1. Öffnen Sie Ihre Wiki-Seite im Bearbeitungsmodus.

2. Zeigen Sie in einen Abschnitt Ihrer Wiki-Seite und klicken Sie auf die Schaltfläche **Neues Webpart hinzufügen**.

3. Wählen Sie das Webpart **Link** aus (siehe Abbildung 15.30).

Abbildung 15.30: Das Webpart Link *zur Darstellung externer Inhalte im Webpart*

4. Geben Sie im Eingabefeld **Fügen Sie einen Link zu einer Seite, einem Video oder einem Bild im Internet ein** die URL Ihres Unternehmens oder eine andere externe Webadresse ein. Sie erhalten eine Vorschau, wenn die Website dafür konzipiert und mit Meta-Tags ausgestattet ist (siehe Abbildung 15.31).

Abbildung 15.31: Der hinzugefügte Link und die Vorschau auf die Website

5. Hinter der URL klicken Sie auf die Schaltfläche **X**, um sie auszublenden. Alternativ können Sie die URL einblenden und die Vorschau über die Schaltfläche **X** hinter der Vorschau ausblenden.

6. Bleiben Sie im Bearbeitungsmodus Ihrer Wiki-Seite.

Das Webpart »Schaltfläche« mit SharePoint Online

Mit dem Webpart *Schaltfläche* können Sie das Öffnen eines Links zu internen und externen Inhalten über eine Schaltfläche steuern.

1. Zeigen Sie in einen Abschnitt Ihrer Wiki-Seite und klicken Sie auf das Pluszeichen der Schaltfläche **Neues Webpart hinzufügen**.
2. Wählen Sie das Webpart **Schaltfläche** aus (siehe Abbildung 15.32).

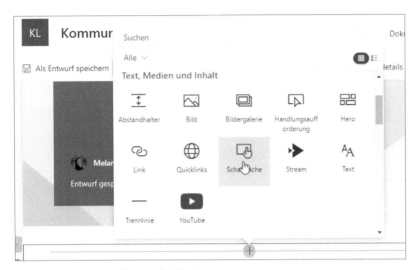

Abbildung 15.32: Das Webpart Schaltfläche

3. Klicken Sie links neben dem Webpart in der Symbolleiste auf das Stift-Symbol (siehe Abbildung 15.33), um den Bearbeitungsbereich zu öffnen.
4. Geben Sie rechts im Bearbeitungsbereich einen Text ein, der auf der Schaltfläche sichtbar sein soll.
5. Im Eingabefeld **Link** fügen Sie die URL des Inhalts ein, mit dem Sie die Schaltfläche verknüpfen möchten.
6. Legen Sie im Bereich **Schaltflächenausrichtung** fest, wie die Schaltfläche im Abschnitt ausgerichtet werden soll.
7. Schließen Sie den Bearbeitungsbereich mit dem **X** oben rechts im Fenster.
8. Speichern Sie Ihre Wiki-Seite im Entwurf.

Abbildung 15.33: Die neue Schaltfläche Tipps & Tricks *und der Bearbeitungsbereich*

Wiki-Hyperlinks zum Verlinken von Wiki-Seiten

Wenn Sie auf vorhandene Wiki-Seiten Ihrer Kommunikationswebsite verlinken möchten, können Sie mit den sogenannten Wiki-Hyperlinks arbeiten.

1. Erstellen Sie eine neue Wiki-Seite im Startbereich Ihrer Kommunikationswebsite.

2. Vergeben Sie einen Namen für die neue Seite.

3. Fügen Sie einen Abschnitt und ein *Text*-Webpart hinzu.

4. Klicken Sie in das *Text*-Webpart und geben Sie zwei geöffnete eckige Klammern [[ein, indem Sie die AltGr-Taste gedrückt halten und zweimal die 8-Taste betätigen. Auf dem Mac halten Sie die alt-Taste gedrückt und tippen zweimal auf die 5. Ihnen werden die vorhandenen Wiki-Seiten Ihrer Kommunikationswebsite angezeigt (siehe Abbildung 15.34).

5. Wählen Sie für dieses Beispiel die Wiki-Seite, die Sie am Anfang erstellt haben, durch einen Klick aus.

6. Geben Sie über die Tastatur zwei geschlossene, eckige Klammern]] ein, indem Sie die AltGr-Taste gedrückt halten und zweimal die 9-Taste betätigen. Auf dem Mac halten Sie die alt-Taste gedrückt und tippen zweimal auf die 6.

7. Speichern Sie die Wiki-Seite als Entwurf.

8. Klicken Sie auf den nun angezeigten Wiki-Hyperlink zu Ihrer Wiki-Seite (siehe Abbildung 15.35).

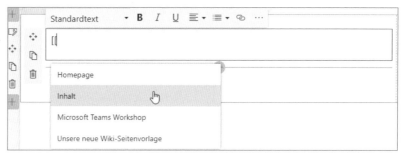

Abbildung 15.34: Zwei eckige Klammern, um die Verlinkung zu vorhandenen Wiki-Seiten einzugeben

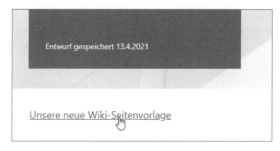

Abbildung 15.35: Der Hyperlink zur vorhandenen Wiki-Seite

Eine neue Wiki-Seite per Wiki-Link hinzufügen

Sie können neue Wiki-Seiten auch über einen Wiki-Hyperlink erstellen und der Bibliothek *Websiteseiten* hinzufügen. Wenn Sie während des Erstellens einer Wiki-Seite feststellen, dass an einer bestimmten Stelle im Text auf einen anderen Wiki-Beitrag verlinkt werden sollte, der jedoch noch nicht existiert, können Sie so Links vorbereiten und die Wiki-Seiten später erstellen. Folgende Schritte sind dafür notwendig:

1. Öffnen Sie Ihre Wiki-Seite im Bearbeitungsmodus.
2. Fügen Sie ein *Text*-Webpart hinzu.
3. Geben Sie über die Tastatur zwei geöffnete eckige Klammern mit gedrückter `AltGr`-Taste und zweimal `8`-Taste ein bzw. `alt` und `5` auf dem Mac.
4. Tippen Sie nun den Text eines von Ihnen gewünschten Themas ein, etwa »Anleitung für dieses Wiki«, und schließen Sie die eckigen Klammern mit `AltGr` und zweimal `9`-Taste bzw. `alt` und `6` auf dem Mac.
5. Bestätigen Sie mit der `↵`-Taste.
6. Speichern Sie die Seite. Sie sehen, dass ein Wiki-Link angelegt wurde.
7. Klicken Sie auf den neuen Wiki-Link. Sie werden zu dem Dialog der Seitenvorlagen weitergeleitet und können eine neue Wiki-Seite erstellen.

Abschnitte und Webparts verschieben

Wenn Sie Abschnitte oder Webparts auf der Seite verschieben möchten, gehen Sie folgendermaßen vor:

1. Öffnen Sie Ihre Wiki-Seite im Bearbeitungsmodus.
2. Zeigen Sie auf den Abschnitt oder das Webpart, das Sie verschieben möchten.
3. Klicken Sie in der Symbolleiste auf das Symbol ***Abschnitt/Webpart verschieben***, dargestellt durch einen Vierfachpfeil, des gewünschten Abschnitts oder Webparts.
4. Ziehen Sie den Abschnitt oder das Webpart mit gedrückter Maustaste an die gewünschte Stelle Ihrer Seite.
5. Speichern und veröffentlichen Sie Ihre Seite.

Abschnitte oder Webparts löschen

So können Sie Abschnitte und Webparts von der Seite löschen:

1. Öffnen Sie die Seite, die Sie ändern möchten, im Bearbeitungsmodus.
2. Zeigen Sie auf den Abschnitt oder das Webpart, das Sie verschieben möchten.
3. Klicken Sie in der Symbolleiste auf das Symbol ***Papierkorb*** des Abschnitts oder des Webparts. Der Abschnitt bzw. das Webpart wird sofort gelöscht.

Seite als Entwurf speichern und veröffentlichen

Seiten, die Sie im Entwurf speichern, werden ausgecheckt abgelegt.

Wenn Sie Ihre Seite zu einem späteren Zeitpunkt weiterbearbeiten möchten, können Sie die Seite zunächst im Entwurf speichern. Besucher können die Seite noch nicht sehen, solange sie nicht veröffentlicht ist. Erst wenn die Seite veröffentlicht wird, können auch Besucher die Inhalte lesen und öffnen.

- Speichern Sie die Seite als Entwurf, indem Sie auf die Schaltfläche **Als Entwurf speichern** oben links in der Menüleiste klicken.

- Klicken Sie auf die Schaltfläche **Veröffentlichen** oben rechts in der Menüleiste, damit die Seite von Ihren Kollegen gesehen werden kann.

Beim ersten Speichern der Seite erhalten Sie einen weiteren Dialog (siehe Abbildung 15.36), um die Seite im Unternehmen über andere Apps oder auf der Kommunikationswebsite bekannt zu machen. Dieser Dialog unterscheidet sich in den jeweiligen SharePoint-Versionen. Folgende Auswahl können Sie treffen:

- **Seite zur Navigation hinzufügen:** Wählen Sie diesen Link aus, wenn Sie einen Link zur Seite in der Navigation hinzufügen möchten.

- **Als Neuigkeiten auf dieser Website bereitstellen:** Sofern Sie das *Neuigkeiten*-Webpart verwenden, wird beim Klicken auf diesen Link ein neuer Beitrag in den Neuigkeiten erstellt und veröffentlicht.

- **E-Mail:** Sie können eine E-Mail an bestimmte Personen senden, in der die Seite als Vorschau im Nachrichtentext angezeigt wird.

- **Yammer:** Wählen Sie *Yammer* aus, wenn Sie die Seite in einer Yammer-Gruppe ankündigen möchten.

- **Adresse kopieren:** Sie können die URL zur Seite kopieren und diesen Link per Chat oder E-Mail an Ihre Kollegen senden. Beachten Sie, dass die Personen, der Sie die URL senden, auch berechtigt sind, auf Ihre Website zuzugreifen.

- **Als Seitenvorlage speichern:** Sie können auch Seiten, die Sie erstellt haben, als Vorlage speichern, wenn Sie nicht ganz von Neuem beginnen möchten.

Abbildung 15.36: Der Dialog in SharePoint Online, um die Seite bekannter zu machen

Wiki-Seiten vorbereiten und auf der Startseite anzeigen

In diesem Abschnitt möchte ich Ihnen aufzeigen, welche Möglichkeiten bestehen, Ihre Wiki-Seiten vorzubereiten, damit sie auf der Startseite Ihrer Kommunikationswebsite für die Belegschaft angezeigt und geöffnet werden können.

Eigenschaften festlegen, damit die Wiki-Seiten gefiltert werden können

Wenn Sie mit dem SharePoint Server arbeiten oder wenn Sie feststellen, dass Sie versehentlich eine falsche Seitenvorlage verwendet haben, können Sie die Eigenschaften der Spalte *Wiki-Seitenvorlagen* ergänzen oder ändern.

1. Öffnen Sie die Bibliothek **Websiteseiten**. Klicken Sie dafür in der Navigation auf den Link **Seiten**.
2. Klicken Sie in der Bibliothek vor die Seite, deren Eigenschaften Sie ergänzen oder ändern möchten, um sie auszuwählen.
3. Klicken Sie in der Menüleiste rechts oben auf das Symbol mit dem »i«, **Detailbereich öffnen**.
4. Navigieren Sie zu dem Bereich *Eigenschaften* und klicken Sie auf den Link **Alle Bearbeiten**.
5. Wählen Sie im Bereich *Wiki-Seitenvorlage* die Eigenschaft **Info-Seite** aus.
6. Speichern Sie Ihre Auswahl.

Wiki-Seiten filtern und eine Ansicht für die Startseite erstellen

In diesem Schritt geht es darum, die Wiki-Seiten zu filtern, damit Ihnen nur die Info-Seiten angezeigt werden. Damit Sie zukünftig schneller Ihre Wiki-Seiten wiederfinden oder in einem Webpart aufgelistet darstellen können, erstellen wir eine Ansicht.

1. Navigieren Sie in die Bibliothek **Websiteseiten**, indem Sie in der Navigation auf den Link **Seiten** klicken.
2. Klicken Sie auf die Spaltenüberschrift **Wiki-Seitenvorlagen**. Diese hatten wir im Abschnitt »Eine Spalte in der Bibliothek »Websiteseiten« erstellen« auf Seite 287 erstellt.
3. Wählen Sie im Menü den Eintrag **Filtern nach**.
4. Aktivieren Sie im Bearbeitungsbereich (siehe Abbildung 15.37), der Ihnen in der rechten Fensterseite angezeigt wird, die Auswahl **Info-Seiten**.
5. Bestätigen Sie Ihre Auswahl mit einem Klick auf die Schaltfläche **Übernehmen**. In der Bibliotheksansicht werden nur noch Seiten angezeigt, die die Eigenschaft *Info-Seite* besitzen.

Abbildung 15.37: Es sollen nur die Einträge Info-Seiten angezeigt werden.

6. Klicken Sie ganz rechts in der Menüleiste der Bibliothek auf die Schaltfläche für die Ansichtsoptionen. Standardmäßig ist in dieser Bibliothek die Ansicht **Nach Autor** eingerichtet (siehe Abbildung 15.38).

7. Wählen Sie den Befehl **Ansicht speichern unter**.

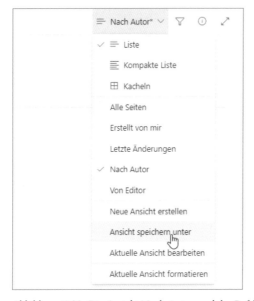

Abbildung 15.38: Die Ansicht Nach Autor und der Befehl Ansicht speichern unter

8. Vergeben Sie einen Namen für die Ansicht. Schreiben Sie »Info-Seiten«.

9. Belassen Sie das Häkchen bei **Diese Ansicht öffentlich machen**.

10. Bestätigen Sie mit einem Klick auf die Schaltfläche **Speichern**. Die Ansicht steht Ihnen nun in der Menüleiste zur Verfügung. Sie können zwischen Ihrer Ansicht und den vorhandenen Ansichten wechseln.

11. Klicken Sie in der Menüleiste auf die Ansichtsoption **Info-Seite** und wählen Sie im Menü den Befehl **Aktuelle Ansicht bearbeiten**. Sie werden in die Einstellungen der Ansicht weitergeleitet.

12. Im Bereich *Spalten* deaktivieren Sie alle Spalten bis auf die Spalte **Name (Hyperlink zu Dokument mit Bearbeitungsmenü)**.

13. Scrollen Sie zu dem Bereich *Sortieren* und wählen Sie hier ebenfalls die Spalte **Name (Hyperlink zu Dokument mit Bearbeitungsmenü)** aus.

14. Navigieren Sie weiter nach unten zu dem Bereich *Gruppieren nach* und öffnen Sie die Gruppe **Gruppieren nach**.

15. Wählen Sie im Bereich *Zuerst gruppieren nach Spalte:* die Option **Keine** aus.

16. Navigieren Sie ganz nach unten und bestätigen Sie Ihre Auswahl mit einem Klick auf die Schaltfläche **OK**. Ihnen werden nun die Info-Seiten alphabetisch sortiert angezeigt (siehe Abbildung 15.39).

Abbildung 15.39: Die neue Ansicht mit nur einer Spalte und oben die Ansichtsoptionen

Die Bibliothek mit der Ansicht in ein Webpart einbinden

Sie können in einem Webpart Bibliotheken hinzufügen und von Ihnen erstellte Ansichten im Webpart auswählen. So können Sie auf einfache Weise eine Übersicht Ihrer Wiki-Seiten erstellen.

1. Navigieren Sie in den Startbereich Ihrer Website.

2. Klicken Sie auf die Schaltfläche **Neu** in der Menüleiste.

3. Wählen Sie den Eintrag **Seite** aus.

4. Wählen Sie die Seitenvorlage **Leer** aus und klicken Sie unten auf die Schaltfläche **Seite erstellen**.

5. Vergeben Sie den Namen »Inhalt«.

6. Öffnen Sie den Bearbeitungsmodus des Titelbereichs, indem Sie auf das Stift-Symbol in der Symbolleiste des Titelbereichs klicken.

7. Wählen Sie das Layout **Einfach** aus.

8. Klicken Sie unterhalb des Titelbereichs auf das Pluszeichen **Neues Webpart hinzufügen** (siehe Abbildung 15.40).

Abbildung 15.40: Ein neues Webpart hinzufügen und die Dokumentenbibliothek

9. Wählen Sie das Webpart **Dokumentenbibliothek** aus.

10. Klicken Sie auf die Bibliothek **Websiteseiten**, um sie auszuwählen.

11. Zeigen Sie auf das Webpart, bis Ihnen die Symbolleiste (Abbildung 15.41) angezeigt wird, und wählen Sie das Stift-Symbol, um das Webpart zu bearbeiten.

12. Wählen Sie im Bearbeitungsbereich rechts im Fenster bei *Ansicht* **Info-Seiten** aus. Diese hatten wir im Abschnitt »Wiki-Seiten vorbereiten und auf der Startseite anzeigen« auf Seite 311 erstellt.

13. Aktivieren Sie die Option **Befehlsleiste ausblenden**, damit die Leiste im Webpart nicht angezeigt wird.

14. Bestätigen Sie Ihre Auswahl mit einem Klick auf **Übernehmen**.

15. Markieren Sie im Webpart die Überschrift **Websiteseiten** und schreiben Sie »Themen«.

16. Deaktivieren Sie unten im Fenster die Kommentarfunktion.

17. Veröffentlichen Sie die Seite durch einen Klick auf die Schaltfläche **Veröffentlichen** oben rechts im Fenster.

18. Klicken Sie im folgenden Dialog auf den Link **Seite zur Navigation hinzufügen**, damit Ihnen und Ihren Kollegen ein Link zur Seite in der Navigation angezeigt wird.

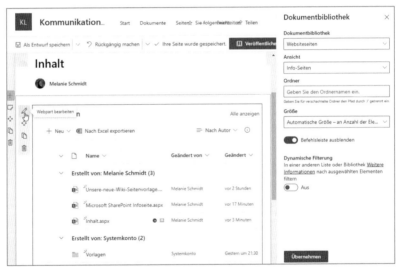

Abbildung 15.41: Die Symbolleiste und das Stift-Symbol zum Bearbeiten des Webparts

Die Übersicht (siehe Abbildung 15.42) der Wiki-Seiten ist erstellt. Wenn Sie feststellen, dass Ihnen diese Ansicht nicht ausreicht, da Sie viele Wiki-Seiten erstellt haben, können Sie weitere Ansichten erstellen, die beispielsweise alle Seitennamen beginnend mit A, B, C etc. anzeigen. Sie können in jedem Abschnitt auf der Seite die Bibliothek *Websiteseiten* erneut in einem Webpart einblenden lassen. Wählen Sie dann für das jeweilige Webpart eine andere Ansicht, die Sie vorher erstellen müssen.

Abbildung 15.42: Die Übersicht aller Wiki-Seiten auf einer eigenen Seite

Das »Hero«-Webpart für die Wiki-Seiten verwenden

Mithilfe des *Hero*-Webparts können Sie Links zu Inhalten optisch mit Bildern und Links zu den Seiten interessanter für die Belegschaft gestalten. In diesem Beispiel sollen die erstellten Seiten dem *Hero*-Webpart hinzugefügt werden.

1. Wechseln Sie in den Startbereich Ihrer Kommunikationswebsite.
2. Öffnen Sie den Bearbeitungsmodus der Website. Klicken Sie dafür in der Menüleiste auf die Schaltfläche ***Bearbeiten*** oben rechts im Fenster.
3. Klicken Sie auf das Pluszeichen ***Neues Webpart hinzufügen*** und wählen Sie das Webpart ***Hero*** aus (siehe Abbildung 15.43).

Abbildung 15.43: Auswahl des Hero-Webparts

4. Das Webpart wird der Seite mit fünf Kacheln hinzugefügt, die Sie einzeln anpassen können. Klicken Sie auf der ersten Kachel auf die Schaltfläche ***Link auswählen***.
5. Wählen Sie für dieses Beispiel ***Website*** aus. Ihnen werden alle Bibliotheken, die sich auf Ihrer Website befinden, angezeigt.
6. Öffnen Sie die Bibliothek ***Websiteseiten*** und wählen Sie ***Ihre Info-Seite*** aus, die Sie im Abschnitt »Eine neue Wiki-Seite erstellen« auf Seite 294 erstellt haben.

7. Klicken Sie unten im Fenster auf die Schaltfläche **Öffnen**. Wenn Sie ein Bild auf der Seite hinzugefügt haben, erkennt SharePoint das und fügt es als Hintergrund für die Kachel ein.

8. Nachdem Sie einen Link ausgewählt haben, wird Ihnen für jede Kachel die Symbolleiste (siehe Abbildung 15.44) angezeigt, damit Sie die Kachel bearbeiten können. Klicken Sie auf das Stift-Symbol.

Abbildung 15.44: Unten die Symbolleiste für die Bearbeitung der Kachel

9. Im Bearbeitungsbereich auf der rechten Seite können Sie für die Kachel folgende Einstellungen vornehmen:

   ◆ Im Bereich **Link** können Sie den Link, auf den verwiesen wird, ändern.

   ◆ Im Bereich **Titel** können Sie den Titel für die Kachel ändern.

   ◆ Im Bereich **Hintergrundbild** können Sie ein eigenes Bild auswählen, wenn keines vorhanden ist oder Sie ein anderes Bild für die Kachel verwenden möchten. Alternativ können Sie auch den Farbblock wählen, sodass kein Bild in der Kachel dargestellt wird.

   ◆ Im Bereich **Optionen** können Sie zusätzlich zum Titel der Kachel den Link *Handlungsaufruf anzeigen* aktivieren und deaktivieren und den Text des Aufrufs ändern. Möchten Sie, dass beim Klicken auf den Handlungsaufruf ein anderer Link geöffnet wird, können Sie im Eingabefeld *Aufruf von Aktion-Link* einen weiteren Link hinzufügen.

10. Zum Bearbeiten des gesamten *Hero*-Webparts klicken Sie auf das Stift-Symbol der Symbolleiste für das Webpart (siehe Abbildung 15.45).

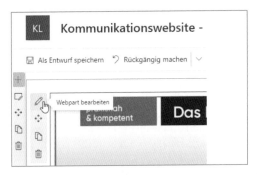

Abbildung 15.45: Zum Bearbeiten des gesamten Hero-Webparts klicken Sie links neben dem Webpart auf das Stift-Symbol in der Symbolleiste.

11. Im Bearbeitungsbereich des Webparts können Sie zwischen *Kacheln* und *Ebenen* auswählen (siehe Abbildung 15.46). Bei den Ebenen werden die einzelnen Inhalte nicht auf einer Kachel, sondern das Bild und der Text nebeneinander und in Ebenen untereinander auf der Website angezeigt. Wählen Sie die Option **Ebenen** aus, um das Ergebnis anzusehen.

Abbildung 15.46: Die Inhalte werden in Ebenen angezeigt. Rechts ist der Bearbeitungsbereich zu sehen.

12. Wählen Sie im Bereich *Layout* die Anzahl der Kacheln oder Ebenen aus, die Sie verwenden möchten.

13. Veröffentlichen Sie die Seite, damit Ihre Kollegen die Inhalte sehen können. Sie können die Seite jederzeit erneut im Bearbeitungsmodus öffnen und Änderungen an dem *Hero*-Webpart vornehmen.

Die Navigation der Kommunikationswebsite anpassen

Das Anpassen der Navigation ist in SharePoint Online und SharePoint Server unterschiedlich. Sie können mit dem SharePoint Server Ihre Wiki-Seiten, jedoch keine Bezeichnungen zur Navigation *Leiste für häufig verwendete Links* hinzufügen.

Bezeichnungen zur Navigation hinzufügen in SharePoint Online

Sie können die Navigationsleisten der Team- und Kommunikationswebsites in Verbindung mit SharePoint Online mit eigenen Bezeichnungen und Unterlinks gestalten. In diesem Beispiel soll in der Navigation *Leiste für häufig verwendete Links* nach Themen kategorisiert und die einzelnen Wiki-Seiten sollen einem Thema zugeordnet werden.

1. Navigieren Sie zum Startbereich Ihrer Team- oder Kommunikationswebsite.
2. Klicken Sie in der Seiten- bzw. Schnellstartnavigation oder in der Leiste für häufig verwendete Links auf den Link ***Bearbeiten*** (siehe Abbildung 15.47).

3. Im linken Fensterbereich wird Ihnen die Bearbeitung der Links angezeigt. Zeigen Sie mit der Maus auf die bereits bestehenden Links, bis Ihnen das Pluszeichen *Links oder Bezeichnungen zur Navigation hinzufügen* angezeigt wird.

4. Klicken Sie auf das Pluszeichen.

5. Klicken Sie auf den Drop-down-Pfeil im Bereich **Option auswählen** und wählen Sie **Bezeichnung** aus.

6. Klicken Sie in das Eingabefeld bei **Anzeigename** und schreiben Sie »Erste Schritte mit Wiki-Seiten«.

7. Bestätigen Sie Ihre Auswahl und Ihre Eingabe mit einem Klick auf die Schaltfläche **OK**.

8. Ziehen Sie den hinzugefügten Link per Drag-and-drop unter den Link **Start**.

9. Klicken Sie unten im Bearbeitungsbereich der Navigation auf die Schaltfläche **Speichern**, damit Ihre Eingaben gespeichert werden.

Abbildung 15.47: Eine Bezeichnung für ein Menü in der Navigation

Seiten zur Navigation hinzufügen

Sie können mit beiden SharePoint-Versionen Ihre Wiki-Seiten zur Navigation hinzufügen und als Unterlink festlegen. Beachten Sie, dass die Seite nur zur Navigation hinzugefügt werden kann, wenn Sie veröffentlicht wurde.

1. Öffnen Sie die Bibliothek **Websiteseiten**.

2. Öffnen Sie eine von Ihnen erstellte Wiki-Seite oder die Seite *Unsere erste Wiki-Seite*, die Sie im Abschnitt »Eine neue Wiki-Seite erstellen« auf Seite 294 erstellt haben.

3. Klicken Sie auf die Schaltfläche **Höher stufen** (siehe Abbildung 15.48) in der Menüleiste. Wird Ihnen die Schaltfläche **Höher stufen** nicht angezeigt, veröffentlichen Sie die Seite.

Abbildung 15.48: Die Schaltfläche Höher stufen, *um die Seite in der Navigation anzeigen zu lassen*

4. Klicken Sie im Bearbeitungsbereich rechts im Fenster auf den Link **Seite zur Navigation hinzufügen**. Die Seite wird in der Navigation angezeigt.

5. Klicken Sie oben auf den Link **Bearbeiten** in der *Leiste für häufig verwendete Links*.

6. Ziehen Sie den Link der Seite, die Sie gerade zur Navigation hinzugefügt haben, per Drag-and-drop an die Position in der Navigation, an der Sie die Seite anzeigen möchten. Klicken Sie alternativ auf das Menü, dargestellt durch die drei Punkte, und wählen Sie die Schaltfläche **Nach oben** bzw. **Nach unten**, um die Position zu ändern.

7. Wenn Sie im vorherigen Abschnitt eine Bezeichnung in der Navigation angelegt haben, ziehen Sie die Seite unter die Bezeichnung.

8. Klicken Sie hinter dem Link Ihrer hinzugefügten Wiki-Seite auf **Link** | **Kontextmenü**, dargestellt durch die drei Punkte, und wählen Sie **Zu Unterlink machen** (siehe Abbildung 15.49).

Abbildung 15.49: Einen Link zum Unterlink machen

9. Speichern Sie Ihre Änderungen, indem Sie ganz unten auf die Schaltfläche **Speichern** klicken.

Ihnen wird in der Navigation (siehe Abbildung 15.50) zusätzlich ein Drop-down-Pfeil angezeigt und Sie können das Menü öffnen.

Abbildung 15.50: Die Navigation in SharePoint Online mit dem Menü und Untermenü

Die Darstellung der Navigation ändern

Wenn Sie mit SharePoint Online Bezeichnungen und Links der Navigation *Leiste für häufig verwendete Links* hinzufügen, werden die Menüs und Untermenüs im sogenannten Megamenü angezeigt. Sie können die Einstellungen der Navigation ändern und das Menü überlappend und damit kleiner darstellen lassen.

1. Navigieren Sie in den Startbereich Ihrer Kommunikationswebsite.
2. Klicken Sie in der Titelleiste der Website auf das Zahnradsymbol und öffnen Sie die Einstellung **Aussehen ändern**.
3. Öffnen Sie im Bearbeitungsbereich die Gruppe **Navigation** (Abbildung 15.51).
4. Wählen Sie den *Menüstil* **Überlappend**.
5. Klicken Sie unten im Bearbeitungsbereich auf die Schaltfläche **Speichern**.

Abbildung 15.51: Ändern der Darstellung der Navigation

6. Klicken Sie auf die Bezeichnung (siehe Abbildung 15.52) **Erste Schritte mit Wiki-Seiten** in der Navigation. Ihnen wird das Untermenü überlappend angezeigt.

Abbildung 15.52: Das überlappende Menü in der Navigation

Die Kopfzeile und Fußzeile ändern

In SharePoint Online besteht die Möglichkeit, die Kopf- und Fußzeile der Team- und Kommunikationswebsite anzupassen.

1. Klicken Sie in der Titelleiste der Website auf das Zahnradsymbol und öffnen Sie die Einstellung **Aussehen ändern**.

2. Öffnen Sie im Bearbeitungsbereich die Gruppe **Kopfzeile**.

   ◆ Im Bereich *Layout* legen Sie fest, wie die Inhalte der Kopfzeile dargestellt werden sollen. Möchten Sie die Höhe der Kopfzeile auf ein Minimum reduzieren, wählen Sie Minimal. Möchten Sie Kopfzeile mit dem Websitelogo, einem Hintergrundbild und größer darstellen, wählen Sie das Layout *Erweitert*.

   ◆ Im Bereich *Hintergrund* können Sie die Hintergrundfarbe für die Kopfzeile festlegen, wenn Sie kein Hintergrundbild hinzufügen möchten.

   ◆ Im Bereich *Anzeigen* können Sie mithilfe der Option *Sichtbarkeit des Titels* festlegen, ob der Websitename sichtbar oder ausgeblendet sein soll. Möchten Sie, dass zum Beispiel bei Suchergebnissen zu Ihrer Website immer auch das Websitelogo angezeigt wird, wählen Sie bei *Website-Logo (Miniaturbild)* Ihr Logo aus. Auch hier können Sie das Websitelogo Ihrer Website ändern und ausrichten.

3. Wenn Sie Änderungen vorgenommen haben, bestätigen Sie mit **Speichern**.

4. Öffnen Sie Ihre Kommunikationswebsite.

5. Öffnen Sie die Einstellung **Aussehen ändern** über das Zahnradsymbol.

6. Wählen Sie die Gruppe **Fußzeile** aus.

   ◆ Im Bereich *Layout* können Sie festlegen, wie die Inhalte der Fußzeile dargestellt werden sollen. Sie können auch der Fußzeile ein Logo hinzufügen.

   ◆ Im Bereich *Hintergrund* legen Sie fest, welche Hintergrundfarbe die Fußleiste erhalten soll.

7. Haben Sie Änderungen vorgenommen, speichern Sie diese.

8. Navigieren Sie zur Fußzeile auf der Kommunikationswebsite.

9. Klicken Sie unten rechts in der Fußzeile auf den Link **Bearbeiten**. Ihnen wird links im Fenster die Navigation angezeigt.

10. Klicken Sie auf das Pluszeichen, um eine neue Bezeichnung oder einen Link zur Fußzeile hinzuzufügen.

11. Speichern Sie Ihre Bezeichnungen und Ihre Links.

Wiki-Seiten nur bestimmten Benutzer- oder Zielgruppen bereitstellen

Es besteht die Möglichkeit, dass Sie jede Ihrer Wiki-Seiten für bestimmte Share-Point-Sicherheits- oder Microsoft-365-Gruppen bereitstellen. Diese heißen *Benutzergruppen* (SharePoint Online) bzw. *Zielgruppen* (Share Point-Server).

Ihre Benutzergruppen sehen nur für Sie relevante Wiki-Seiten.

■ **Benutzergruppen** mit SharePoint Online: Benutzergruppen in SharePoint Online mit Microsoft 365 sind vorhandene Microsoft-365-Gruppen, die beim Anlegen einer Outlook-Gruppe, einer SharePoint-Teamwebsite, eines Microsoft-

Teams, einer Yammer-Gruppe oder beim Erstellen eines Plans in Planner automatisch erstellt werden. Benutzergruppen sind auch Sicherheitsgruppen, die in der Microsoft-365-Administration vom Administrator bereitgestellt und verwaltet werden. Weitere Informationen zu Microsoft-365-Gruppen finden Sie in Kapitel 3 im Abschnitt »Microsoft-365-Gruppen« auf Seite 79.

■ **Zielgruppen** mit SharePoint Server: Zielgruppen sind SharePoint-Gruppen, die automatisiert beim Anlegen von Team- und Kommunikationswebsites erstellt werden. Zusätzlich können als Zielgruppen Verteilerlisten, Sicherheitsgruppen und globale Zielgruppen, die nur die SharePoint-Administratoren bereitstellen und verwalten können, ausgewählt werden. Weitere Informationen zu den SharePoint-Berechtigungen finden Sie in Kapitel 4.

Wenn Sie beispielsweise bestimmte Seiten eines Themas nur für einen bestimmten Personenkreis bereitstellen möchten, können Sie festlegen, dass auch nur diese Gruppen sie sehen und öffnen können.

Benutzergruppen in der Bibliothek aktivieren

Zunächst müssen Sie einmalig in den Bibliothekseinstellungen festlegen, dass Sie die Benutzergruppenadressierung verwenden möchten.

1. Öffnen Sie die Bibliothek **Websiteseiten**. Klicken Sie dafür in der Navigation auf den Link **Seiten**.

Abbildung 15.53: Die Einstellungen für die Benutzergruppenadressierung in der Bibliothek

2. Klicken Sie oben rechts im Fenster auf das Zahnradsymbol und öffnen Sie die *Bibliothekseinstellungen*.

3. In der Kategorie *Allgemeine Einstellungen* klicken Sie auf den Link *Einstellungen für Benutzergruppenadressierung* (siehe Abbildung 15.53).

4. Aktivieren Sie das Kontrollkästchen bei *Benutzergruppenadressierung aktivieren* (siehe Abbildung 15.54).

Abbildung 15.54: Die Benutzergruppenadressierung muss aktiviert werden, damit eine Zuordnung erfolgen kann.

5. Bestätigen Sie Ihre Auswahl mit einem Klick auf die Schaltfläche **OK**.

6. Navigieren Sie zurück in die Bibliothek **Websiteseiten**. Ihnen wird die Bibliotheksspalte *Benutzergruppe* bzw. *Zielgruppen* angezeigt (Abbildung 15.55).

Abbildung 15.55: Die Spalte Benutzergruppe *in der Bibliothek nach dem Aktivieren der Benutzergruppenadressierung*

7. Falls die Spalte *Benutzergruppe* bei Ihnen nicht angezeigt wird, klicken Sie auf eine beliebige Spaltenüberschrift, wählen die *Spalteneinstellungen*, *Spalte ein-/ausblenden* und lassen die Spalte *Benutzergruppe* einblenden.

Eine oder mehrere Benutzer- bzw. Zielgruppen für eine Seite festlegen

1. Wählen Sie eine vorhandene Seite aus. Klicken Sie dazu vor die Seite.

2. Klicken Sie oben rechts in der Menüleiste auf das Info-Symbol der Schaltfläche *Detailbereich öffnen*.

3. Scrollen Sie zu dem Bereich *Eigenschaften* und klicken Sie auf den Link *Alle bearbeiten*.

4. Im unteren Bereich des Formulars sehen Sie das Eingabefeld *Benutzergruppe* bzw. *Zielgruppen* (siehe Abbildung 15.56). Klicken Sie in das Feld und suchen Sie nach einer vorhanden Microsoft-365-Gruppe bzw. nach einer SharePoint-Gruppe, die Sie für die Benutzergruppenadressierung festlegen möchten. Sie können insgesamt zehn Benutzer- bzw. Zielgruppen im Feld festlegen.

5. Bestätigen Sie Ihre Auswahl mit einem Klick auf die Schaltfläche **Speichern**.

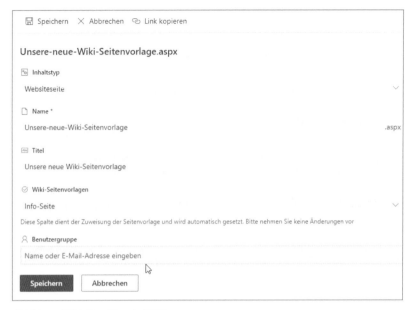

Abbildung 15.56: Das Eingabefeld Benutzergruppe

Navigationslinks nur für bestimmte Benutzergruppen bereitstellen

Es besteht mit SharePoint Online die Möglichkeit, dass Sie Bezeichnungen und Links in der Navigation *Leiste für häufig verwendete Links* bestimmten Benutzergruppen zuordnen können.

1. Öffnen Sie Ihre Kommunikationswebsite.

2. Klicken Sie in der Navigation ***Leiste für häufig verwendete Links*** auf den Link ***Bearbeiten***.

3. Aktivieren Sie ganz unten im Bearbeitungsbereich die Option ***Benutzergruppenadressierung für die Website aktivieren*** (siehe Abbildung 15.57).

4. Klicken Sie hinter einem Link einer Bezeichnung auf das Menü, dargestellt durch die drei Punkte, und wählen Sie den Befehl ***Bearbeiten*** aus.

5. Klicken Sie in das Feld ***Zielgruppen*** und fügen Sie eine oder mehrere Microsoft-365-Gruppen hinzu.

6. Speichern Sie Ihre Eingabe mit einem Klick auf die Schaltfläche **Speichern**.

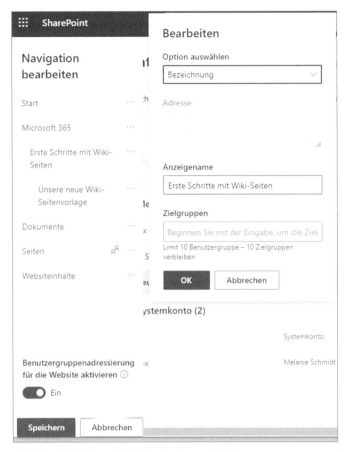

Abbildung 15.57: Auch die Navigation kann mit Zielgruppen gesteuert werden.

Kapitel 16

Designs und Webparts auf Team- und Kommunikationswebsites

Als Besitzer einer Team- und Kommunikationswebsite können Sie das Aussehen der Website anpassen. Sie können vom SharePoint mitgelieferte Designfarben anwenden und die Kopfzeile mit dem Websitelogo ändern, wenn es die Bestimmungen Ihres Unternehmens zulassen.

Websitelogo ändern

Wenn Sie statt der Initialen im Websitelogo ein Bild für das Logo verwenden möchten, gehen Sie wie folgt vor:

1. Navigieren Sie auf die Team- oder Kommunikationswebsite, deren Logo Sie ändern möchten.

2. Klicken Sie auf das Zahnradsymbol der **Einstellungen** und wählen Sie den Link **Websiteinformationen** (siehe Abbildung 16.1) aus.

Verwenden Sie geeignete Bilder, die zu Ihrem Vorhaben passen.

Abbildung 16.1: Der Bearbeitungsbereich der Websiteinformationen wird über das Zahnrad geöffnet.

3. Klicken Sie ganz oben im Bearbeitungsbereich (siehe Abbildung 16.2) bei *Websitelogo* auf die Schaltfläche **Ändern**.

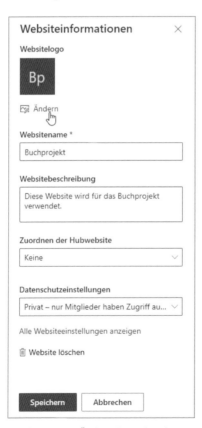

Abbildung 16.2: Ändern des Websitelogos

4. Wählen Sie ein Bild vom Laufwerk aus und laden Sie das Bild hoch.
5. Speichern Sie Ihre Auswahl.

Designfarben festlegen

Wenn Sie berechtigt sind, die Designfarben Ihrer Team- oder Kommunikationswebsite anzupassen, können Sie die Haupt- und Akzentfarben der Website mit
von SharePoint gelieferten Farbschemen anpassen. Alternativ können auch Ent-
wickler ein eigenes Design entwickeln, das der Website dann automatisch beim
Erstellen zugewiesen wird.

1. Navigieren Sie auf die Team- oder Kommunikationswebsite, deren Designfar-
    ben Sie ändern möchten.
2. Klicken Sie auf das Zahnradsymbol der **Einstellungen** und wählen Sie den
    Link **Aussehen ändern** aus.
3. In SharePoint Online öffnen Sie im Bearbeitungsbereich die Gruppe **Design**.
    Mit SharePoint Server gehen Sie zu Schritt 4 weiter.
4. Ihnen werden beim SharePoint Server sechs und bei SharePoint Online sieben
    helle und zwei dunkle Websitedesigns zur Auswahl angeboten. In jedem einzel-
    nen Design sind mehrere Farbkombinationen enthalten (siehe Abbildung 16.3).
    Wählen Sie ein Websitedesign aus.

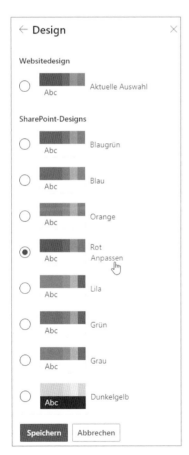

Abbildung 16.3: Die angebotenen Websitedesigns und die darin enthaltenen
Farbkombinationen

5. Möchten Sie die Farbkombinationen anpassen, klicken Sie auf den Link *Anpassen*, der Ihnen bei dem ausgewählten Websitedesign angezeigt wird.

6. Wählen Sie eine Haupt- und Akzentfarbe (siehe Abbildung 16.4) für Ihre Website aus. Die Hauptfarben werden für sämtliche Icons und Links auf der Website verwendet und die Akzentfarben kommen in Abschnitten und Webparts zur Geltung.

7. Speichern Sie Ihre Auswahl und schließen Sie die Einstellungen.

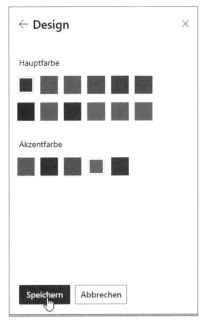

Abbildung 16.4: Auswahl der Haupt- und Akzentfarben für die Website

Hinweis	Wenn Ihre SharePoint-Online-Website einer Hub-Website zugeordnet wurde, werden die Designfarben der Hub-Website übernommen und Sie können dann keine Designfarben für Ihre Website festlegen.

Den Startbereich der Teamwebsite anpassen

Bearbeiten Sie den Startbereich Ihrer Teamwebsites erst, wenn Sie alle Inhalte eingebracht haben.

Wenn Sie Ihre Team- oder Kommunikationswebsite mit Listen, Bibliotheken und deren Ansichten erstellt haben, können Sie den Startbereich Ihrer Website anpassen. Sie können Abschnitte und Webparts hinzufügen, um bestimmte Inhalte, die für Sie und Ihre Teammitglieder wichtig sind, anzeigen zu lassen. Betrachten Sie den Startbereich der jeweiligen Teamwebsite als Dashboard für den Einstieg der Zusammenarbeit im Team. Hier sollten immer die Informationen angezeigt werden, die für alle Teammitglieder wichtig sind. Beachten Sie, dass sich immer alle Anpassungen, die Sie als Besitzer vornehmen, auf die Sicht der Website und somit auch für alle anderen Benutzer der Website auswirken.

Um den Startbereich Ihrer Teamwebsite anzupassen, gehen Sie folgendermaßen vor:

1. Öffnen Sie Ihre Teamwebsite.
2. Klicken Sie oben rechts in der Menüleiste auf die Schaltfläche **Bearbeiten** (siehe Abbildung 16.5).

Abbildung 16.5: Den Startbereich der Teamwebsite anpassen

3. Sie befinden sich im Bearbeitungsmodus der Website. Navigieren Sie auf der Seite ganz nach unten.
4. Klicken Sie auf die Schaltfläche **Neuen Abschnitt hinzufügen**, dargestellt durch ein Plus-Symbol (siehe Abbildung 16.6), und wählen Sie das Abschnittslayout **Zwei Spalten** aus.

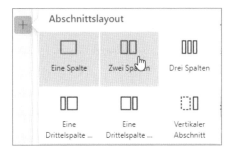

Abbildung 16.6: Neue Abschnitte für die Website

5. Zum Hinzufügen von Inhalten in einem Abschnitt müssen Sie Webparts auswählen. Klicken Sie im Abschnitt auf die Schaltfläche **Neues Webpart hinzufügen**, dargestellt durch ein Plus-Symbol auf einer Linie (siehe Abbildung 16.7).

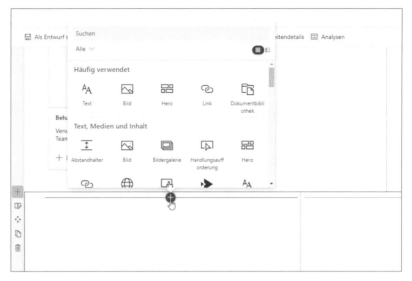

Abbildung 16.7: Die Schaltfläche Neues Webpart hinzufügen

6. Um in die Einstellungen eines Webparts zu gelangen, klicken Sie in das Webpart und dann auf das Stift-Symbol in der Symbolleiste des ausgewählten Webparts (siehe Abbildung 16.8).

Abbildung 16.8: Über das Stift-Symbol gelangen Sie in die Webpart-Einstellungen.

7. Klicken Sie in den Titel des jeweiligen Webparts, um die Überschrift im Webpart zu ändern (siehe Abbildung 16.9).
8. Sie können die Seite jederzeit als Entwurf speichern und zu einem anderen Zeitpunkt weiterbearbeiten. Solange die Seite nicht veröffentlicht wird, sehen Ihre Kollegen die Änderungen nicht. Zum Speichern klicken Sie oben in der Menüleiste auf die Schaltfläche ***Als Entwurf speichern***. Zum Veröffentlichen klicken Sie oben rechts in der Menüleiste auf die Schaltfläche ***Veröffentlichen*** bzw. ***Erneut veröffentlichen***.
9. Um die Webparts auszuprobieren, wechseln Sie in den Bearbeitungsmodus der Seite. Klicken Sie in der Menüleiste auf die Schaltfläche ***Bearbeiten***, falls Sie bereits gespeichert oder veröffentlicht haben.

Abbildung 16.9: Überschreiben Sie im Webpart die Überschrift mit eigenen Texten.

Nachfolgend erhalten Sie eine Übersicht der Webparts, die in SharePoint Server und SharePoint Online häufig verwendet werden.

Übersicht der Webparts

Die Webparts in SharePoint Online sind sehr umfangreich und können von Microsoft weiter ergänzt werden. In diesem Abschnitt gehe ich auf die oft verwendeten Webparts in SharePoint Server und SharePoint Online ein.

Die auswählbaren Webparts sind in den SharePoint-Versionen unterschiedlich.

»Aktivität«-Webpart

Auf jeder Teamwebsite wird Ihnen das Webpart *Aktivität* bereits mitgeliefert. Sämtliche Aktivitäten, die zuletzt auf der Website durch Sie und Ihre Kollegen durchgeführt wurden, werden im Webpart angezeigt. Über die Einstellungen im Webpart können Sie die Anzahl der anzuzeigenden Inhalte festlegen.

»Text«-Webpart

Verwenden Sie dieses Webpart, um Texte einzugeben und zu formatieren. Sie können in dieses Webpart Tabellen und Text-Links einfügen. Verwenden Sie dazu die Schaltfläche *Mehr* (siehe Abbildung 16.10). Mit SharePoint Online können Sie Tabellenformate auswählen.

Abbildung 16.10: Das Text-Webpart und die Formatierungsmöglichkeiten

»Bild«-Webpart

Laden Sie Bilder von Ihrem Laufwerk hoch oder fügen Sie Bilder, die Sie in Share-Point oder OneDrive for Business abgelegt haben, dem *Bild*-Webpart hinzu. Nach dem Hinzufügen eines Bilds steht Ihnen eine Symbolleiste zur Verfügung, um das Bild anzupassen (siehe Abbildung 16.11). Sie können mit SharePoint Online auch Bilder mithilfe der Websuche einfügen. Beachten Sie die Urheberrechte von Bildern, die Sie aus dem Internet verwenden.

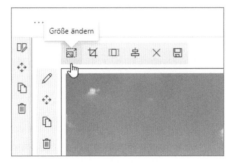

Abbildung 16.11: Das Bild kann nach dem Hinzufügen angepasst werden.

»Bildergalerie«-Webpart

Möchten Sie mehrere Bilder im Webpart darstellen, verwenden Sie das Webpart *Bildergalerie*. Sie können in den Einstellungen des Webparts festlegen, ob alle Bilder zusammen auf einen Blick oder nacheinander zum Durchblättern angezeigt werden sollen.

»Hero«-Webpart

Verwenden Sie das *Hero*-Webpart (siehe Abbildung 16.12), um eine Kachel-Navigation auf der Website darzustellen. Sie können jeder Kachel ein Hintergrundbild, Text und den Link zum Inhalt hinzufügen.

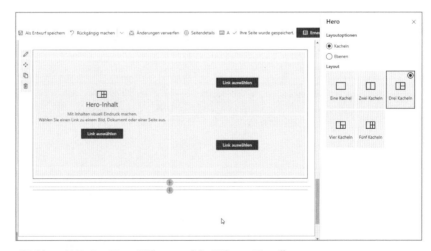

Abbildung 16.12: Das Hero-Webpart und die Webpart-Einstellungen

»Datenanzeige«-Webpart

Möchten Sie Dateien wie Word, Excel oder PowerPoint, in denen 3D-Modelle vorhanden sind, im Webpart darstellen, verwenden Sie das Webpart *Datenanzeige* (siehe Abbildung 16.13).

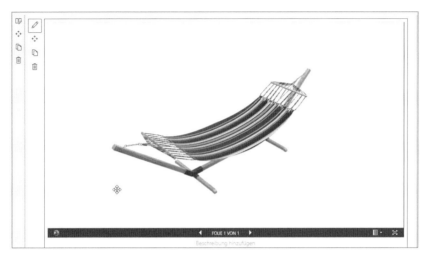

Abbildung 16.13: Darstellung eines 3D-Modells in einer PowerPoint-Präsentation

»Dokumentenbibliothek«- und »Listen«-Webpart

Möchten Sie Bibliotheken- und Listeninhalte im Webpart präsentieren, verwenden Sie die Webparts *Dokumentenbibliothek* oder *Liste*. Wenn Sie in der jeweiligen Bibliothek oder Liste gefilterte Ansichten erstellt haben, können Sie in den Einstellungen des Webparts auch diese Ansichten auswählen und somit nur bestimmte Inhalte im Webpart darstellen. In Kapitel 15 im Abschnitt »Die Bibliothek mit der Ansicht in ein Webpart einbinden« auf Seite 313 bin ich auf der Kommunikationswebsite auf das Hinzufügen von Bibliotheken mit eigenen Ansichten eingegangen.

»Einbetten«-Webpart

Mithilfe des *Einbetten*-Webparts können Sie Inhalte wie Videos aus dem Web hinzufügen. So können Sie dem Webpart beispielsweise den Teilen-Link von YouTube (siehe Abbildung 16.14) zu einem Video hinzufügen und auf der Website präsentieren.

Abbildung 16.14: Ein YouTube-Video wird im Webpart eingebettet.

»Ereignisse«- und »Gruppenkalender«-Webpart

Sie können Termine aus Ihrem SharePoint- oder Microsoft-365-Gruppen-Kalender im Webpart *Ereignisse* darstellen lassen. Erstellen Sie mit SharePoint Server zunächst eine Kalender-App, um diese in den Einstellungen des Webparts *Ereignisse* auszuwählen.

»Hervorgehobener Inhalt«-Webpart

Sie können mithilfe des Webparts *Hervorgehobener Inhalt* bestimmte Inhalte wie *Neueste Dokumente, Aufgaben, Ereignisse, Neuigkeiten, Seiten* etc. aus der gesamten Websitesammlung, der Website, aus Bibliothek und Listen abfragen, filtern und anzeigen lassen.

»Personen«-Webpart

Möchten Sie beispielsweise einen Ansprechpartner auf Ihrer Website angeben (siehe Abbildung 16.15), eignet sich das Webpart *Personen*.

Abbildung 16.15: Die Ansprechpartner unseres Teams

»Quicklinks«-Webpart

Möchten Sie mithilfe von Schaltflächen auf andere Inhalte innerhalb Ihres Share-Point-Portals oder im Web verlinken, verwenden Sie das Webpart *Quicklinks*. In Kapitel 15 im Abschnitt »Dem Abschnitt Webparts hinzufügen« auf Seite 299 gehe ich auf das Webpart ein.

»Stream«-Webpart

Wenn Microsoft Stream als Streaming-Plattform in Ihrem Unternehmen verwendet wird, können Sie dem Webpart Videodateien aus Stream hinzufügen.

»Yammer«-Webpart

Wird Yammer in Ihrem Unternehmen genutzt, können Sie Feeds von Gruppen und Personen dynamisch auf der Website präsentieren.

»Abstandshalter«-Webpart

Möchten Sie die Abstände zwischen den Abschnitten erweitern, verwenden Sie das Webpart *Abstandshalter*. Halten Sie die Ziehen-Schaltfläche (siehe Abbildung 16.16) mit der linken Maustaste gedrückt und ziehen Sie den Abstandsbereich in die gewünschte Größe. Alternativ verwenden Sie die Cursor-Tasten ⬆ oder ⬇.

Abbildung 16.16: Sie können Abstände zwischen den Abschnitten hinzufügen.

»Trennlinie«-Webpart

Fügen Sie Trennlinien hinzu, um Inhalte auf der Seite optisch zu trennen. Öffnen Sie die Einstellungen des Webparts, um die Länge und die Stärke der Trennlinie festzulegen.

Weitere Webparts in SharePoint Online

In SharePoint Online stehen Ihnen weitere Webparts zur Verfügung. Beachten Sie, dass durch die Aktualisierungen von Microsoft und durch die Bereitstellung weiterer Webparts durch Drittanbieter weitaus mehr Webparts zur Verfügung stehen, als ich in diesem Abschnitt vorstelle.

»Für später gespeichert«-Webpart

Sie können mithilfe der Schaltfläche *Für später speichern* bestimmte Inhalte in Ihrer Umgebung speichern und später darauf zugreifen. Damit diese Inhalte auch sichtbar und abrufbar sind, fügen Sie das Webpart Ihrer Teamwebsite hinzu.

»Link«-Webpart

Wenn Sie eine externe Internetseite auf der Teamwebsite präsentieren möchten, können Sie das Webpart *Link* verwenden. Sofern die externe Internetwebsite so konfiguriert ist, dass sie als Vorschau angezeigt werden kann, werden Ihnen im Webpart Bilder und Texte der eingefügten Website angezeigt. In Kapitel 15 im Abschnitt »Das Webpart »Link« in SharePoint Online« auf Seite 306 gehe ich auf das Webpart ein.

»Schnelles Diagramm«-Webpart

Das Webpart *Schnelles Diagramm* hilft Ihnen dabei, ein Diagramm aus Daten, die sich in einer SharePoint-Liste befinden, zu erstellen. Sie können aber auch ohne Quelldatei ein Diagramm direkt im Webpart erstellen und anzeigen lassen. Sie können ein Säulen- oder Kreis-Diagramm direkt in den Einstellungen des Webparts (siehe Abbildung 16.17) auswählen und die Werte dort eingeben.

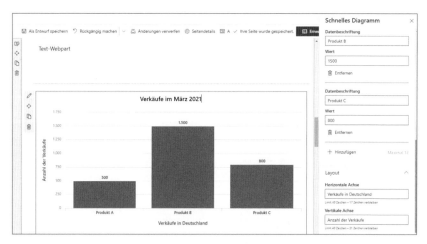

Abbildung 16.17: Ein schnelles Diagramm ohne Quelldatei

»Bing Karten«-Webpart

Möchten Sie einen Standort mit einem Kartenmaterial (siehe Abbildung 16.18) auf der Website präsentieren, können Sie dafür das Webpart *Bing Karten* verwenden. Sobald Sie das Webpart ausgewählt haben, geben Sie den Standort in der Suchleiste ein.

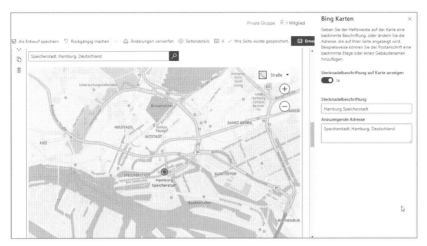

Abbildung 16.18: Das Webpart Bing Karten

»Wetter«-Webpart

Lassen Sie sich das aktuelle Wetter Ihres Standorts und weitere im Webpart anzeigen. Verwenden Sie dafür das Webpart *Wetter* (siehe Abbildung 16.19). In den Einstellungen des Webparts können Sie festlegen, ob das Wetter in Celsius oder in Fahrenheit angezeigt werden soll.

Abbildung 16.19: Das Wetter-*Webpart mit drei Standorten*

Index

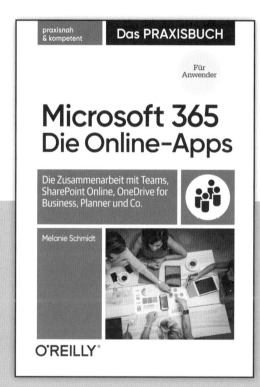

Microsoft Office
verstehen & einsetzen

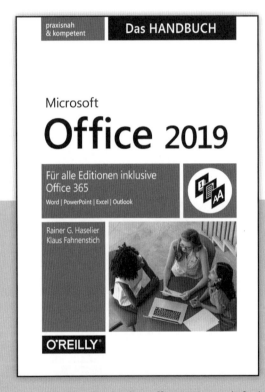

Rainer G. Haselier, Klaus Fahnenstich

Microsoft Office 2019 – Das Handbuch
Für alle Editionen inklusive Office 365

ISBN 978-3-96009-103-5
2019, 960 Seiten
Print: 29,90 € (D), E-Book: 23,99 € (D)

Auf *oreilly.de* auch als Bundle erhältlich

Sie möchten sich schnell in Office 2019 zurechtfinden und die neuen Möglichkeiten sofort in die Praxis umsetzen? Dieses Handbuch bietet Ihnen das notwendige Know-how für den erfolgreichen Einsatz von Word 2019, Excel 2019, PowerPoint 2019 und Outlook 2019. Lernen Sie wichtige Arbeitstechniken und profitieren Sie von vorgestellten Tipps & Tricks. *Microsoft Office 2019 – Das Handbuch* liefert kompetentes Expertenwissen in seiner besten Form – und zu einem unschlagbaren Preis!

www.oreilly.de

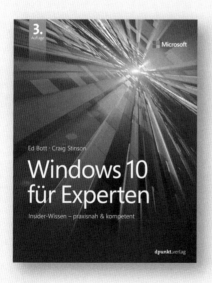